Dirk Engelhardt

ANDERS URLAUBEN

W0399495

„Eines Tages wirst Du aufwachen
und keine Zeit mehr haben für die Dinge,
die du immer wolltest. Tu sie jetzt."

Paulo Coelho

*1947, Rio de Janeiro

Liebe Leser,

die Inhalte in diesem Buch wurden detailliert recherchiert und gewissenhaft kontrolliert. Allerdings bringt die Corona-Pandemie manche Unwägbarkeiten mit sich – auch bei den hier vorgestellten Orten. Da bis zum Redaktionsschluss nicht absehbar war, welche Folgen die Krise im wirtschaftlichen und kulturellen Leben haben wird, kann es vorkommen, dass einzelne im Buch aufgeführte Angebote, insbesondere im gastronomischen Bereich, nur noch eingeschränkt oder gar nicht mehr existieren.
Wir bitten daher um Nachsicht – und Nachricht, wenn Sie von solchen Änderungen erfahren.
Aktualisierungshinweise veröffentlichen wir auf der Internetseite des Verlages,
www.reise-know-how.de,
auf der Produktseite dieses Buches unter „Updates".

Vielen Dank!

Dirk Engelhardt

ANDERS URLAUBEN

außergewöhnlich • erholsam • inspirierend

HERZLICH WILLKOMMEN

Eine kleine Auszeit vom Alltag oder eine erholsame Woche in neuer Umgebung tun gut.

Jeder hat seine eigenen Gründe, den sprichwörtlichen vier Wänden für eine Weile zu entfliehen. Ausspannen, Tagträumen nachhängen, sich kulinarisch verwöhnen lassen und relaxen. Frische Impulse erhalten und bleibende Bekanntschaften machen. Zeit für sich selbst, den Partner, die Familie oder Freunde finden. Dieses Buch stellt Reiseideen jenseits des Pauschalurlaubs am Strand und jenseits der berühmten historischen Stadtzentren vor, die die meisten Reisekataloge und Urlaubswerbungen schmücken. Urlaub kann viel mehr sein als das!

Folgen Sie mir auf eine Entdeckungsreise durch Deutschland, Österreich und die Schweiz – von der Westernreit-Ranch bis zum Zenkloster – zu einer Neuentdeckung der Heimat auf wenig begangenen Wegen, zu Baumhaushotels, auf Leuchttürme, Inseln, Almwiesen und Gutshöfe. Ich war schon immer ein Fan von Reiserouten, die zu unbekannten und vernachlässigten Orten führen, zu Menschen, die einen als Gast, nicht als Touristen aufnehmen.

Nicht alles wird jedermanns oder jederfraus Sache sein! Ich habe kein „Konzept“ für einen gelungenen Urlaub anzubieten. Das Ziel dieses

Buches ist es, Ideen zu präsentieren, auf die man sich einlassen muss – um sich damit zu belohnen, mit Inspiration und neuen Perspektiven zurückzukehren und so den eigenen Alltag zu bereichern.

Viel Spaß beim Reisen in die Nähe wünscht
Dirk Engelhardt

PS: Die Auswahl der in diesem Buch vorgestellten Orte ist keinen wirtschaftlichen Interessen verpflichtet. Sie ist meine persönliche Auswahl an für mich außergewöhnlichen Reisezielen und lässt zwangsläufig vieles aus. Haben Sie einen tollen Ort entdeckt, der in diese Sammlung passen würde? Dann schreiben Sie uns, was wir bei der nächsten Auflage des Buches unbedingt aufnehmen sollten!

PREISINFO

Die Preisangaben im Buch sollen nur eine allererste Orientierung bieten:

€€€	gehoben
€€	mittleres Preisniveau
€	günstig bzw. kostenlos

INHALT

Inhalt

Inhalt

Inhalt

ALLES IM BLICK

Leuchtturm Neuwerk

Der Leuchtturm Neuwerk markiert die Mündung der Elbe in die Nordsee. Er wurde im Jahr 1300 gebaut und steht auf der zu Hamburg gehörenden Insel Neuwerk. Als ältester Feuerträger Deutschlands wurde der Turm außerdem 1924 unter Denkmalschutz gestellt. Seine Mauern sind meterdick. Die sieben Zimmer des Wohnturms sind gemütlich eingerichtet. Über eine Treppe gelangt man auf die Aussichtsplattform des Turmes. Auf die 36 Einwohner zählende Insel Neuwerk geht es von Cuxhaven-Sahlenburg übrigens nur mit dem Wattwagen! Die Fahrt dauert anderthalb Stunden. Bezahlt wird hier nur wie eh und je mit Bargeld.

Leuchtturm Hollerwettern

Der Leuchtturm Hollerwettern steht am Elbufer unweit des Kernkraftwerkes Brokdorf.
Er stammt aus dem Jahr 1911 und ist rot-weiß angestrichen. Ein Apartment befindet sich im Erdgeschoss, ein weiteres in der Turmkuppel. Von hier genießt man eine herrliche Aussicht auf die Sonnenuntergänge der Unterelbe.
Der Turm ist von April bis Oktober geöffnet. Besonders schön: Strand und Deich sind direkt vor der Haustür.

Lotsenturm Usedom

Im Hinterland von Usedom steht der Lotsenturm Usedom. Von hier dirigierten einst erfahrene Lotsen die Boote, die das Haff Richtung Polen oder in die offene Ostsee durchfuhren.

Leuchtturmwärter in spe

€€€

€€

€

www.leuchtturmneuwerk.de
www.leuchtturm-hollerwettern.de
www.lotsenturm-usedom.de
www.leuchtturm-dagebuell.de
www.foerderverein-leuchtturm-roter-sand.de

Der Turm ist ausgestattet mit Rundumblick, Whirlpool und einer Minibar und bietet im Turmgeschoss Platz für zwei Personen.

Er ist rund 70 Jahre alt, stammt also aus DDR-Zeiten.

Leuchtturm Dagebüll

Auch im Leuchtturm Dagebüll kann man übernachten. Er ist 90 Jahre alt und aus Backstein gebaut. Der viereckige, rund 15 Meter hohe Turm steht an der Nordseeküste gegenüber der Insel Föhr und diente einst als Unterfeuer der Richtfeuerlinie Dagebüll. Von oben blickt man auf Deiche, Schafe, die Halligen und die Gleise einer alten Lorenbahn. Der Turm ist aufwendig renoviert mit Lehmputz und Wandheizung.

Leuchtturm Roter Sand

Ein Seezeichen mit Historie ist der Leuchtturm Roter Sand, der 1885 von Baurat Carl Friedrich Hanckes erbaut wurde. Er liegt mitten im Meer, 48 Kilometer nordwestlich von Bremerhaven, und war bis 1964 in Betrieb. Schon 1896 verfügte er über ein elektrisches Feuer, das über ein Seekabel von Wangerooge gespeist wurde. Er war eines der ehrgeizigsten Bauprojekte des Deutschen Reiches und das erste Offshore-Bauwerk der Welt. 1978 sollte der Turm abgerissen werden, doch die Bremische Bürgerschaft setzte sich für den Erhalt ein – mit Erfolg: Seit 1982 steht der Turm unter Denkmalschutz und wurde für 1,5 Millionen D-Mark restauriert. Die Inneneinrichtung wurde nach alten Plänen rekonstruiert. Seit 1999 dient der Turm als Übernachtungsstätte.

LEUCHTTURM DAGEBÜLL

VON RUHE UND EINSAMKEIT

Was ist eigentlich eine Hallig?

Eine Hallig ist eine Insel, die aus sehr jungem Marschboden besteht, sodass man also kein Felsgestein finden wird. Aus diesem Grund sind die Halligen auch alle sehr flach. Insgesamt gibt es zehn Halligen an der schleswig-holsteinischen Nordseeküste: Hooge, Langeneß, Oland, Gröde, die Hamburger Hallig, Nordstrandischmoor, Habel, Südfall, Süderoog und Norderoog. Langeneß ist die größte unter den Halligen, von denen manche unbewohnt sind, auf Süderoog lebt nur eine Familie.

Hallig Hooge, mit 578 Hektar die zweitgrößte ihrer Art, ist touristisch gut erschlossen. Mit ihren weiten Graslandschaften und den reetgedeckten Dächern der wenigen Häuser stellt sich hier schon vom ersten Moment an Entspannung ein. Ein kleiner Steindeich schützt die Hallig bei leichten Sturmfluten vor Überschwemmungen. Folgt man diesem, kann man die Hallig in gut drei Stunden umrunden, es sind rund elf Kilometer.

1990 richtete man das Biosphärenreservat Schleswig-Holsteinisches Wattenmeer und Halligen ein. Hier soll erprobt werden, wie der Mensch in der gewachsenen Kulturlandschaft nachhaltig wirtschaften und leben kann. Rund 100 Menschen wohnen dauerhaft auf Hooge. Im Winter ist es äußerst ruhig – wer also Einsamkeit und windumtoste Landschaften sucht, ist hier genau richtig. Im Sommer kommen viele Tagesbesucher. Die kleine Insel ist mit der

Ruhesuchende,
Wettergestählte,
Inselliebhaber

€€€
€€
€

www.hooge.de
www.halligen.de

Fähre der Wyker Dampfschiffs-Reederei ab Schlüttsiel (Nordfriesland) erreichbar, auch Autos werden transportiert. Die Fahrt dauert 15 Minuten. Es gibt einige gemütliche Restaurants auf Hooge: Auf der Hanswarft finden sich das „Bistro Klabautermann" und die „T-Stube", auf der Backenswarft das Café „Zum Blauen Pesel" und das Restaurant „Friesenpesel", auf der Lorenzwarft das Café-Restaurant „Frerks Buernhus".

Was eine Warft ist? Im Grunde ein künstlich aufgeschütteter Siedlungshügel, der zum Schutz vor Sturmfluten errichtet wird. Meist sind die Warften rund und erstrecken sich um die Gehöfte. Die größte Warft auf Hooge ist die Hanswarft mit einer Fläche von drei Hektar; insgesamt gibt es auf Hooge zehn Warften. So klein Hooge auch ist, es gibt einen Bürgermeister, ein Gemeindehaus, eine Freiwillige Feuerwehr, verschiedene Geschäfte, Museen, ein Sturmflutkino und ein Tourismusbüro.

Viele Bewohner bieten Ferienzimmer an, insgesamt gibt es auf Hooge 479 Gästebetten. Auch Traditionen hält man lebendig, zum Beispiel das Biikebrennen. Dieses findet jedes Jahr am 21. Februar statt und leitet das Ende des Winters ein. Riesige Feuerstapel werden dann in der Dunkelheit entzündet. Im Sommer gibt es ein Trachtenfest, bei dem traditionelle Tänze aufgeführt werden. Von Hooge bietet sich bei Ebbe eine Wattwanderung zur Sandinsel Japsand an, die mit dortiger Pause rund vier Stunden dauert. Dabei kommen auch Sandbänke ins Blickfeld, auf denen sich Seehunde und Kegelrobben aalen. Richtig Spaß haben, kann man bei einer Wattschlacht, denn Schlamm zum Werfen gibt es hier im Überfluss! Übrigens ist der Nordseeschlick auf der Haut supergesund: Er enthält neben Feinsand auch Kalk, organische Stoffe, Quarz, Kieselsäure, Salze, Mineralstoffe, Vitamine, Spurenelemente und Tonerde-Gele. Heilerde – hier gibt es sie ganz umsonst!

YOGA FÜR KÜSTENKINDER

Das Kubatzki ist zwar ein Yogahotel, doch Buddha-Statuen und bunte Seidenstoffe wird man hier nicht finden.

Vielmehr setzen die Inhaber auf ein klares nordisches Design und minimalistische Gemütlichkeit – weiße Wände, weiße Kacheln und sparsam eingesetztes Naturholz bestimmen das Bild. Auch auf Fernseher und WLAN muss niemand verzichten, obwohl ein echter Yogi wohl lieber Asanas übt als in die Röhre zu schauen. Die Matratzen der gemütlichen Betten sind von Cocomat hergestellt und ausschließlich aus erneuerbaren Ressourcen wie Kautschuk, Kokosfaser, Algen, Leinen, Schafwolle, Baumwolle oder Seide gefertigt. Keine Metallfedern, keine synthetischen Schaumstoffe – sehr löblich! Für Allergiker stehen sogar spezielle Betten zur Verfügung.

Das Hotel steht 300 Meter hinter dem Deich in Sankt Peter-Ording. Es stammt aus dem Jahr 1952, wurde seitdem aber mehrmals vergrößert und verfügt mittlerweile über 36 Zimmer. Im Garten kann man es sich in den Hängematten gemütlich machen und dem Meer lauschen, auf der Holzterrasse werden derweil Asanas geübt. Das Kubatzki möchte Gegensätze ausbalancieren und auch Men-

Yogis und Yoginis,
Küstenkinder,
Meeresliebhaber

Das Kubatzki
Im Bad 59
25826 St. Peter-Ording
Tel. 04863 7040
www.das-kubatzki.de

schen, die kein Yoga praktizieren, mit seinem Wellness-Konzept ansprechen. Dazu werden Badzeremonien im Badsalon angeboten, es gibt eine Ruhelounge, Saunen, Infrarotkabinen, einen Fitness-Bereich und vieles mehr.

Stylisch, modern – und ganz schön gesund

In der Küche des Hauses werden frische und handverlesene Produkte verarbeitet und mit viel Liebe zubereitet – immer im Hinblick auf die verschiedensten Ernährungsphilosophien. Das Kubatzki bietet seinen Gästen kreatives und gesundes Essen, vor allem Vegetarier und Veganer werden sich in der offenen Wohnküche ANNA wohlfühlen. Kostprobe gefällig? Petersilien-Süppchen, gefüllte Feigen mit Ziegenfrischkäse, gegrillter grüner Spargel, Brot mit Chili-Karottenhumus, Safranrisotto mit gegrilltem Chicorée oder Mango-Ingwer-Pannacotta

01 | Wohnküche ANNA
02 | Schlemmertafel (nicht nur) für Vegetarier und Veganer
03 | Frische und nachhaltige Küche
04 | Köchin Grit im Kürbisbeet

03 |

01 |

02 |

04 |

und gegrillte Ananas. Inklusive für alle Gäste ist der Sonnentor-Tee, der in der Lounge bereitsteht. Hundebesitzer dürfen sich besonders freuen, denn Vierbeiner sind hier ebenso willkommen und ihnen werden vom Hotel sogar Decke, Napf und Handtuch gestellt – dafür dürfen sie aber nur außerhalb des Hotelgeländes ausgeführt werden.

In den Yogakursen wechseln sich unterschiedliche Stile ab! Täglich werden zwei offene Klassen angeboten sowie zwei Klassen für geschlossene Gruppen – und das sieben Tage die Woche! Nach 75 Minuten Praxis folgt eine 15-minütige Entspannungsphase. Wer es noch intensiver mag oder gerade eine Verletzung hatte, kann sich ein Yoga-Personal-Training buchen. Dabei schaut der Lehrer, welche Bewegungsintensität für den Schüler sinnvoll ist und wo die Muskulatur noch Dehnung benötigt. Zur Entspannung gibt es eine Wellness- und Saunalounge. Die Sauna ist aus Espenholz gefertigt, daneben gibt es eine beheizte Sitzbank für warme Fußbäder. Auch Shiatsu-Behandlungen und Aromaölmassagen sind möglich.

SO EIN ZIRKUS!

Bokel ist ein kleiner Ort bei Rendsburg, nordwestlich von Hamburg.

Hier, inmitten von Wald und Wiesen, hat sich Ulliwood niedergelassen.

Eine familiäre Hofgemeinschaft mit Bewohnern jeden Alters, ein paar Tieren, einer eigenen Tischlerei, jeder Menge Natur – und sieben Zirkuswagen zum Urlaubmachen und Ausspannen – das ist Ulliwood. Im alten Pferdestall nebenan befindet sich die Küche, hier gibt es eine Sofaecke, ein Klavier, einen Kamin und einen großen hölzernen Esstisch. Wie im Hostel muss sich hier jeder sein eigenes Essen zubereiten, spontane Partys sind dabei nicht ausgeschlossen, das WG-Feeling gibt's gratis dazu! Auf dem Hof wurden außerdem ein Gemüsegarten und ein Kräutergarten angelegt, auch eine Feuerstelle und viel Platz für sportliche Aktivitäten sind vorhanden. Zwischen Bäumen aufgespannte Hängematten zeugen von der entspannten Atmosphäre des Ortes. Die Übernachtung im selbst gebauten Zirkuswagen kostet 35 Euro pro Person, der Preis ist aber verhandelbar. Jeder Wagen hat einen Namen. Da wäre „Nils", der vorher Langzeitbewohnern als Behausung diente, und etwas abseits am Waldrand aufgestellt ist. Er hat an einer Seite ein großes Panoramafenster und ist mit Recycling-

Minimalisten, Naturfreunde

€€€
€€
€

Zirkuswagenhostel Ulliwood
Lindenallee 15
24802 Bokel
Tel. 01577 9061945
www.ulliwood.de

Pension Weseraue
Bleiche 1
37603 Holzminden
Tel. 05531 992781
www.pension-weseraue.de

Mobiliar eingerichtet. Die „Alte Bücherei" hat zwei Doppelbetten, die auch zu vier Einzelbetten umgestellt werden können. Beheizt wird sie mit einem massiven Kaminofen; vor der Hütte flattern tibetanische Gebetsfahnen im Wind. Die rot angestrichene „Hagebutte" ist der größte und beliebteste Wagen. Eines der beiden Betten steht in der zweiten Etage, zusätzliche Gäste können auf einer weichen Bank übernachten.

Weitere Zirkus- und Schäferwagenpensionen:

www.biowinzer.de
www.family-backpacker.ch
www.feriendörfle.de
www.usedom.mobi
www.muehle17.de
www.fortuna-camping.de
www.urlaubswagen-saarland.de
www.gesundheitshofdenker.de
www.siebenseen.de
www.via-claudia-camping.de
www.hofgut-hopfenburg.de
www.camp-langholz.de
www.handwerkerhof-fraenkischeschweiz.de
www.waldcamping-brombach.de
www.huemmlingerland.de
www.ruhrcamping.com

Die „Kornblume" ist passend zu ihrem Namen leuchtend blau angemalt und hat ein Doppel- und ein Kinderbett. „Argentinien" bekam seinen Namen, weil er von einem Couchsurfer aus Argentinien renoviert wurde.

Abenteuer trifft Freiheitsgefühl

Das Zirkuswagenhotel in Holzminden im südlichen Niedersachsen wurde neu gebaut und befindet sich auf dem Grundstück der Pension Weseraue. Im nostalgisch aussehenden Holzwagen mit großen Speichenrädern fühlt man sich beinahe wie ein Zirkusartist. Vom komfortablen Doppelbett aus blickt man auf die gewölbte Wagendecke. Im Inneren des Wagens duftet es nach Tannenholz, es gibt eine Sitzgruppe und ein relativ großes Bad mit Dusche und WC. Frieren muss hier glücklicherweise niemand, denn der Wagen verfügt über eine Zentralheizung. An den Fenstern hängen rot-weiß-karierte Gardinen, das Muster wiederholt sich auf den Sitzbänken. Wem ein festes Dach über dem Kopf lieber ist, der kann auch ein Zimmer in der günstigen Pension mieten. Holzminden liegt rund 65 km südlich von Hannover im Weserbergland. Sehenswert ist hier vor allem das Severinsche Haus, ein dreigeschossiges Durchgangsdielenhaus aus dem Jahr 1681. Gut speisen kann man im „Essighof", der in einem Haus aus dem Jahr 1683 residiert. Im Reichspräsidentenhaus kann man am Dach ein Glockenspiel bewundern, das der Bildhauer Hasso Korn-Hohenhau schuf.

Zirkuswagenhostel Holzminden

5

LETZTER HALT VOR NEW YORK

Die letzte Kneipe vor New York – das ist in der Seestadt Bremerhaven nicht unbedingt wörtlich zu verstehen …

Vielmehr ist es der inoffizielle Name der Kneipe „Treffpunkt Kaiserhafen“, die hier jeder kennt. Die steht, eher unscheinbar, mitten auf dem Alten Bananenpier am Hafengelände. Seeleute kommen hier allerdings nur noch vorbei, wenn in der benachbarten Lloyd-Werft große Schiffe umgebaut werden, obwohl die Portionen, z. B. das Fischerfrühstück mit Nordseekrabben, so reichhaltig sind, dass sie gestandene Matrosen sattmachen. Obwohl die Kneipe etwas abgelegen ist, finden sich hier neben den norddeutschen Jungs und Deerns oft auch Touristen ein – die urige Atmosphäre und der Spitzname sind längst auch über die Stadtgrenzen hinaus bekannt. Besonders muckelig ist es samstagabends, wenn die Ocean Band Schlager und Shantys zum Besten gibt – natürlich auch das bekannteste Lied der Stadt: „Hein Mück aus Bremerhaven ist allen Mädchen treu …“

Eine Stadt im Wandel

Bis vor ein paar Jahren sah es in Bremerhaven noch ziemlich düster aus. Die Hochseefischerei

Fischköppe,
Küstenkinder,
Museumsgänger,
Hafenliebhaber

€€€
€€
€

Treffpunkt Kaiserhafen
Franziusstr. 92
27568 Bremerhaven
Tel. 0471 42219

Hotel im-jaich
Am Neuen Hafen 19
27568 Bremerhaven
Tel. 0471 97166330
www.im-jaich.de

www.bremerhaven.de

wurde eingestellt, die letzten 4000 amerikanischen Soldaten, die in Bremerhaven stationiert waren, wurden in den 1990er-Jahren abgezogen. Die Arbeitslosigkeit stieg rasant. Die Stadtoberen erarbeiteten jedoch ein Konzept, um die Hafenstadt aus der Krise zu führen, das von Erfolg gekrönt war: Die „Havenwelten“ entstanden und damit u. a. auch das ATLANTIC Hotel Sail City, das Klimahaus Bremerhaven 8° Ost, das Deutsche Auswandererhaus und der Zoo am Meer. Den besten Überblick hat man von der Aussichtsplattform im 20. Stock des ATLANTIC Hotels Sail City, das dank seiner auffälligen Segelform ein wenig an den berühmten Burj al Arab in Dubai erinnert. Es ist zwar wesentlich kleiner, dafür kann es aber eigene Bienenvölker vorweisen, die ihre Stöcke auf dem Dach anfliegen – den Honig gibt's direkt vor Ort zum Mitnehmen!

Nebenan findet sich das Klimahaus Bremerhaven 8° Ost, eine echte Rarität unter den Erlebniswelten: Als Besucher erwandert man den 8. Längengrad und macht zunächst Halt in einer Schweizer Alpenlandschaft, um dort Kühe

zu melken, um kurz darauf in die Gluthitze von über 30 Grad der Sahelzone einzutreten. In Kamerun kann man den westafrikanischen Regenwald bei Nacht durchstreifen, um sich sodann am Packeis der Antarktis bei minus 6 Grad abzukühlen. Am warmen Strand der Südseeinsel Samoa gibt es große Aquarien, tropische Fische schwimmen um ein Saumriff. Nicht nur, doch besonders Schulen nutzen die Ausstellung gerne, um Kindern das Weltklima und dessen Veränderungen praktisch näherzubringen. Den Abschluss bildet ein Besuch im Wetterstudio, wo man sich als Wettermoderator vor laufender Kamera ausprobieren kann. Draußen vor der Tür gibt es dann kostenlose Wetterphänomene zum Fühlen – denn das Nordseeklima an der Küste ist für seine rasanten Wetterumschwünge bekannt. Ein preisgekröntes Museum ist das Deutsche Auswandererhaus, ebenfalls am Neuen Hafen gelegen, das ein fast vergessenes Kapitel deutscher Geschichte zeigt. Das Konzept ist hochmodern: Der Besucher schaut nicht in Vitrinen mit Objekten, sondern schlüpft selbst in die Rolle der Auswanderer und erlebt Geschichte zum Anfassen. Dazu gehört auch das Abschiednehmen am Kai in Bremerhaven und das Bestehen der Einwanderungsformalitäten in Ellis Island, New York. In den Archiven des Hauses kann man außerdem nach realen, ausgewanderten Familienmitgliedern suchen.

Schroffer Charme und fangfrischer Fisch

Am Neuen Hafen starten die Hafenrundfahrten, die zum Containerhafen führen. Er hat die Größe von 360 Fußballplätzen, und die Frachter, die hier anlegen, haben ebenfalls beeindruckende Dimensionen. Selbst zu beobachten, wie hoch die Container auf diesen Giganten der Meere gestapelt sind, ist absolut empfehlenswert! Auf die MSC Oscar, die regelmäßig in Bremerhaven entlädt, passen genau 19.224 Einheiten! Die Manpower, die an Land arbeitet, fällt dagegen gering aus, denn die Bremer Reedereien beschäftigen insgesamt nur rund 700 Menschen an Land (und rund 5000 Mitarbeiter an Bord). Auf dem Weg zum Containerhafen

passiert man den Simon-Losch-Leuchtturm, ein Wunderwerk historischer Leuchtturmarchitektur und erbaut aus Backsteinen mit vielen Vorsprüngen, Zinnen und Türmchen. Daneben steht ein historischer, schwarzer Semaphor, der aus Zeiten stammt, als Seeleute Wetter und Wellengang noch nicht digital erfassten. Die großen Buchstaben B und H zeigen darauf die Windstärke und Windrichtung von Borkum und Helgoland an.

Der schroffe Charme Bremerhavens wird deutlich auf der Fähre nach Blexen, einem Fischerdorf in Niedersachsen. Rund zehn Minuten dauert die Fahrt, die meist von Pendlern mit dem Auto genutzt wird. Zum Zeitvertreib gibt's frischen Filterkaffee. In Blexen kann man auf dem Deich spazieren gehen und den Kähnen auf ihrem Weg zum großen Meer nachschauen.

Zum Aufwärmen geht es dann zurück in die Altstadt: „Alt Bremerhaven“ heißt die älteste Kneipe der Stadt aus dem Jahr 1839. Das gute Karlsburg-Bier aus Bremerhaven gibt es leider nicht mehr.

Eines darf natürlich bei keinem Besuch in der Seestadt fehlen: fangfrischer Fisch. Am vielseitigsten geht es am „Schaufenster Fischereihafen“ zu, wo ein Fischlokal neben dem anderen liegt. Früher entluden hier bis zu 15 Fangschiffe gleichzeitig ihre Ware, in den 1920er-Jahren starteten vom Fischversandbahnhof täglich vier Fischzüge mit je 40 Waggons, um ganz Deutschland zu versorgen.

Am Kai ist hier das Museumsschiff FMS Gera zu besichtigen, der letzte deutsche Seitenfänger, bei dem das Netz über die Seite eingeholt wurde. Nach der Auflösung der DDR konnte Bremerhaven dieses Schiff vom Rostocker Fischkombinat vor der Verschrottung retten.

Wem Nachhaltigkeit, Ökologie und Bio-Produkte wichtig sind, sollte eine Übernachtung im Hotel Jaich ins Auge fassen. Das Hotel hat einen Kräutergarten, Ökostrom, verfügt über ein eigenes Kraft-Wärme-Kopplungs-Kraftwerk und über Elektroautotankstellen. Und das Beste: Es liegt direkt am Hafen!

Cap San Diego

NACHTS AUF DEM MUSEUMSSCHIFF

Sie ist ein Frachtschiff mit Historie,

denn immerhin stand die Cap San Diego im Jahr 1986

schon kurz vor der Verschrottung in Hongkong.

Glücklicherweise wurde sie als bleibendes Zeugnis deutscher Schiffbaukunst und als maritimes Denkmal gerettet. Damit ist sie die letzte Überlebende der bekannten Cap-San-Klasse – sämtliche Schwesterschiffe wurden verschrottet. Seit 1988 ist sie Eigentum der Hamburger Admiralität. Bis Mitte der 1980er-Jahre wurde die Cap San Diego noch als Linienfrachtschiff von Europa nach Südamerika eingesetzt. Geladen hatte sie Kaffee, Fleisch, Äpfel, Birnen, Weintrauben, Orangen, Textilien, Süßöle und Fruchtsaftkonzentrat.

Gebaut wurde sie 1961, die Baukosten betrugen damals 16 Millionen D-Mark. Ihre Länge beträgt 159 Meter, die Breite 21 Meter. Wegen ihrer eleganten Form wurde sie auch als „Weißer Schwan des Südatlantiks" betitelt. 38 Mann stark war die Besatzung zu Betriebszeiten, darunter Funker, Wäscher, Zahlmeister, Zimmermann, Bootsmann, Köche, Bäcker sowie Obersteward und Steward. Zwölf Passagiere durften mitfahren, die neben den gut ausgestatteten und klimatisierten Passagierkabinen auch den Salon, das Speisezimmer, die Bar und

Kapitäne und Matrosen, Schiffsliebhaber, Klettermaxe

€€€
€€
€

Museumsschiff
Cap San Diego
Überseebrücke
20459 Hamburg
Tel. 040 364209
www.capsandiego.de

CAP SAN DIEGO

VOLL
HALB
LANGSAM
GANZ LANGSAM
MASCHINE KLAR
ACHTUNG
HALB
VOLL
SCKELL
HAMBURG

das Außenschwimmbad mit Poolbar nutzen durften. In den 1980er-Jahren wurden die meisten Linienfrachter dann durch Containerschiffe ersetzt – das Aus für die Cap San Diego. Nachdem Hamburg das Schiff kaufte, wurde es von ehemaligen Arbeitern der HDW Werft restauriert und so umgebaut, dass das Schiff als Hotelschiff genutzt werden konnte. Auch der Antrieb wurde so überholt, dass das Schiff seit 1995 wieder fahrtüchtig ist.

Kletterspaß in luftiger Höhe

Seinen Liegeplatz hat die Cap San Diego heute an der Überseebrücke im Hamburger Hafen, wo sie als Museumsschiff interessierte Besucher über die spannende Geschichte informiert und auf eine Zeitreise einlädt – so erlebt man hautnah eine Brückenwache, steht in der Maschine neben den laufenden Hilfsdieseln und hört im Salon beim Captain's Table den Passagieren zu,

Der Liegeplatz der Cap San Diego ist an der Überseebrücke

Abenteuer an Bord bietet heute das Klettern im Seilgarten zwischen den Masten, das auf Anfrage von der Agentur Schattenspringer organisiert wird!

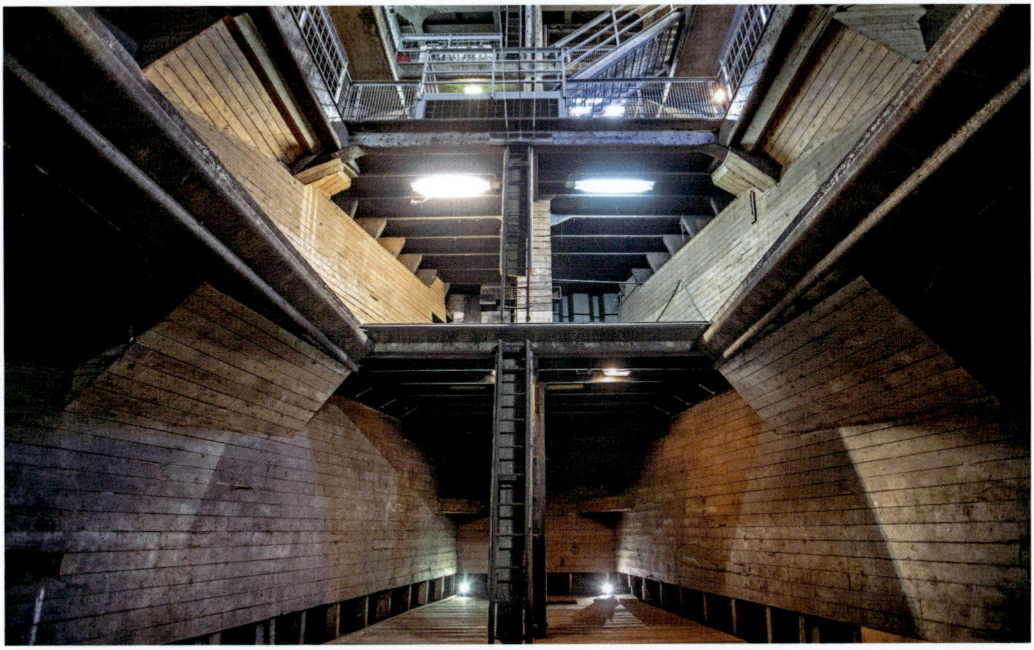

die bei Pianomusik die Fahrt nach Südamerika genießen. Für die Übernachtung stehen acht Kabinen zur Verfügung – neben Einzelkabinen auch außergewöhnlich geräumige Doppelkabinen, Familienkabinen und eine Kapitänskabine. Alle Kabinen haben ein eigenes Badezimmer. Frühstück wird im Bordbistro serviert. Ab und zu geht die Cap San Diego aber auch selbst noch auf große Fahrt, denn bis zu zehnmal im Jahr sticht das Schiff in See und steuert Helgoland, Cuxhaven oder Kiel an. An so manchem Wochenende nutzen übrigens die Marinefunker die Amateurfunkstation der Cap San Diego, um von dort über Mittelwelle und Kurzwelle zu senden. Über das Schiff wurden schon mehrere Bücher geschrieben, unter anderem die Titel „Cap San Diego. Heimathafen Hamburg“ und „Cap San Diego. Museumsschiff für Hamburg“, beide erschienen im Koehler Verlag.

Nähere Infos unter: www.schattenspringer.de

7

Hotel Village Hamburg

ZU GAST IM PUFF

Mussten Gäste im Village vor einigen Jahren inklusive der Liebesdienerinnen noch eine vierstellige Summe berappen, so kostet die Nacht im Doppelzimmer mittlerweile nicht einmal mehr einen dreistelligen Betrag.

Wilfried „Frieda“ Schulz, der ehemalige König von Sankt Pauli, hat mit dem „Cherie“, wie der Puff früher hieß, Geschichte geschrieben. Im wohl nobelsten Bordell Norddeutschlands verkehrte die Welt, bis eines Tages der Verkehr samt der dazugehörigen Zimmer verboten wurde. Daraufhin kauften zwei pfiffige Hamburger, Stefan Schoenfeld und Bernd Hodermann, das Haus samt Inventar und restaurierten es mit viel Liebe zum Detail – knapp 100.000 Euro zahlten die Ausnahme-Hoteliers dem König von Sankt Pauli für das exklusive Mobiliar des einstigen Puffs.

Auf vier Etagen befinden sich insgesamt 20 Zimmer. Von der anzüglichen Vergangenheit des Hauses in der Nähe des Hauptbahnhofs zeugen die Kristalllüster, die gepolsterten Türen, die samtbezogenen Wände, die durchgelegenen Himmelbetten sowie die Leuchtschrift an der Außenfassade. Die Zimmer sind übrigens schalldicht, auch dies eine Hinterlassenschaft des ehemaligen Betriebes. Die „Kontaktbar“ dient jetzt als Rezeption, der Frühstücksraum mit Hirschgeweih und Kerzenleuchter besticht durch seine Atmosphäre. In den größeren Zimmern hängt sogar noch ein Spiegel über der

Hamburgliebhaber,
Offenherzige,
Kiezgänger

€€€
€€
€

Hotel Village
Steindamm 4
20099 Hamburg
Tel. 040 4806490
www.hotel-village.de

ehemaligen Spielwiese. Den hatten die Betreiber bei der Renovierung zwar zunächst abgenommen, auf häufige Nachfragen der Gäste hängten sie die Spiegel schließlich aber wieder auf. Für das schmale Budget stehen auch noch Einzelzimmer mit Laminatboden und Gemeinschaftsbad zur Verfügung. Praktisch für alle Nachteulen: Kaffee ist rund um die Uhr kostenlos!

Im Nu im Zentrum

Wegen der besonderen Geschichte des Hotels herrscht natürlich allzeit reger Andrang an Übernachtungsgästen, eine rechtzeitige Reservierung ist also erforderlich. Die Lage unmittelbar am Hauptbahnhof, zwischen Steindamm und Glockengießerwall im Stadtteil Sankt Georg, ist ideal für Erkundungen der Innenstadt. Nah liegt das Museum für Kunst und Gewerbe, das Ohnsorg-Theater und die alten Traditionskinos in Sankt Georg. Ein paar U-Bahn-Stationen weiter finden sich der Hafen, die Landungsbrücken und das Schanzenviertel. Wer hungrig ist, sollte der „Hobenköök" (Hafenküche) einen Besuch abstatten. Die liegt im Hamburger Oberhafen und ist ein einzigartiges Zusammenspiel aus Restaurant, Markthalle und Catering mit vorwiegend regionalen und saisonalen Lebensmitteln, die zu leckeren norddeutschen Speisen verarbeitet werden. Der Oberhafen lag übrigens einige Jahre im Dornröschenschlaf, wurde mittlerweile von der Hafenküche aber wachgeküsst – heute finden sich hier Nahrungsmittel von rund 200 Produzenten. Durch die wechselnde Vielfalt kommen jeden Tag neue Gerichte auf die Speisekarte, die Kreativität der Köche ist also ständig aufs Neue gefragt.

Auch so mancher Popstar war von der skurrilen Hotelidee begeistert – und so inspiriert, dass Blumentapete, Samt & Co. schon häufig als Kulisse für stimmungsvolle Fotoshootings hergehalten haben!

8

Haus der Stille

BUDDHISMUS AUF NORDDEUTSCH

Im beschaulichen Ort Roseburg, 50 Kilometer östlich von Hamburg, liegt das Haus der Stille in einer von Seen und alten Laubwäldern geprägten Landschaft.

Es ist eines der ältesten buddhistischen Meditationszentren Deutschlands und wurde im Jahr 1960 gegründet. Das Haupthaus stammt aus dem Jahr 1903, daneben gibt es ein modernes Gästehaus und eine Meditationshalle. Insgesamt 20 Zimmer, die als Einzelzimmer, Doppelzimmer oder Mehrbettzimmer ausgelegt sind. Zum Haus der Stille gehört eine weitläufige Parklandschaft mit altem Baumbestand, Teichen, Bachläufen und einer großen Wiese. Eine Bibliothek ist für alle offen. Bis auf Januar und Februar finden das ganze Jahr über Seminare statt; außerdem gibt es die Möglichkeit zu Einzelgesprächen. Sowohl für Anfänger, die sich neu für die Lehre des Buddhismus interessieren, als auch für langjährige Praktizierende gibt es passende Seminare und Workshops.

Zur Teilnahme an einem Seminar ist es nicht notwendig, sich mit buddhistischen Ideen zu identifizieren – wichtig ist ein Interesse an Buddhas Lehren und die Bereitschaft, sich auf Neues einzulassen. Die Seminare dauern ge-

Buddhismusinteressierte,
Meditationsanfänger
und -geübte

€€€
€€
€

Haus der Stille e. V.
Mühlenweg 20
21514 Roseburg
Tel. 04158 214
www.hausderstille.org

wöhnlich zwischen drei und zehn Tagen, daneben werden auch Yoga, Vipassana-Meditation, Atemübungen, Tai Chi und Zen praktiziert.

Im Zentrum steht allerdings die Meditation. Den Gästen steht die Meditationshalle dazu immer offen, auch meditative Spaziergänge auf dem Gelände sind jederzeit möglich. Gründer des Vereins war Alfred Well, der Pädagogik und Psychologie studierte und sich seit 1979 mit dem Buddhismus beschäftigt. Zu den Dozenten in Roseburg gehören Angelika Wild-Regel, die einst Schülerin der Theravada-Nonne Ayya Khema war und die Achtsamkeitspraxis seit 1989 übt. Charlie Pils ist Dharmalehrer in der Nachfolge der buddhistischen Nonne Ayya Khema, unter deren Führung er intensiv den inneren Weg der Meditation praktizierte. Eine andere Form der Meditation ist die Arbeitsmeditation, die z. B. während des Abwaschens, des Hausputzes oder der Gartenarbeit ausgeübt werden kann. Ein Großteil der Seminare wird auf Deutsch abgehalten, manche aber auch in englischer Sprache. Kursthemen sind zum Beispiel „Stille und Mitgefühl", „Vom weisen Umgang mit Gedanken, Emotionen und Schmerz", oder „Stressbewältigung durch Achtsamkeit – Entwicklung von Mitgefühl".

Die Küche serviert drei vegetarische Mahlzeiten am Tag und geht auch auf besondere Wünsche oder Allergien ein. Dabei werden Produkte aus der Region verwendet, möglichst auch aus biologischem Anbau. Man will die Seminare allen Interessierten ermöglichen, deshalb wird bei Geringverdienern ein Nachlass gewährt.

Die Lehrer arbeiten generell auf Spendenbasis, die hier Dana genannt wird – Dana ist eine freiwillige Gabe im Buddhismus. Die Nutzung von Mobiltelefonen ist auf dem gesamten Gelände untersagt. Das gleiche gilt für das Rauchen.

9

Eisenbahnhotel Schmilau

SCHLAFEN AUF SCHIENEN

Züge halten in Schmilau, einem Dorf mit 500 Einwohnern rund 60 Kilometer nordöstlich von Hamburg, zwar schon lange nicht mehr – doch am alten Bahnhof ist trotzdem noch immer eine ganze Menge los.

„Erlebnisbahnhof Schmilau", so der neue Name der Station, ist dank eines findigen Kopfes mittlerweile ein Ort voller verrückter Übernachtungsplätze und nicht weniger verrückter Freizeitaktivitäten. Oliver Victor kaufte insgesamt 13 Kilometer Bahnanlage mitten im Naturpark Lauenburgische Seen, um diese mit Liebe fürs Detail umzubauen.

Jedes Abteil der ausgedienten Schlafwagenwaggons ist individuell gestaltet. Im Mitropa-Schlafwagen, auf dem jemand, angeblich aus lizenzrechtlichen Gründen, das R ausradiert hat, gedeihen z. B. Palmen und meditieren goldene Buddha-Statuen, die Wände sind mit bunten Szenen aus Hawaii, Afrika oder Indien bemalt. Die Gäste schlafen wie im echten Schlafwagen in Doppelstockbetten, Schlafsack und Handtücher muss jeder selbst mitbringen. Auf dem Gang gibt es ein WC. Also alles so, wie man es vom Zugfahren kennt – nur das Rattern fehlt. Die Übernachtung ist allerdings nichts für Frostbeulen, denn eine Heizung gibt es nicht. Sehr geräumig ist die Bahnwaggon-Ferienwohnung, die in einen ausgedienten Gleisbauzug

Eisenbahnfreunde

€€€

€€

€

Erlebnisbahnhof Schmilau
Am Bahnhof im Zug
23911 Schmilau
Tel. 04541 898074
www.erlebnisbahn-ratzeburg.de

01 | Farbenfroh: Die Lokomotive in Schmilau

02 | Ausblick aus der Lok Schmilau

03 | Rollende Ferienwohnungen auf Gleis 1

eingebaut wurde. Früher haben hier Bauarbeiter wochenlang geschlafen, immer nahe an ihrer Baustelle. Jetzt hat der Waggon eine Pantryküche und Platz für drei Personen. Diese „Gleisbauersuiten" befinden sich in ehemaligen Reichsbahnzügen. Für alle, die gerne komfortabler reisen (und nächtigen) möchten, gibt es die Doppelstocksuiten, die aus einem ehemaligen Abenteuerzug Mecklenburgs herausgearbeitet wurden. Sie haben im ersten Stock sogar einen Balkon. Die verrückteste Schlafstatt ist wohl das Kofferhotel für zwei Personen, das in

01 | Doppelstockwaggon

02 | Schlafkoje in der Doppelstocksuite

03 | Der Zirkuswaggon …

04 | … und seine farbenfrohe Ausstattung

fünf Metern Höhe über dem Boden schwebt. Besonders skurril: Die Inneneinrichtung ist hier dem echten Inhalt eines Reisekoffers nachempfunden, man schläft also zwischen riesigen Zahnbürsten, Zahnpastatuben bilden die Bettpfosten und auch die Kuscheltiere haben überdimensionale Größen. Auf dem Südbalkon dient eine Reisetasche als Sitzgelegenheit. Dann wäre da noch das Vogelbaumhaus, der Zirkuswagen und verschiedene Tiny Houses.

Aus dem Zug auf die Draisine

Es gibt insgesamt vier Waggons, die im Grünen direkt neben Froschteich und Feuerstelle stehen. Wahrhaft Eisenbahners Paradies. Nebenan befindet sich außerdem eine „Badelok" mit Sauna und Whirlpool. Auch das Frühstück ist im kompletten Bahn-Modus gehalten: Für wenig Geld wird in einem stilvollen Speisewagen ein Frühstücksbüfett mit Köstlichkeiten serviert, wie es sonst nur 1. Klasse-Reisenden gegönnt ist.

Abwechslungsreich geht es nicht nur bei der Übernachtung zu: Auf dem Tagesprogramm der Erlebnisbahn Ratzeburg steht unter anderem die Fahrt mit verschiedenen Draisinen, die bis zu 86 Menschen gleichzeitig nutzen können. Von Schmilau aus geht es dabei ins Grüne, vorbei an blühenden Feldern und schattigen Wäldern. Während der 4,5 Kilometer langen Fahrt von Schmilau nach Ratzeburg müssen vier Bahnübergänge gesichert und dort auch die Schranken bedient werden. Vor der Fahrt steht eine Einweisung, außerdem muss jeder Passagier eine Warnweste anziehen. Auf ihr ist zu lesen: „Bitte Abstand halten und in Ratzeburg nicht in der scharfen Kurve bremsen!" Anschließend kann man im Küchensee planschen gehen. Neben den Kleindraisinen gibt es auch Handhebeldraisinen, die ordentlich Armkraft verlangen.

Möglich ist auch eine Radtour auf dem Sechs-Personen-Rad oder eine Paddeltour in „Schwimmschuhen" – eine Mischung aus Kanu und Langlaufski.

03 |

04 |

PLANSCHEN IM BIO-BADETEICH

Ziemlich genau zwischen Travemünde und Wismar und nur zehn Kilometer vom Ostseebad Boltenhagen entfernt liegt das Gutshaus Stellshagen, ein vegetarisches Bio- und Gesundheitshotel.

Die Fotografien auf der Website lassen ein kleines und sehr idyllisches Paradies erwarten.

Freunde des nachhaltigen Bauens werden beeindruckt sein, denn das ökologische Profil des Hauses spiegelt sich in der gesamten Anlage wider. Die Räumlichkeiten wurden baubiologisch gestaltet, die Heizung läuft dank Holzhackschnitzeln komplett CO2-neutral, und Speisen und Getränke kommen aus biologischer Herstellung. „Wir sind uns unserer Verantwortung gegenüber Umwelt und Kultur bewusst und bemühen uns, ökologisch vertretbare Produkte und Dienstleistungen anzubieten“, so die Betreiber. Ein Konzept, das aufgeht – und bereits mehrfach ausgezeichnet wurde.

Aus der Sauna in den Naturbadeteich

Zur Anlage gehören mehrere Häuser, von denen die meisten über mehrere Einzel- oder Doppelzimmer verfügen. Da ist das „Taubenhaus“, das wirklich mal ein Taubenhaus war und jetzt in Doppelzimmer und Einzelzimmer aufgeteilt ist. Sollte im Gutshaus alles belegt

Erholungssuchende, Naturliebhaber, gesundheitsbewusste Menschen, Vegetarier

€€€
€€
€

Gutshaus Stellshagen
Lindenstr. 1
23948 Damshagen-Stellshagen
Tel. 038825 440
www.gutshaus-stellshagen.de
www.parin-seminare.de

Gutshaus Stellshagen

01 | Naturbadeteich und Saunahaus

02 | Gutshaus Stellshagen

03 | Das Taubenhaus

04 | Der Tagungsraum

sein, kann man auf die Ferienwohnungen im Haus am Teich ausweichen, rund fünf Minuten vom Gutshaus entfernt.

Am Ufer des Naturbadeteichs, der mithilfe von Kiesfilter, Vulkangestein und Pflanzen ausschließlich biologisch gereinigt wird, steht – inmitten von Feldern – ein schwedenrotes Saunahaus. Hier finden sich drei Saunen: eine Biosauna, eine finnische Sauna und ein Tecaldarium, das nur auf 45 Grad erwärmt wird. Das Saunahaus ist mit Lehmputz verputzt, als Dämmung wurde Seegras verwendet. Im Außenbereich kann man sich in der kalten Jahreszeit in zwei beheizten Whirlpools aufwärmen.

Im Restaurant des Gutshauses kommen vor allem regionale und saisonale Gerichte auf den Teller, die zum Teil aus der eigenen Bioland-Landwirtschaft stammen. Das vegetarische Essen wird als Buffet im ehemaligen Festsaal und in der alten Diele serviert. Nicht nur Hotelgäste sind herzlich willkommen. Im hauseigenen TAO Gesundheitszentrum sind Heilpraktiker und Körpertherapeuthen zum Wohle des Gastes im Einsatz, unter anderem werden hier Ayurveda und Traditionelle Chinesische Medizin praktiziert.

In der Umgebung, immer mit dem weiten Horizont Mecklenburgs im Blick, ist einiges zu unternehmen. So laden das Barockschloss Bothmer, das Steinzeitdorf Kussow und die Hansestädte Wismar und Lübeck zu einem Besuch ein, während Eisenbahnfans unbedingt auf der Schmalspurbahn „de Lütt Kaffeebrenner“ mitfahren sollten, eine sechs Kilometer lange Dampflokstrecke, die von Klütz nach Stellshagen führt und regelmäßig von April bis Oktober im Einsatz ist.

Im Übernachtungspreis ist ein tägliches Hotelprogramm enthalten. Dazu gehören Aktivitäten wie asiatische Atemübungen, Ausdrucksmalen, stille Meditation, Augenentspannung, Klangmeditation, ShenDo-In Shiatsu-Selbstmassage, Yogastretching, Body Balance, Waldbaden und vieles mehr. Am Abend können die Gäste dann Vorträgen lauschen, die sich verschiedenen Formen der Heilung und Therapie widmen.

Acht Kilometer vom Gutshaus Stellshagen entfernt befindet sich das Gutshaus Parin, sozusagen die „kleine Schwester“. Auch dieses ist nachhaltig ausgerichtet und es wird vor allem für Yoga-Retreats, Meditation und Tanzworkshops genutzt.

01 | Yoga am Naturbadeteich
02 | Entspannung pur …
03 | 04 | … in den Ruheräumen
05 | Leckeres mit Zutaten aus der eigenen Bioland-Landwirtschaft

01 |

02 |

04 |

05 |

03 |

11

VIEREINHALB KILOMETER OSTSEEURLAUB

Ob Urlaub in einer riesigen, von den Nazis errichteten Feriensiedlung entspannend sein kann?

Die Lage dieser Mega-Hotelanlage am Prorer Wiek auf Rügen ist zweifellos schön, der Sandstrand an Rügens Ostküste ist herrliche zwölf Kilometer lang. Doch Heimeligkeit wird sich anhand einer viereinhalb Kilometer (!!) langen Apartmentanlage kaum einstellen. Konzipiert wurde das Seebad für 20.000 Bewohner, die dann gleichzeitig Urlaub machen sollten. Drei Jahre brauchte man für den Bau, von 1936–1939. Bei Kriegsbeginn wurde er abrupt gestoppt, man benötigte Menschen und Material für Kriegszwecke. Nicht ein einziger Nationalsozialist machte je Urlaub in Prora. Im Krieg mussten auf Prora polnische Kriegsgefangene arbeiten, sie wohnten in Baracken.

Acht Blöcke waren es einst, davon wurden 1945 drei Blöcke zerstört. Ein Block ist 550 Meter lang und besteht aus zehn Häusern, wobei jedes Haus einen anderen Namen trägt: Granitz, Arkona, Jasmund, Hiddensee, Zudar, Wittow, Mönchgut und Dänholm.

Zu DDR-Zeiten hatte sich hier die Nationale Volksarmee angesiedelt, Prora wurde zum Sperrgebiet erklärt; Bausoldaten, die in der

Urlauber,
die keine Scheu vor
langen Wohnblöcken haben

€€€
€€
€

www.prora.com
www.prora-solitaire.de
www.proradok.de

Aus alt mach neu …

DDR als Staatsfeinde galten, weil sie den Dienst an der Waffe verweigerten, wurden hier vor allem zum Bau des Hafens in Mukran eingesetzt.

So kommen heute noch ehemalige Soldaten vorbei, um sich an jene Zeit zu erinnern. Mittlerweile ist die Ferienanlage weitgehend saniert. Umgebaut wurde sie zu exklusiven Ferienwohnungen, Hotels und Jugendherbergen. Auch Gewerbemieter wie Ärzte oder Läden haben sich angesiedelt.

Es gibt verschiedene Komfortklassen der Ferienwohnungen, die man mieten oder kaufen kann. „Sealion" beispielsweise hat eine Fläche von 91 Quadratmetern und ist maritim ausgestattet, mit Vintage-Möbeln und Ostküsten-Flair im Stil der Hamptons – so verspricht es jedenfalls die Agentur. Inbegriffen sind außerdem ein Flatscreen mit Netflixzugang, zwei Bäder, ein Glasbalkon und eine eigene Dachterrasse mit drei Strandkörben. Für guten Schlaf sorgen die Boxspringmatratzen.

Andere Apartments verfügen über Fußbodenheizung, einen kuscheligen Kamin mit Holzfeuer, exklusive Ledersofas, Handtuchheizkörper, Regenschauerdusche und mehr. Das Hotel Prora Solitaire bietet Apartments, Lofts und Suiten auf hohem Niveau, außerdem ein Spa und zwei Restaurants. Am günstigsten ist die Übernachtung in der Jugendherberge Prora mit 424 Betten, hier gibt es schon für kleines Geld die Übernachtung mit Frühstück.

Auf dem Dachgeschoss des Hauses Arkona installierte man außerdem eine „Sky-Sauna" mit Rooftop-Terrasse, die mit einem gläsernen Fahrstuhl erreichbar ist. Von hoch oben kann man die Rügener Kreidefelsen sehen. Nicht weit von Prora ist ein Heimatmuseum, ein Militärmuseum und ein Eisenbahnmuseum. Im Prora-Zentrum in der Fünften Straße in Binz kann man sich umfassend über das KDF-Seebad informieren.

01 | In der südlichen Festplatzrandbebauung, neben dem – einst als Theater geplanten – ehemaligen Haus der NVA, befindet sich seit 2000 das Dokumentationszentrum Prora.

02 | Auch dieses Fenster wird bald renoviert sein.

03 | Räucherfisch gibt es unten an der Strandbude.

04 | Architekt Ulrich Müther, der auch das Inselparadies in Baabe entwarf, schuf diesen Rettungsturm in Binz im Jahr 1981.

05 | Vor 100 Jahren zog man sich züchtig in Badewagen um.

01 |
dokumentations
zentrum
prora
Eingang
geöffnet
Kultur 2000
Respekt!
BAUSTELLE
PRORA
Die Pläne
Eine Werkausstellung des
Dokumentationszentrums Prora
13. Februar bis
31. Dezember 2020
Dokumentationszentrum Prora e.V.

02 |

03 |
Sprotten
2.-

04 |

05 |

MOIN VON DER INSEL

Wer schon einmal auf Usedom war, weiß, dass es hier viele abgeschiedene Ecken abseits des Trubels gibt.

Auch der Stolperhof liegt etwas abseits – er ist im Süden der Insel beheimatet, in der Nähe von Schloss Stolpe, einem Schloss der Hochrenaissance. Er verfügt über rund 200.000 Quadratmeter Feld und Wald und bietet somit Platz in Hülle und Fülle. Die Anfänge des Hofes gehen zurück auf das Jahr 1880, denn zu dieser Zeit wurde das Haus in Fachwerkbauweise errichtet. Zu DDR-Zeiten bewirtschaftete eine LPG den Hof, die historische Bausubstanz litt in diesen Jahren. Die jetzige Betreiberin, Berit Poppe, lebt seit 1981 hier. In den Wirren der Nachwendezeit plante sie dann ihren Traum vom eigenen Hof in Stolpe, bis es im Jahr 2000 dann nach langen Planungen und Finanzierungsrunden schließlich so weit war: Der Stolperhof konnte als Öko-Hof eröffnen! Für Berit Poppe ein Lebenstraum, der sie 2,7 Millionen Mark kostete. Doch es hat sich gelohnt – selbst die Zeitung berichtete damals, dass die Solaranlage, die die Energie für den Hof erzeugt, mit 48 Quadratmetern die größte auf ganz Usedom

Liebhaber von Bauernhöfen, Tierfreunde

€€€
€€
€

Stolperhof
Landweg 1
17406 Stolpe
Tel. 038372 71081
www.stolperhof.wordpress.com

ist. Sie hat hier einen guten Standort, denn Usedom ist mit 220 Sonnentagen pro Jahr eine der sonnenreichsten Gegenden Deutschlands.

Der riesige Hof wurde rekonstruiert mit schadstofffreien Materialien und modernen ökologischen Techniken. Die Zimmer, pardon, Kammern, tragen norddeutsche Namen wie Fischerstuw, Taubenschlag oder Häckselkiste.

Lehm-Fachwerk ist der vorherrschende Stil. Es gibt insgesamt 16 Kammern, in denen zwei bis sechs Personen in grün gebeizten Alkovenbetten Platz haben – Alkoven ist ein altes Wort für Schlafnische. Die Matratzen sind hergestellt aus Naturlatex und Hanf.

Im Bauerngarten und auf den Koppeln tummeln sich viele Tiere, sodass den Gästen überall Schweine, Ponys, Kühe, Schafe, Gänse, Hühner, Hunde, Katzen und Meerschweinchen über den Weg laufen können. Natürlich hat jedes Tier einen Namen und wer sich genauer informieren will, kann die Lebensgeschichte eines jeden tierischen Hofbewohners auf der Internetseite nachlesen. Die Ziegen, die die Rinden der Obstbäume abnagten, wurden mittlerweile durch Kamerunschafe ersetzt. Mit ihrem Konzept will Poppe es Stadtkindern ermöglichen, einen besseren Zugang zu Tieren zu finden – nicht von ungefähr haben Wissenschaftler in den vergangenen Jahren festgestellt, dass der Lernfaktor von Kindern in die Höhe schnellt, wenn sie in freier Natur und mit Tieren spielen.

Mit Halbpension haben Gäste die Wahl zwischen deftig-pommerschem Essen oder leichter Vollwertkost. Jeden Mittwoch wird Brot gebacken, ab und zu wird sogar Bier gebraut oder Wolle gesponnen – die von den hauseigenen Schafen kommt.

In der Nähe gibt es einen Falknerhof, der Flugvorführungen anbietet und in die Welt der Greifvögel einführt. Für Familien ist der

Kindertag von Interesse – wenn vier Kinder zusammenkommen, können Eltern mal abschalten und ihren Nachwuchs den Betreuern überlassen.

Man hat auch die Möglichkeit, die Seebäder Ahlbeck und Heringsdorf zu besichtigen, und auch ins polnische Swinemünde ist es mit rund 20 Kilometern Wegstrecke nicht weit.

Falls jemand den Aufenthalt mit einer zünftigen Radtour verbinden möchte, hat er hier die Gelegenheit: Der wunderbare Fernradweg Berlin-Usedom führt nämlich direkt am Stolperhof vorbei.

WENN DER WALD HEILT

In der Nähe von Dargitz, einem recht abgelegenen Ort in Mecklenburg-Vorpommern und nicht weit von Anklam entfernt, liegt der Indigohof inmitten des kleinen Wäldchens im „Ausbau".

Hier findet man Stephan Seidemann. Seidemann lernte in Brasilien und Bolivien die Agroforstwirtschaft kennen, die auf der Prämisse beruht, dass es keine „schlechten" Böden gibt, sondern nur einen ungeübten Umgang mit einer Fläche. Der Mensch hat dabei die Möglichkeit, aktiv an der Entwicklung des Bodens mitzuwirken – ein Prozess, der der Heilung von Boden, Natur und Mensch dient. Einen ähnlichen Ansatz verfolgte bereits vor 100 Jahren August Bier, der bei Fürstenwalde eine naturnahe Waldbewirtschaftung praktizierte. Ziel der Agroforstwirtschaft ist es, den durch Beackerung verloren gegangenen Anteil an organischem Material im Boden durch relativ geringen maschinellen Einsatz schrittweise wieder aufzubauen. Dabei wird der Anteil organischer Substanz kontinuierlich erhöht, wodurch die Selbstheilungskräfte der Natur zum Tragen kommen sollen. Der Mensch greift anschiebend und regulierend in diesen Prozess ein. Das erfordert körperlichen Einsatz und bewirkt eine zum großen Teil vergessene Verbindung zwischen Natur und Mensch neu. Angeboten

Naturliebhaber, Waldfeen, Pflanzenfreunde, spirituell Interessierte

€€€
€€
€

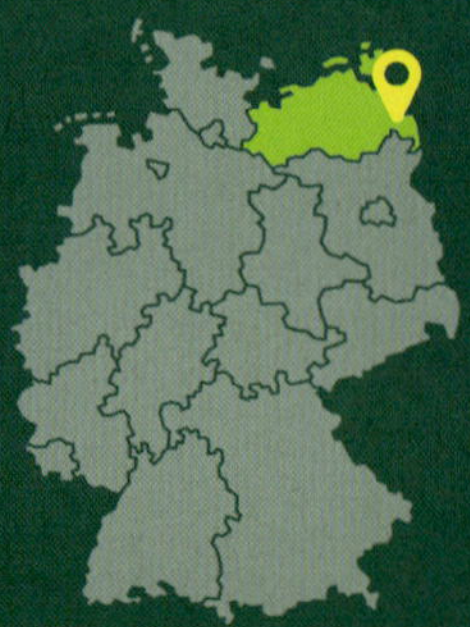

Indigohof
Ausbau 1
17309 Schönwalde-Dargitz
Tel. 0151 23387114
www.seidewald.de

www.broellin.de

wird in Dargitz eine Waldtherapie, die vom Waldbaden bis zum Pflegen und Pflanzen einzelner Bäume reicht. Der Wald in der Umgebung wird darüber hinaus Schritt für Schritt zum Mischwald umgewandelt, sodass es eines Tages auch Früchte tragende Laubbäume geben soll. Dazu kommen über zehn Hektar Wiesen, zum Teil mit Streuobst, und ein wachsender Wald der Kinderseelen, in dem Eltern die Möglichkeit haben, einen Baum für ihr Kind zu pflanzen. Seidemann verspricht den Teilnehmern, Anerkennung und Zufriedenheit zu erleben und Kondition und Ausdauer zu trainieren.

Nahe am Hof gibt es einen großen Garten; hier bietet Seidemann eine Gartentherapie an. Es wird mit Pflanzen gearbeitet, gesät, pikiert, umgetopft und gepflegt. Das Gärtnern findet zu zweit oder in Kleingruppen statt.

Wohnen kann man auf dem Gelände auch – wenn auch auf einfachem Niveau. Dafür stehen auf dem Hof zwei Gästezimmer bereit, doch eine Luftmatratze muss selbst mitgebracht werden. Die Küche wird von allen Gästen genutzt, ebenso wie die Dusche draußen im Garten. Geplant auf dem Indigohof sind Seminare wie Familienaufstellungen, universelle Friedenstänze, Heilsingen, Eurythmie, Yoga, Meditation, Schwitzhütte und schamanische Reisen.

Wenige Kilometer entfernt liegt Schloss Bröllin, ein altes Rittergut, das heute Proberäume, Konferenzräume und Unterbringungsmöglichkeiten beherbergt. Auch Tanzprojekte, Kunstprojekte und deutsch-polnische Projekte finden hier statt, die von zahlreichen Institutionen gefördert werden. Falls Kapazitäten frei sind, kann man hier auch übernachten und Künstler aus aller Welt bei ihren Proben beobachten. Zu DDR-Zeiten war Schloss Bröllin eine Landwirtschaftliche Produktionsgenossenschaft (LPG) mit 300 Angestellten und 2500 Tieren. Auch nach Stettin in Polen sind es nur knappe 40 Kilometer.

Wohnhaus

Ausblick

DIE PIONIERE DER UCKERMARK

„100 Einwohner, eine Apfelweinkelterei,

eine Gastwirtschaft und zwei Ferienhäuser –

willkommen in der Uckermark“ wirbt der Gutshof Kraatz.

In der idyllischen, aber menschenleeren Gegend eine anspruchsvolle Gastronomie aufzuziehen, dazu gehört echter Pioniergeist. Edda Müller und Florian Profitlich wagten es, und nach einigen Jahren in der Ödnis können sie jetzt sagen: Es hat sich gelohnt. Müller, die ein Filmstudium an der heutigen Folkwang Universität der Künste in Essen absolvierte und Profitlich, der Architektur studierte, wohnten eine Zeit lang in Berlin. 2001 kauften sie ein kleines Ferienhaus in Kraatz, um es zu renovieren und die Wochenenden dort zu verbringen. Profitlich sah die vielen alten Obstbäume, deren Obst niemand erntete, und dachte sich, daraus müsse man doch etwas machen. Seine Überlegungen führten schließlich zu einer eigenen Obstweinkelterei. Mittlerweile stehen fast zwei Dutzend Weine und Schaumweine in den Regalen. Allein im Jahr 2019 produzierte die Kelterei 25.000 Flaschen Wein und Schaumwein und 11.000 Flaschen Säfte.
Die Palette reicht vom Bohnapfel aus dem Holzfass über den Apfelwein-Cuvée „Wilde Kerle“, Apfelwein aus verschiedenen Goldrenetten

Liebhaber guten Fruchtweins,
Naturfreunde,
Feinschmecker
und Genussmenschen

€€€
€€
€

Gutshof Kraatz
Schloßstr. 7
17291 Nordwestuckermark
Tel. 039859 63976
gutshof-kraatz.de

oder mit Mispeln, Kaiser Wilhelm mit Quitte bis zu Apfelsekt mit Aronia und Birnenwein. Die Produktion der Weine, Abfüllung und Etikettierung mit Designer-Etiketten wird alles am Ort erledigt. In Brandenburg herrsche immer noch ein Mangel an hochwertigen Produkten, die typisch für die Region sind, hat Profitlich festgestellt. Ein Vorteil der Obstweine sei es, dass sie nur zwischen 5,5 % und 9,5 % Alkohol enthalten, und somit auch in Maßen von Autofahrern genossen werden können – praktisch, denn nach Kraatz fahren kaum öffentliche Verkehrsmittel.

Dinner mit Starkoch

Neben dem Ferienhaus liegt die riesige ehemalige Scheune des Gutshofes mit Nebengebäuden, die das Paar vor sechs Jahren ebenfalls erwarb und aufwendig sanierte. Ein Maurer, der auf natürliche Baumethoden mit Lehmputz spezialisiert ist, half bei der Renovierung der Gebäude, wobei Materialien wie Hanf und Kreidefarben zum Einsatz kamen. Geheizt wird mit Holz und thermischen Solaranlagen, der Strom ist komplett öko. Das Haus beherbergt häufig Architekten, die hochwertige Materialien und Möbelstücke wertschätzen.

2016 erhielt das Paar für die exklusiven Ferienwohnungen den Uckermärkischen Tourismuspreis. Auf dem Gelände ist es außerdem möglich, sein Wohnmobil kostenlos abzustellen – dafür ist der Gutshof im Stellplatzführer „Landvergnügen" gelistet, der Stellplätze in Deutschland bei Obstbauern, Winzern, Imkern, Käsern oder Kaffeeröstern aufführt. In

der Weinschänke, 2014 eröffnet, wird am Wochenende Frühstück à la carte angeboten. Am Freitag ist Pizzatag und am Donnerstag Piroggentag – für kleines Geld gibt es eine Auswahl an hausgemachten Piroggen mit Salat. Weil sich die Anstellung eines festangestellten Kochs in dem winzigen Dorf anfangs nicht lohnte, hat sich das Paar ein Novum ausgedacht. Für das „Uckermark Menü" am Samstag kommt jede Woche ein anderer Gastkoch der Region ins Haus. So kochte Jens Köhler ein Spargel-Menü, das mit einem Schaumwein vom Pfannkuchenapfel beginnt, anschließend gab es Knusperstangen vom grünen Spargel, als Hauptgericht Schnitzel Wiener Art vom Schwein mit weißem Spargel, Soße Hollandaise und Kartoffeln, den Abschluss bildete ein Spargel-Crème-Brûlée mit Pistazien und Erdbeersalat.

Mittlerweile hat der Gutshof allerdings eine festangestellte Köchin, denn die Schänke mit 40 Sitzplätzen wird auch von Einheimischen längst gut angenommen. Gerade die Wintersaison in dieser einsamen Gegend sei allerdings schwierig. Dann bleibt Zeit für die Produktion von Brotzeitbrettern aus heimischem Holz, die neben dem Wein im Hofladen verkauft werden.

Wer die Uckermark entdecken will, sollte sich bei www.uckermarksafari.de anmelden. Vom Wasser aus bietet sich eine Floßtour mit www.treibholz.com an.

ZURÜCK ZUR URSPRÜNGLICHKEIT

Der Naturpark Uckermärkische Seen rund 80 Kilometer nördlich von Berlin zählt 230 Seen, Bachläufe und Kanäle, von denen viele idyllisch von Wald umgeben sind.

Einige Seen haben Sichttiefen von bis zu acht Metern – da fällt das Beobachten von Fischadlern, Kranichen, Eisvögeln, Bibern, Sumpfschildkröten, Schwarzstörchen und Fischottern leicht.

Auf einem zwei Hektar großen ehemaligen Pfarrhof in der Nähe von Lychen hat sich ein niederländisches Ehepaar seinen Lebenstraum erfüllt. Wo noch 2012 das halb verfallene Pfarrhaus aus einer Unkrautwildnis ragte, liegt heute ein nachhaltig angelegtes Ferienzentrum mit modernen Lofts auf dem alten Heuboden, verspielten Gästepavillons mit großen Glasfronten sowie einer Ferienwohnung im ehemaligen Pfarrhaus. Schon die Fahrt nach Rutenberg vom verschlafenen Flößerort Lychen ist ländlich idyllisch, die kleine Stichstraße gesäumt von Linden.

Trotz der überschaubaren Größe hat Rutenberg eine stattliche Dorfkirche, die unbedingt einen Besuch lohnt. Im Ort leben nur 220 Menschen, unter ihnen Bauern, Handwerker, Künstler und Angehörige digitaler Bohème. Um 23 Uhr gehen im Dorf die Straßenlaternen aus, dann ist Zeit für einen ungestörten Blick in den Sternenhimmel.

Aussteiger auf Zeit, Naturfreunde

€€€
€€
€

Re:hof Rutenberg
Dorfstr. 23
17279 Lychen-Rutenberg
Tel. 039888 479901
www.rehof-rutenberg-ferienhaus-brandenburg.de

Saunieren und Nacktbaden

Im Re:hof soll Urlaub auf dem Land zur Einfachheit zurückgeführt werden, alles Überflüssige soll entfallen, deshalb der außergewöhnliche Name: Re – wieder neu.

Im ehemaligen Stallgebäude wurden Ferienwohnungen angelegt, die einen loftartigen Charakter besitzen. Vom früheren Stall ist hier noch viel zu erkennen. Die Renovierung wurde auf das Notwendigste beschränkt, gibt dem ganzen aber Charakter. Austoben konnten sich die Tiny-House-Architekten dafür an den drei Gartenhäusern aus Holz, die gut und gerne in einem Architekturmagazin Platz finden könnten. Geheizt werden sie mit Holzkaminöfen, die Toilette ist eine moderne Trockentoilette.

Die Wohnung im ehemaligen Pfarrhaus dagegen ist voll im Country-Style gehalten. Die Zimmer haben Lehmwände, von der Wohnküche geht es über die Veranda direkt in den Gemüsegarten. Höchst gemütlich, und zugleich sehr nachhaltig, geht es in der Sauna zu, die unter großen Eichen steht. Ein Pavillon dient zum Umkleiden, in einem weiteren ist die Sauna mit Holzofen untergebracht, ein dritter ist der Ruheraum. Auch die Wände der Sauna sind aus Lehm gefertigt; das Material nimmt die Hitze gut auf und strahlt sie gleichmäßig ab. Die Sauna wird hier nur auf 70 Grad hochgefah-

ren. Durch Glasfenster im Dach blickt man beim Schwitzen auf die knorrigen Äste der alten Eichen.

Da die Besitzer sehr viel in Eigenleistung erbracht, einfache ökologische Materialien verwendet und viel recycelt haben, konnten sie die Baukosten im Rahmen halten. Bei einem Vergleich mit einem konventionellen Bau lägen sie aber, so schätzen sie selbst, wahrscheinlich bei der Hälfte.

Die Anlage grenzt direkt an die Wälder- und Wasserwelt des Naturparks Uckermärkische Seen. Ganz in der Nähe liegt der große Kronsee. Er ist eineinhalb Kilometer lang, bis zu 30 Meter tief und hat einen kleinen Sandstrand. Vom Re:hof ist er fünf Minuten Fußweg entfernt. Wer mag und sich traut, kann hier auch hüllenlos schwimmen – die Gegend ist sehr ruhig und es verirren sich nur wenige Touristen hierher.

01 | Das Saunaensemble besteht aus drei Gebäuden.
02 | Gartenhaus Lupulus: Ein Haus für Fernsichtgenießer und Tierbeobachter.

Der Re:hof hat einen hauseigenen Hofladen, der Bioprodukte von regionalen Bauern verkauft. In der Nachbarschaft des Hofes ist eine Ökosiedlung geplant. Im nahen Lychen, der alten Flößerstadt, lassen sich bei der Agentur „Treibholz" Flöße und Kanus für Touren durch die Seen mieten (www.treibholz.com). Die Flößerei hat in Lychen Tradition: Seit 1720 arbeiteten hier Flößer, die Holztransporte bis nach Berlin oder Hamburg unternahmen. In den 1970er-Jahren hörte die Flößerei auf. 1997 gründete man den Verein der Lychener Flößer, baute ein Flößereimuseum und feiert jedes Jahr das Flößerfest. Der Flößerhafen in Lychen heißt heute wie eh und je „Floßablage".

Empfehlenswert ist hier die Mühlenwirtschaft, die von der Fernsehmoderatorin und Grünen-Politikerin Carla Kniestedt betrieben wird.

In Alt-Placht, rund zehn Kilometer entfernt, hat der 2011 verstorbene Vater von Bundeskanzlerin Angela Merkel, Horst Kasner, eine gute Tat für die Uckermark vollbracht. Am Waldrand steht hier, umgeben von 500 Jahre alten Linden, eine kleine Fachwerkkirche. Bereits 1700 wurde sie erbaut, doch 1970 war sie in einem derart desolaten Zustand, dass sie abgerissen werden sollte. Zum Glück fehlte das Geld dazu. Pfarrer Kasner sorgte als Vorsitzende des Fördervereins dafür, dass das alte Kirchlein wieder piekfein restauriert und auch eine Orgel eingebaut wurde. Die Schlichtheit des Kirchenraumes macht seine Poesie aus, hier kommen Menschen wie von selbst zur Ruhe.

02 |

BOHÈME IN PARADIESISCHER UMGEBUNG

Nicht selten wird Schloss Wartin als das romantischste Schloss der Uckermark bezeichnet.

Wer einmal hier war, weiß warum – das Schloss, der Park, die Gästehäuser und die umliegenden Streuobstwiesen sind eingebettet in die einsame uckermärkische Landschaft. Ein echtes Refugium, ein Ort, der anders ist und verzaubert. Im Schlossgarten findet sich eine Sammlung alter englischer Rosen und Pfingstrosen, und bei den verlassenen Pferdeställen neben dem Eingang kann man sich gut vorstellen, wie sich das Leben früher einmal hier abspielte. Das Rittergut gehörte früher der Adelsfamilie von Blankenburg. 1928 kaufte es die Gesellschaft zur Förderung der inneren Kolonisation und siedelte dort 94 Bauern mit je 25 Hektar Land an. 1933 wurde im Herrenhaus eine Gauführerschule eingerichtet. Bis nach dem Zweiten Weltkrieg hatte das Dorf sogar noch einen eigenen Bahnanschluss.

Das Schloss hat sich viel von seinem historischen Charme bewahren können: Im Winter lodert in üppigen Stuckkaminen in den Herrenzimmern ein Feuer, auf dem schwarzen Flügel in der Ecke stapeln sich Klaviernoten, in den Regalen warten philosophische und politische

Schlossfrolleins,
Romantiker,
Pärchen

€€€
€€
€

Schloss Wartin
Schlosshof 10
16306 Casekow
Tel. 0174 9410439
www.wartin.com

Schriften auf Leserinnen und Leser, die zahllosen Kerzenleuchter zeigen wächserne Gebrauchsspuren. Mittlerweile ist Schloss Wartin auch ein Ort der Wissenschaft, Kultur und Toleranz geworden. Kurz nach dem Mauerfall sanierten zwei Professoren aus Berlin, Hans-Joachim Mengel und Charles Elworthy, das ziemlich heruntergekommene Schloss mit geringen Mitteln. Zuerst unter der Ägide der Europäischen Akademie Schloss Wartin, dann mit Hilfe der Stiftung Collegium Wartinum. Seit 2018 führt Elworthy das Schloss gemeinsam mit seiner Frau Sununtha.

Umgeben ist der Schlosspark von einer bis zu fünf Meter hohen Schlossmauer aus Natursteinen und Backsteinen. Damit ist der Park eine der wenigen im nördlichen Brandenburg noch erhaltenen Anlagen mit einer vollständigen Backsteinmauer und bildet damit kulturhistorisch ein Gegenstück zu den in die Landschaft führenden Lennéschen Landschaftsparks. Durch eine alte Bogentür gelangt man vom Park in die Kirche aus dem 13. Jahrhundert.

Neben dem Schloss liegen die alten Gutsgebäude, eine ehemalige Kartoffelschnapsbrennerei, eine alte Schmiede, Ställe und Scheunen. In einigen Gebäuden schuf Elworthy Unterbringungsmöglichkeiten für Gäste.

Passend zur Idee des Cambridge College gibt es einfache Zimmer im Landhaus-Stil. Der Wohnraum ist ausgestattet mit gemütlichen Sofas, einem Ofen und einer kleinen Bibliothek für Gäste. Im rechten Flügel des Schlosses ist die Schlossküche untergebracht, dort steht auch ein Kühlschrank für die Gäste. Das Obst im Schlossgarten darf jeder pflücken, es ist reichlich davon vorhanden. Auch grillen kann man im Schlossgarten. Zwischen der wenig befahrenen Dorfstraße und dem Schloss liegt der Schlossteich, der zusätzlich zum idyllischen Ambiente beiträgt.

17

MIT PACKESELN DURCH DEN NATIONALPARK

Esel sind störrisch, so sagt man.

Dass das stimmt, lässt sich schon nach wenigen Minuten Packeselwanderung beobachten. Helene, die den mit geflochtenen Korbtaschen bepackten Nero Corleone am Strick führt, kommt nicht weiter. Neben der Landstraße hat der 10-jährige schwarze Esel leckere Unkräuter entdeckt und zupft sie ab, da helfen kein Ziehen an der Leine und auch keine guten Worte.

Zum Glück ist die Eselfachfrau, Sarah Fuchs, mit von der Partie.

„Dein Esel macht immer, was du machst“, lautet ein Lehrsatz der Eselsführung. Zieht man also am Strick, zieht der Esel auch, und ist natürlich der Stärkere. Ganz einfach ist der Anfang nicht, denn jetzt gilt es, dem Tier mit der richtigen Körperhaltung und kurzen Rucken am Strick

Tierfreunde,
Wanderer,
Naturliebhaber

€€€
€€
€

Packeseltouren Brandenburg
Ernst-Thälmann-Str. 10
16248 Lunow-Stolzenhagen
www.packeseltouren-brandenburg.de

deutlich zu machen, was der Mensch eigentlich will – nämlich wandern. Nach einigem Probieren und Üben schafft Helene es dann doch, mit dem Esel weiterzuwandern. Die Wanderung beginnt am Stall in Stolzenhagen. Hier „beschnuppern“ sich Mensch und Esel erst einmal im wahrsten Sinne des Wortes, dann wird gehalftert, gebürstet, gesattelt und bepackt. Insgesamt stehen acht Esel und zwei Maultiere zur Auswahl. Da ist Rafaela, eine 14-jährige Stute und ungarischer Großesel, die mit 1,38 Meter Schulterhöhe das größte Tier der Herde ist. Ihre Tochter Rebecca sieht ihrer Mutter täuschend ähnlich. Der gescheckte, dickfellige Jago, ein Hausesel, kam als schüchternes Jungtier auf den Hof. Mittlerweile ist Jago sehr routiniert im Wandern und ein tolles Mitglied des Teams. Maultier Madita ist ein echtes Arbeitstier und das stärkste Tier der Herde. Sie steht selbst mit schwerem Gepäck jede Wanderung durch.

Geritten werden die Esel bei den Touren übrigens nicht, auch wenn das noch so verlockend ist. Die Packesel transportieren, wie es der Name sagt, das Gepäck der kleinen Gruppe, z. B. die Körbe und Taschen für das Picknick zur Mittagsrast oder Kleidung. Auch wenn es auf den ersten Blick sehr einfach erscheint – einen Esel zu führen hat so seine Eigenheiten. Eltern, die bei Wanderungen manchmal quengelnde Kinder erleben, staunen oft, wie problemlos die Kinder mit dem Esel zusammen weite Strecken wandern. Dass ein schwerer Esel einem kleinen

Der nahegelegene Parsteiner See lädt zum Baden ein.

Mädchen auf den Fuß tritt, sollte natürlich unbedingt vermieden werden ... „Achte darauf, dass du immer neben deinem Esel marschierst“, lautet denn auch eine weitere Lektion in der Eselsführerlehre.

Das Dorf Stolzenhagen ist so klein und dermaßen abgelegen, dass auf der Straße im Ort kaum Autoverkehr herrscht; ideale Bedingungen für eine entspannte Wanderung. Zur polnischen Grenze sind es von hier aus nur wenige Kilometer. Hinter dem Dorf geht es erst einmal über eine Brücke, die Hohensaaten-Friedrichsthaler Wasserstraße wird überquert – und schon befinden sich die Wanderer im Nationalpark Unteres Odertal.

Zeit für eine Rast an einer schattigen Baumgruppe. Auch die Esel sind statt in der prallen Sonne lieber im Schatten. Jetzt ist Zeit, die Esel zu streicheln, und weil Nero Corleone so ein sagenhaft weiches Fell hat, bekommt er Streicheleinheiten von allen en masse. Neben Nero Corleone ist bei der Wanderung noch ein Maultier dabei, das von Kindern geritten werden kann. Zwischendurch lässt die Diplombiologin Sarah Fuchs, die schon mehr als 20 Jahre in der Region lebt, immer wieder amüsante und interessante Fakten über das Wesen der Esel einfließen.

Warum laufen Esel z. B. lieber auf dem harten Pflasterweg als durch das weiche Gras? Ganz einfach: Weil sie dann nicht auf jede Unebenheit achtgeben müssen. Esel stammen aus den trockenen Bergwüsten Nordafrikas, daher sind die Hufe an trockene Böden angepasst und entsprechend abgehärtet. Wenn Esel nur auf Gras oder weichen Böden laufen, werden

die Hufe weich, sodass Pilze und Bakterien leichter in das Horn gelangen, was zu Huffäule und Infektionen führen kann.

Auch die langen Ohren hängen mit ihrem ehemaligen natürlichen Lebensraum zusammen: In den Bergregionen, die zum Teil zerklüftet sind, müssen sie gut hören und laut rufen können, um miteinander zu kommunizieren. Im Gegensatz zum Pferd, das als Fluchttier gilt und bei Gefahr in Windeseile weggaloppiert, bleibt der Esel lieber stehen und prüft, ob eine Flucht sinnvoll und in abschüssigem Gelände möglich ist – andernfalls wendet er sich der Gefahr zu und greift notfalls an.

Nachhaltiger Nebenjob

Wenn die Esel nicht gerade auf Tour sind, haben sie noch einen Job als Naturschützer: Sie beweiden wertvolle Trockenrasen im Nationalpark und verhindern damit eine Verbuschung und Vergrasung der Trockenrasen, die viele seltene Blumen und Kräuter enthalten. Esel wälzen sich mit Vorliebe an sandigen Stellen und schaffen so offenen Boden, den Heuschrecken und konkurrenzschwache Pflanzen dringend als Lebensraum benötigen.

Abends wartet auf die Bande ein zünftiger Abschluss eines ländlichen Tages: Lagerfeuer im Garten und danach eine Übernachtung auf dem Heuboden des Stalles im Schlafsack. Der Esel und das Maultier verbringen die Nacht hingegen lieber auf der Weide mit den anderen Tieren, im Sommer ist das die Regel.

In der Nähe gibt es auch noch andere Freizeitmöglichkeiten: der nahegelegene Parsteiner See mit seinem glasklaren Wasser ist gut für eine Abkühlung. In Stolzenhagen kann man das Spinnen bei Susan Krieger lernen (www.ddha.de) oder sich im Geologischen Garten über die Eiszeit informieren. Im Nationalpark sind auch noch jede Menge (Spuren) anderer Tiere zu entdecken: Hier gibt es Seeadler, Kraniche und Eisvögel, manchmal auch Gänseschwärme oder Bäume, die von Bibern angenagt wurden.

SCHWITZEN AUF DEM WASSER

Die Elemente Feuer, Wasser und Luft in ihrer schönsten Form erleben kann man auf dem Saunafloß, das auf dem Werbellinsee in Brandenburg zuhause ist.

Was in Finnland gang und gäbe ist und dort über die zahllosen Seen treibt, hat in Deutschland noch immer Seltenheitswert. Puristen und Naturfreaks sollten also aufhorchen. Das Floß selbst wird angetrieben von einem 15 PS starken Außenborder, die Sauna indes wird mit Holz beheizt. Es duftet nach Holz und – je nach Aufguss – zum Beispiel nach Latschenkiefern, Douglasfichte oder Grapefruit.

Seinen Liegeplatz hat das Floß an der Badewiese Michen auf dem Werbellinsee, einem der schönsten Seen Deutschlands inmitten eines Biosphärenreservates. Das glasklare Wasser ist aufgrund seiner Tiefe von bis zu 55 Metern auch im Hochsommer noch erfrischend kühl. Am südlichen Teil des Sees gibt es einige Campingplätze, man kann die Saunafloßfahrt also mit einem Freilufturlaub verbinden. Der See ist fischreich, und wer probieren möchte, was hier so schwimmt, sollte im „Seewolf" einkehren. Das Fischrestaurant direkt am Seeufer räuchert den Fisch, zum Beispiel Maränen, selbst. Von Tauchern hört man, dass der Werbellinsee nach dem Bodensee der zweitgrößte Binnenschiff-

Saunagänger,
Badefreunde, Naturliebhaber,
Eisbadende

€€€
€€
€

Saunafloß
Anlegestelle Badewiese Michen
Seerandstraße
16247 Joachimsthal
Tel. 01575 4890249
www.saunafloss.info

Schiffsfriedhof Europas ist. Und noch eine Anekdote: Als Erich Honecker 1981 Helmut Schmidt hier im Jagdhaus Hubertusstock empfing, wurde die unansehnliche Ruine des Café Wildau kurzerhand im See versenkt, damit Schmidt sie nicht zu Gesicht bekam.

Im Winter ist man auf dem Werbellinsee meist ganz allein. Das Saunafloß fährt an 365 Tagen im Jahr – ausgenommen nur die Tage, an denen der See zugefroren ist. Das Ufer ist durchgängig bewaldet, hier zieht sich der Wald zehn Kilometer am Seeufer entlang. Wer das Saunafloß für einen ganzen Tag mietet, kann den ganzen See durchkreuzen. Normalerweise reicht aber eine dreistündige Fahrt, damit man in der nächstgelegenen lauschigen Bucht saunieren und ab und zu ins Wasser hüpfen kann. Die Regulierung der Temperatur in der Fasssauna, die für bis zu sechs Personen ausgelegt ist, ist denkbar einfach: Möchte man es wärmer, einfach Holz nachlegen. Zur Kühlung öffnet man die Tür. An Bord gibt es nicht nur Trinkwasser, sondern auch eine Minibar. Angst davor, dass in der Sauna die Atemluft durch die Benutzung des Ofens knapp wird, braucht übrigens niemand zu haben: Der Ofen ist extra für die Fasssauna konstruiert und garantiert immer gute Atemluft im Inneren. Wer im tiefen Winter nach der Sauna nicht ins eiskalte Wasser springen möchte, für den gibt es auch eine Dusche an Bord. Ein Vorraum, in dem man sich umziehen kann, bietet noch einmal vier Sitzplätze. Noch ein Plus für Saunagänger: Während in öffentlichen Saunen die Pflicht zum Nackt-Sein herrscht, gibt es auf dem Saunafloß keine Vorschriften. Hier kann jeder saunieren, wie es ihm gefällt – im Bikini, in der Badehose oder im Adamskostüm. Da das Floß aber nur von privaten Runden gemietet werden kann, ist man ohnehin unter sich und braucht keine Blicke von Fremden zu fürchten. Außer vielleicht von ein paar Schwänen, die in der Hoffnung auf Futter angeschwommen kommen. Wer sich richtig verwöhnen lassen will, kann zusätzlich noch eine Massage an Bord buchen.

19

Märkische Quarterhorse Ranch

REITURLAUB WIE IM WILDEN WESTEN

So ähnlich muss sich ein Torero in der Arena fühlen – die Sonne scheint vom blauen Himmel, der Reiter steht mit seinem Pferd allein im Roundpen.

Der Roundpen ist eine kreisrunde Manege, um die ein blickdichter, übermannshoher Bretterzaun störende Einflüsse von außen abschirmt. Am Anfang steht auf der Ranch jedoch zunächst die Bodenarbeit. Jeder Reitschüler muss dafür die Rangordnung zwischen Reiter und Pferd klären und den schwächeren Befehlsgeber bestimmen. „Girly" dreht dem Reiter heute elegant ihr Hinterteil zu. Die Befehle der Reitlehrerin, die mit dem Kopf von außen über den Bretterzaun lugt, klingen einfach, haben es aber in sich. Der Reiter soll Kontakt zum Pferd herstellen, ohne es zu berühren. Das Pferd hat sich dorthin zu bewegen, wo der Reiter es haben will – so zumindest die Anweisung. Zunächst ein Ding der Unmöglichkeit, schließlich wiegt das Pferd etwa fünfmal so viel wie der Reiter. Nach einer Viertelstunde schweißtreibender Versu-

Westernreiter,
Pferdeliebhaber,
Reitsportinteressierte

€€€
€€
€

Märkische Quarterhorse Ranch
Pappelweg 8c
16775 Löwenberger Land-Falkenthal
Tel. 033088 50910
www.westernreiten.tv

che, Händefuchteln und Kurzstrecken-Sprints ist die von Girly zur Schau gestellte Trägheit endlich überwunden. Der Rest der Reitstunde vergeht dann wie im Flug – Girly folgt tatsächlich den Befehlen des neuen Reitschülers und geht, ganz ohne Führerseil, im Tritt hinter ihm her.

Westernreiten und Wanderritte

Die Quarterhorses, die auf den weiten Koppeln der Ranch stehen, sind eine sehr nervenstarke und umgängliche Rasse aus den USA. Die Zucht wird streng überwacht; jedes Pferd ist bei der American Quarter Horse Association in Amarillo, Texas, eingetragen. Ihren Namen haben sie wegen ihrer hohen Grundgeschwindigkeit erhalten – angeblich läuft kein anderes Pferd die Viertelmeile schneller als Vertreter dieser Rasse. Muskelbepackt und wendig wurden sie zum idealen „Arbeitsgerät“ für Cowboys, die beim Viehtreiben ausgebüxte Rinder schnell einholen müssen, bevor sie über alle Berge sind. Deshalb gibt die Ranch die Tiere, die jeweils etwa 10.000 Euro kosten, auch nicht einfach an Gäste für einen Wanderritt heraus.

Das Reiten nach Westernart auf bequemem Sattel mit Horn und Zügeln, die lässig in einer Hand gehalten werden können, sieht zwar einfach aus, erfordert aber ebenso viel Fingerspitzengefühl wie das Reiten nach der gebräuchlichen „englischen“ Art. Deswegen also die obligatorische Bodenarbeit. Bei den Westernpferden reichen minimale Signale, nach denen sich die Tiere richten. Die Hilfen sind feiner, sodass sich Reiter und Pferd genau konzentrieren müssen,

um sie korrekt umzusetzen. Pferde sind Herdentiere: Wenn sich der Reiter einmal durchgesetzt und ihnen gezeigt hat, wer der Chef ist, vertrauen sie ihm bedingungslos und folgen ihm.

Zwei Doppelstunden pro Tag sollten Anfänger zunächst im Roundpen verbringen, danach kommt der Parcours im „Trail“. Auf diesem umzäunten Platz sind Hindernisse aufgebaut – hier sieht man schnell, wer sein Pferd wirklich beherrscht. Auf dem großen holzumzäunten Reitplatz werden dann Feinheiten trainiert. Ab und zu bekommen Gäste auch das echte Western-Schauspiel des „Kuh-Einfangens“ zu sehen. Dafür stehen sechs gefleckte Kälber auf der Weide.

Zur Übernachtung stehen Ferienhäuser im Blockhaus-Stil bereit, die mit Kamin, Sonnenterrasse und Schlafcouch ausgestattet sind – viel Zeit verbringt im Blockhaus allerdings kaum jemand. Neben dem Reiten ist Pferdepflege angesagt. Denn wer sein Pferd striegelt, die Hufe auskratzt, es selbst sattelt und aufzäumt, findet automatisch Zugang zur Psyche der sanften Tiere. Höhepunkt bilden die Ausritte durch die leicht hügelige, waldreiche Umgebung, die trotz der Nähe zur Großstadt streckenweise menschenleer wirkt. Ab und zu organisiert der Reitverein der Ranch auch mehrtägige Wanderritte für erfahrene Reiter. Die Erlebnisse des Tages machen dann am Lagerfeuer abends die Runde. Urlaub ist hier übrigens auch mit dem eigenen Pferd möglich. Eigene und Pensionspferde werden selbstverständlich artgerecht gehalten – auf Koppeln, in Offenstall-Boxen und Boxen mit Paddock.

REITEN IN FAMILIÄRER ATMOSPHÄRE

Der Hof Grüneberg, eine knappe halbe Autostunde nördlich von Berlin, sah noch im Jahr 2005 aus wie viele Landhäuser zum Ende der DDR: Der Putz blätterte von den Wänden, die Fenster waren notdürftig repariert, einige zugenagelt.

Zu DDR-Zeiten residierte hier die Landwirtschaftliche Produktionsgenossenschaft „Völkerfreundschaft“. Schon in den 1960er-Jahren wurden im Dachgeschoss zwei Wohnungen eingebaut. Wie in alten märkischen Bauernhäusern damals üblich, war das Haus in zwei Bereiche geteilt: Den größeren Teil bewohnte die Bauernfamilie, den kleineren Teil die „Alten“. Im Jahr 2005 kaufte die Pferdewirtschaftsmeisterin Wendy Bartsch-Brüning mit ihrem Mann Johann Brüning den Hof und renovierte ihn – unter anderem mussten 60 Container mit Müll vom Hofgelände entsorgt werden! 2006 wurde Hof Grüneberg dann eröffnet. Er verfügt heute über eine neue 40 x 20 Meter große Reithalle sowie sieben Ferienwohnungen, die mit 4 Sternen ausgezeichnet sind. Fünf Wohnungen sind speziell für Rollstuhlfahrer ausgestattet.

Die Wohnungen sind zum Teil unter Erhaltung alter Bausubstanz rekonstruiert worden und haben noch den wertvollen, mittlerweile

Reiter,
Pferde- und Tierfreunde,
Naturliebhaber,
Familien

€€€
€€
€

Hof Grüneberg
Dorfanger 23
16775 Löwenberger Land-Grüneberg
Tel. 033094 717494
www.hof-grueneberg.de

120 Jahre alten Dielenboden. Die Wohnung, die im alten Stallgebäude liegt, hat auch noch die alte Kappdecke des Stalles.

Rollstuhlfahrer besonders willkommen

Auf dem Hof gibt es verschiedene Pferde, vom Großpferd bis zum Pony – der Friesenwallach Magnus, die Appaloosa-Knabstrupper-Mix-Stute Lilly, die Warmblutstute Lithvin, Prinz, ein Haflinger-Wallach mit Arabereinschlag, Agentino, ein Mecklenburger Warmblut-Wallach, und die Ponys Destibo, Karino und Cherie. Der Reitunterricht findet in Kleingruppen von zwei bis vier Reitern oder als Einzelstunde statt. Das Angebot umfasst auch das therapeutische Reiten, z. B. für Rollifahrer, die mit einem Speziallifter direkt aus dem Rollstuhl auf das Pferd gehoben werden.

Wer Tiere mag, ist hier richtig. Es gibt Ziegen, Kaninchen, Minischweine, die in einem Freigehege leben, Meerschweinchen, Hühner, Enten, Gänse, Katzen und Hunde. Alle Tiere darf man füttern und fast alle lassen sich gern streicheln! Der Hof Grüneberg ist Mitglied im Arche-Hof-Projekt, das den Erhalt alter und gefährdeter Nutztierrassen fördert.

Die Betreiber legen Wert auf eine artgerechte Haltung und eine konsequente Ausbildung der Pferde. Ausritte sind auch für Anfänger schon möglich. Direkt am Hof beginnt ein wunderbares Ausreitgelände, in der Nähe liegen einige Badeseen. Kinder freuen sich besonders über das große Trampolin auf dem Hof. Einmal pro Woche wird der historische Holzbackofen auf dem Hof angefeuert, dann ist Pizzabacken angesagt. Im Dorfladen gegenüber des Hofes kann man seine Verpflegung einkaufen, alle Ferienwohnungen haben eine eigene Küche. Im Ort gibt es auch zwei Gaststätten, die ein günstiges Mittagessen anbieten. Ausflugsmöglichkeiten gibt es zum Ziegeleipark Mildenberg, zum Tierpark Germendorf, zum Schloss Rheinsberg, zur Straußenfarm Winkler und zum Wildpark Schorfheide.

21

Eden – Gemeinnützige Obstbau-Siedlung eG

DIE VEGETARIER-KOLONIE

Paradiesische Früchte aus dem Garten Eden?

Auf den ersten Blick wirkt die verwinkelte Siedlungsanlage mit den vielen kleinen Einfamilienhäuschen unterschiedlichen Alters wie eine Schrebergartenanlage – nur in groß. Hier, im nördlich von Berlin gelegenen Oranienburg, soll also vor über 125 Jahren die vegetarische Bewegung in Norddeutschland ihren Anfang genommen haben? „Sind wir wirklich überzeugte Vegetarier, so wissen wir, dass die vegetarische Kultur sehr viel einbringt, nicht nur Gesundheit und frohen Mut, nein, auch Wohlstand, Geld und Gut“, dichtete der Vorstand der Kolonie Eden in einem Werbebrief anno 1894. Und weiter: „Zeigen wir doch, welchen erziehlichen Einfluss der Vegetarismus hat, indem wir alle miteinander für unsere Überzeugung eintreten und ein dauerndes Werk schaffen, welches ein Hort und ein Segen für alle ist.“

Das waren fromme Wünsche. Mehr als 100 Jahre später ist man in der Kolonie Eden schon etwas nüchterner: „Stets hat sich Eden in einem Spannungsfeld zwischen Idealismus und wirtschaftlicher Rentabilität bewahren müssen … Dass sich Eden im Zweifelsfall häufig an praktischen Aspekten orientierte, kann heute, da man weiß, dass ökonomisches Scheitern eine der Hauptursachen für das Aus der meisten Siedlungen war, als das Erfolgsrezept der Kolonie gelten“, heißt es im Jahresbericht.

Es waren 18 Menschen, hauptsächlich aus Berlin, die damals die Kolonie gründeten. Der Vorsitzende war der Lebensreformer Bruno

Vegetarier, Nostalgiker

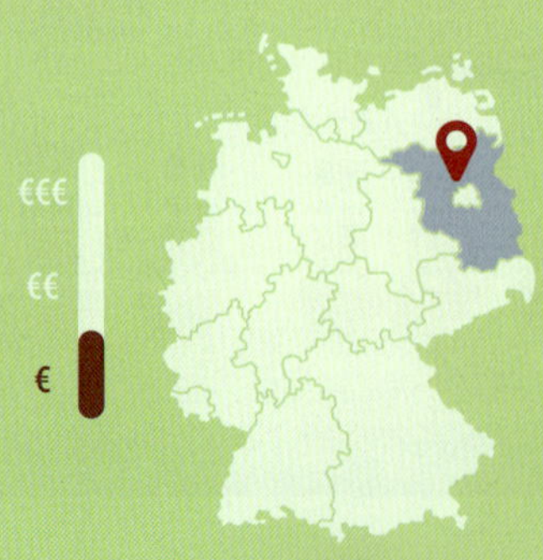

Kolonie Eden
Struveweg 501
16515 Oranienburg
Tel. 03301 52326
www.eden-eg.de

Wilhelmi. Vom Obstanbau hatten die meisten allerdings keine Ahnung, was man schon daran erkennen konnte, dass sie Land kauften, dessen Erde kaum fruchtbar und auch noch morastig war. So karrte man damals Tonnen von Pferdeäpfeln aus der Hauptstadt nach Oranienburg und verteilte sie als Dung auf dem Koloniesboden, über den man kreuz und quer Entwässerungsgräben zog.

Den Namen Eden wählten die Gründer bewusst als Anspielung auf den biblischen Garten Eden. Die Illusion eines großstadtfernen, natürlichen Lebens lag in der Luft. Eine Genossenschaft sollte allen Mitgliedern ein Auskommen ermöglichen. Die Nachbarn aus Oranienburg hatten schnell einen neckischen Namen für die Edener Kinder gefunden: „Kräuterfresser".

1893 war Berlin gerade dabei, zu einer riesigen Industriemetropole zu wachsen. Überall qualmten Schornsteine, Arbeiter hausten in dunklen Hinterhofwohnungen mit miserablen sanitären Anlagen. Da kam ein alternatives Lebensmodell, das nicht nur gesunde Ernährung umfasste, sondern auch neue, selbstbestimmte Formen des Arbeitens, gerade recht.

Dinge, die heute dank des Veganismus und der „Sharing Economy" auch wieder in aller Munde sind, zumindest in den Großstädten.

Den Boden bereitete, im doppelten Sinne, in den 1860er-Jahren ein gewisser Eduard Baltzer, einer der Gründerväter des Vegetarismus in Deutschland. Er gründete 1867 den Verein für natürliche Lebensweise, der sich zum Beispiel für die ersten vegetarischen Kochbücher Deutschlands starkmachte. Ein Renner war das „Vegetarische Kochbuch" von Anna Springer, das bis 1914 in sechs Auflagen im Berliner Verlag Lebensreform erschien. Die historischen Rezepte lesen sich abwechslungsreich: Nudelsuppe, Gemüseauflauf, falsche Fische mit Gurkensalat, Gräupchenauflauf, vegetarisches Beefsteak à la Holstein u.v.m.

Die Gründerszene von Eden war überschaubar: es waren einige wenige Großstadtflüchtlinge aus dem bürgerlichen Milieu, darunter Ärzte, Rechtsanwälte und Publizisten. Man traf sich in der Speisestätte „Ceres" in Moabit, dem ersten vegetarischen Restaurant Berlins und plante das „Projekt".

Der Kaufpreis des Landes bei Oranienburg gab damals den Ausschlag für die Wahl des Standortes – das Land wurde sehr günstig angeboten. Das Stammkapital der Gemeinschaft mit beschränkter Haftung betrug runde 100.000 Mark. Die ersten Siedler waren fleißig: Bereits im Jahr 1900 zählte man in Eden rund 15.000 Obstbäume und 50.000 Beerensträucher.

Neben dem Obstanbau widmete man sich dem Bau einer Schule, eines Kindergartens, einer Entbindungsstätte, einer Bücherei und eines Speisehauses – natürlich mit vegetarischer Kost. Doch schon bald musste die noch junge Kolonie erkennen, dass ihre Ideen nicht den gewünschten Widerhall in der Großstadt Berlin fanden – es gab nicht genug Vegetarier! Und so öffnete man 1901 das Gemeinwesen – vielleicht etwas widerwillig – auch für fleischessende Menschen. Der Name wurde geändert von „Vegetarische Obstbaukolonie Eden" in „Obstbau-Siedlung Eden".

Anfang des 20. Jahrhunderts gab es einen Gründungsboom von Vegetariervereinen, mehr als zwei Dutzend Vereine in Deutschland zählten über 5.000 Mitglieder. Sogar eine politische Partei für Vegetarier gab es, die „National-Soziale Vegetarier-Union", die allerdings keine

Übernachtung im historischen Ambiente auf dem Gelände: in der Pension Eden im Lilienthalhaus, Struveweg 102. Telefonische Reservierung unter 0177 6801665

nennenswerte Beachtung fand. Im Ersten Weltkrieg warb sogar der Kaiser höchstpersönlich für die vegetarische Ernährung – allerdings wohl eher, weil Fleisch in Kriegstagen Mangelware war. In der Zeit der Weimarer Republik hatten dann aber wieder die Fleischkonsumenten Rückenwind, da eine pflanzliche Ernährung jetzt mit Armut gleichgesetzt wurde.

In den 1930er-Jahren war die Kolonie Eden voll ausgelastet. Etwa 1.000 Menschen lebten dort, davon rund 450 Genossen, in etwa soviel wie heute. Stolz war man auf die geringe Kindersterblichkeit – sie lag bei nur 3,8 %, während sie im restlichen Deutschland bei rund 20 % lag.

Während sich in der NS-Zeit viele Vegetariervereine auflösten, weil sie fürchteten, gleichgeschaltet zu werden, verhielten sich die Eden-Bewohner opportunistisch. Man bemühte sich zwar, das Gemeinschaftsgefühl über politische Differenzen zu stellen, dennoch wurden jüdische Mitglieder aus der Gemeinschaft ausgeschlossen.

Eden rühmt sich, Erfinderin der vegetarischen Pasten zu sein, die schon früh in verschiedenen Geschmacksrichtungen als Brotaufstrich produziert wurden. Daneben wurden das berühmte Eden-Sauerkraut und Margarine hergestellt – übrigens die erste rein pflanzliche Margarine in Deutschland, die 1908 unter dem

Begriff „Eden Reformbutter" auf den Markt kam.

Ein Konsum-Geschäft wurde 1949 auf dem Koloniegelände eingerichtet, in dem die Siedler alles kaufen konnten, was sie brauchten, aber nicht selbst herstellen konnten. Diesen Konsum wollte Eden nach dem Mauerfall wieder aufleben lassen. Leider musste er bald wieder schließen, und auch der genossenschaftliche Gartenbaubetrieb blieb defizitär. Auch wenn zu DDR-Zeiten privater Handel eigentlich nicht erlaubt war, den Anbau von Obst und Gemüse unterstützte der Kommunismus. Obst und Gemüse aus privatem Anbau war überall in der DDR sehr gefragt. Die Konsum-Märkte kauften diese Lebensmittel zu guten Preisen an, und anschließend – wegen der Subventionen im Lebensmittelbereich – zu wesentlich niedrigeren Preisen wieder weiter.

Der Solitär der Kolonie, die Mosterei und die Marmeladenmanufaktur, deren Grundstock schon 1898 gelegt wurde, liegen längst brach. 1972 wurde der Betrieb durch die DDR enteignet und in die VEB Gemüseverarbeitung Beelitz eingegliedert. Säfte und Marmeladen wurden zwar noch weiterhin produziert, aber keine vegetarischen Brotaufstriche mehr. Nach dem Mauerfall kam es dann durch die Treuhand zur endgültigen Schließung der Mosterei. Der Betrieb ging als GmbH in die Insolvenz, da er mit seinem plantwirtschaftlich heruntergewirtschafteten Maschinenpark nicht mehr wettbewerbsfähig war.

„Nach 1989 gab es viele Bestrebungen, die ursprünglichen Edener Ziele der Boden-, Wirtschafts- und Lebensreform zeitgemäß wiederzubeleben", verlautet es von Eden. Arbeitsgruppen wie die Kochgruppe, die sich Anfang der 1990er-Jahre bildete, sind auch heute noch aktiv.

Reise in die Vergangenheit

Aus der GmbH ist nun eine Genossenschaft geworden, und die in die Jahre gekommenen Fabrikgebäude im Zentrum der Kolonie werden heute als Musikschule und als Museum genutzt. Im Presshaus der ehemaligen Mosterei gibt es ein Café, das vor allem bei den Senioren der Siedlung sehr beliebt ist. Hinter einem Schuppen lagern noch zwei aufgeschnittene, runde Saft-Tanks. Diese Tanks, innen mit

Emaille ausgekleidet, waren auch eine Erfindung von Eden. Es gab einmal mehr als zwei Dutzend davon. Heute dienen sie zum Teil als Behälter für Gartenteiche. In der verstaubten Werkstatt daneben ist die Zeit stehengeblieben – von der Wand blicken noch die Porträts von Honecker und Genossen.

Wer heute in Eden ein Grundstück hat, verpflichtet sich, eine genau vorgeschriebene Anzahl von Obstbäumen zu pflegen, auf Chemie und Düngemittel zu verzichten und Biotope wie Hecken und Teiche zu bewahren. Während die meisten Wohnhäuser der Genossenschaft mittlerweile renoviert wurden und einen properen Eindruck machen, darbt die Fabrik, die leer steht, in alten grau-braunen DDR-Tönen. Leider ist es Eden nicht vollständig gelungen, das in den ersten Jahren nach der Wende aufkeimende Interesse der Bewohner Edens an einer zeitgemäßen Umsetzung der Gründungsideen zu nutzen. Es liegt also, wie es heute so schön heißt, noch einiges Potenzial in der Kolonie mit den hehren Zielen brach.

Der Kulturverein Alte Mosterei betreibt eine Ausstellung und organisiert Traditionsfeste, wo sich wie vor 100 Jahren Edener mit Brotkorb und Obst auf dem Festplatz treffen.

22

Tiny House Resort

WOHNTREND MINIMALISMUS

Wer häuslichen Minimalismus liebt, hat vielleicht schon einmal überlegt, sich ein Tiny House, also ein kleines Haus, zu kaufen.

Da bietet es sich an, vorher zur Probe in einer Behausung zu wohnen, in der sich Wohn- und Schlafzimmer, Küche und Bad eine Fläche von knapp 20 Quadratmetern teilen. Der kleine Ort Wredenhagen in der Mecklenburgischen Seenplatte ist der ideale Ort, um dieses Konzept zu testen. Im Tiny House Resort stehen vier Haustypen auf einem insgesamt 8.000 Quadratmeter großen Grundstück zur Wahl – genügend Privatsphäre gibt es also trotz der kleinen Behausung jede Menge! Viele Urlauber finden das Areal so muggelig, dass sie es während ihres Aufenthaltes kaum verlassen. Die Minihäuser sind relativ hoch, die Deckenhöhe beträgt 3,4 Meter. So kann ein Hochbett platzsparend eingebaut werden. Der Erbauer, Sam Bohr, ist ein echter Tüftler: in einem Haus hängte er das Bett mit Ketten und Gegengewichten an die Decke. Tagsüber kann es so platzsparend hochgezogen werden. Frieren muss im Inneren niemand: Alle Häuschen sind mit einer speziellen Dämmfolie und 6 Zentimeter Jute-Dämmung ausgekleidet, alles höchst nachhaltig. Dazu kommen ein Kamin und eine Infrarot-Fuß-

Minimalisten

€€€
€€
€

Tiny House Resort
Eichenweg 20
17209 Wredenhagen
Tel. 039925 189997
www.tiny-house-ferien-buchen.de

bodenheizung. Die Minihäuser sind ganzjährig bewohnbar. Vom Bett aus hat man in seinem Häuschen alles im Blick und kann dank des großzügigen Panoramafensters nachts sogar direkt in die Sterne schauen. Natürlich ist auch die Küche minimalistisch ausgestattet: mit einem Induktionsherd, der zwei Kochplatten hat, einem Kühlschrank in Normalgröße und einem Espressokocher. Zur Miete bereit stehen zwei Hausfahrräder, mit denen man die Gegend erkunden kann, sowie ein E-Roller. Mehrere saubere Badeseen sind mit dem Rad in weniger als einer halben Stunde erreichbar. Ein romantisches Erlebnis für Stadtbewohner ist das abendliche Lagerfeuer vor der Hütte. Eingerichtet sind die Tiny Houses mit funktionalen, aber gemütlichen Möbeln. Manche haben dank Upcycling eine neue Funktion bekommen, so sind die Rolltische aus alten Weinkisten gefertigt, die Beistelltische aus ehemaligen Kabeltrommeln. Der Schreibtischstuhl hat Kufen zum Wippen, zum Wärmen an kühlen Sommerabenden liegt ein dickes Fell bereit. Tiny Houses gibt es in 4 unterschiedlichen Ausführungen, die von der Größe von zwei Erwachsenen

mit drei Kindern bis zu zwei Erwachsenen und einem Kind reichen. Das Luxushäuschen mit einer Grundfläche von 27 Quadratmetern hat sogar eine Einbauküche mit Spülmaschine und mit viel Stauraum, im kleinen Garten davor stehen eine Feuerschale und ein Grill.

Mit seinen Minihäusern will Bohr auch ein politisches Statement verbunden wissen: Verringerung des ökologischen Fußabdruckes, verantwortungsvoller Umgang mit Ressourcen und das Verneinen von Massentourismus im Sinne von Höher, Weiter, Schneller.

Wem seine Urlaubstage in der Mini-Hütte gefallen haben, kann sich von Sam Bohr seine eigene, ganz individuelle Behausung anfertigen lassen!

Wer das Tiny Village doch mal verlassen möchte: In Vredenhagen gibt es Möglichkeiten für eine Alpakawanderung, eine Kräuterwanderung oder Kaffee und Kuchen im Burgcafé. Frische Brötchen kann man im Konsum-Laden kaufen. In den Seen der Umgebung kann man Paddelboote, Surfboards und Wakeboards mieten.

YOGA IM WENDLAND

Das Wendland, bekannt durch seine Rundlingsdörfer, ist eine dünn besiedelte Endmoränenlandschaft mit wenig Industrie und liegt im Schatten der ehemaligen deutsch-deutschen Grenze.

Hier, im östlichen Niedersachsen, haben sich über die Jahre viele Künstler, aber auch viele Flüchtlinge angesiedelt. Nach dem Zweiten Weltkrieg kamen die Vertriebenen aus dem Osten, dann die Gastarbeiter, dann Großstadtmüde, dann DDR-Flüchtlinge und heute Flüchtlinge aus Syrien. Landschaftlich ist die Gegend mit der Elbe, vielen Eichenalleen und Kraftplätzen sehr reizvoll, so können Reiterhöfe besucht, Kanus gemietet oder Storchennester beobachtet werden. Das Gebäude des Yogahaus Ganesha wurde im Jahr 1840 erbaut und 1990 unter Berücksichtigung ursprünglicher Materialien wie Ziegel und Lehm restauriert. Seit 2014 fungiert es als Yogahaus. Zur Anlage gehören ein weitläufiger Park mit altem Baumbestand und Seerosenteich. Kleine romantische Winkel sowie eine Rasenfläche mit Sitzgelegenheiten laden zu Pausen inmitten der Natur ein. Das Haus verfügt über zwei helle, gut ausgestattete Seminarräume und verschiedene Gästezimmer. Die Zimmer sind einfach ausgestattet und verfügen über fließend Warmwasser. Im Winter verbreitet ein Kaminofen im Gemeinschaftszimmer gemütliche Wärme. Auch eine Sauna gibt es im Haus, die kostenlos benutzt werden kann.

Yoginis und Yogis
sowie Yoga-Interessierte,
Naturfreunde

€€€
€€
€

Yogahaus Ganesha
Remonteweg 3
29462 Wustrow
Tel. 05843 9610
www.yogahaus-ganesha.de

Yoga all day long

Ein typischer Tag beginnt mit einer morgendlichen Meditation; anschließend folgt die erste Yogastunde. Zwischen Frühstück, Mittagessen und Abendessen finden zwei Seminarblöcke statt, abends werden dann noch Vorträge zur Yogaphilosophie angeboten.

Der Seminarkalender ist das ganze Jahr über gut gefüllt. Das Angebot reicht von Seminaren zur Heilpraktikerausbildung über Yogalehrerausbildung, Kinderyoga, yogisches Kochen, Autogenes Training, Trommeln bis zu osteopathischen Techniken. Natürlich können auch Fremdseminare durchgeführt werden, dazu kann das ganze Haus gemietet werden. Es ist kompatibel für Gruppen bis zu 30 Personen. Das Yogahaus eignet sich auch für individuellen Yogaurlaub. Über das Jahr verteilt gibt es immer wieder verschiedene Angebote, die mit Yoga-Einheiten, Meditationskursen und anderen Freizeitaktivitäten Erholung pur versprechen. Der Yogaurlaub kann um Ayurveda-Anwendungen, Massagen, Radtouren, Lagerfeuerabende und Ausritte ergänzt werden. Im Übernachtungspreis sind drei Mahlzeiten, zwei Meditationen und mindestens eine Yogastunde enthalten. Bei schlechtem Wetter bietet sich ein Besuch des Museums Wustrow an, in dessen Dauerausstellung man einen Colonialwarenladen und einen Konsum-Markt aus der DDR-Zeit erleben kann. Wer gerade kein Yoga übt, kann bei einer Radtour durch das Wendland die Gegend erkunden und durch kleine Fachwerkstädtchen, Rundlingsdörfer und durch die Göhrde, ein Mischwaldgebiet, radeln, wo Wildtiere zu Hause sind. Auch der Radweg entlang der deutsch-deutschen Grenze, heute ein Naturreservat, liegt in der Nähe. Zu DDR-Zeiten war das Wendland in drei Richtungen von der Mauer umgeben. Der Grenzstreifen war für die Tier- und Pflanzenwelt jedoch ein unerwarteter Glücksfall – entlang des Todesstreifens konnten sich im Laufe der Jahrzehnte einzigartige Biotope entwickeln.

24

Uhlenköper-Camp Uelzen

ÖKO-CAMPING IN DER LÜNEBURGER HEIDE

Im tiefen Niedersachsen,

im Dreieck Soltau-Bad Bevensen-Bad Bodenteich,

liegt die Gemeinde Uelzen.

Und hier, im Stadtteil Westerweyhe, zwischen Dana Penners Monteurzimmervermietung, dem Landei-Lädchen und einer Shishabar, liegt ein ganz besonderer Ökocampingplatz. So besonders, dass er sogar schon einige Auszeichnungen gewonnen hat, darunter die von ECOCAMPING e.V., ÖKOregio e.V., Niedersachsens Allianz für Nachhaltigkeit und TourCert Check. Aber was unterscheidet diesen Platz von anderen Campingplätzen? So einiges – so finden bei der gesamten Beleuchtung LEDs Verwendung, der Strom ist Ökostrom, in den Toiletten gibt es Durchflussbegrenzer und Wasserrecycling, für die Gartenpflege werden keine Chemikalien eingesetzt, es gibt einen eigenen Wertstoffhof, Solaranlagen und regenerative Energie. Speisen und Getränke stammen aus dem Bioladen. Wer das Zelten auf normalen Campingplätzen

Freiluft-Ökos,
Campingfreunde,
Naturliebhaber

€€€
€€
€

Uhlenköper-Camp
Festplatzweg 11
29525 Uelzen
Tel. 0581 73044
www.uhlenkoeper-camp.de

kennt, wo die Autos wenige Meter neben dem Schlafsack röhren, freut sich wahrscheinlich über die autofreie Zeltwiese des Platzes, der grasbewachsen ist. Alte Eichen spenden hier Schatten. Es gibt eine kostenlose Kochgelegenheit, einen Aufenthaltsraum für Kinder, Mietkühlfächer und Ladestationen für E-Bikes und Handys. Es muss aber niemand im Zelt schlafen, denn das Uhlenköper-Camp bietet noch

01 |

eine Reihe anderer Möglichkeiten, wie z. B. die Jurten, die traditionellen Behausungen der Mongolen und Kirgisen. Sie stehen in idyllischer Lage über dem Quellteich auf Holzpodesten, die über einen hölzernen Steg erreichbar sind. In einer Jurte haben zwei bis vier Personen Platz. Ausgestattet sind sie mit ökologischen Vollholzmöbeln, einem Doppelbett mit Naturmatratze und einer Pantryküche. Selbst bei Regenwetter lässt es sich hier gut aushalten und am Abend wird es sogar richtig romantisch – durch ein Fenster im Dach der Jurte hat man direkten Blick in den Sternenhimmel. Außerdem kann man in den kastenförmigen Öko-Mobilheimen übernachten, die in biologischer Bauweise erstellt wurden und außen vollständig mit Holz verkleidet sind. Bis zu sechs Personen haben hier Platz, es gibt eine Wohnküche, ein Bad mit einer Wellness-Dusche und je ein Eltern- und ein Kinderschlafzimmer.

02 |

03 |

Ab in die Tonne!

Die Schlummertonnen Wutz, Wawa und Urmel eignen sich für Leute, die es gerne kuschelig haben. Die Grundfläche beträgt gerade einmal 4 x 2 Meter, wobei das Elternbett allein 2 x 2 Meter groß ist … Die Tonnen haben Strom und Licht, auch eine Infrarotheizung ist vorhanden. Noch muckeliger wird das Schlafen im Strandschlafkorb, der aus Douglasienholz gefertigt ist – quasi ein Bett mit Dach, das sich wie bei einem Cabrio aufklappen lässt. Die Einstiegsklappe des Strandschlafkorbes lässt sich hochklappen, sodass man bei Bedarf ein Loungemöbel am Naturfreibad hat. Kinder werden wahrscheinlich das Tipi lieben, das ebenfalls zu mieten ist. In der Mitte flackert hier ein Lagerfeuer, rundherum liegt man in Schlafsäcken. Bis zu 15 Kinder können hier übernachten.

Im Naturfreibad sorgt eine Pflanzenkläranlage für die Reinhaltung des Wassers, Chemikalien werden nicht verwendet. Dafür ist das Wasser meist grün. Im Imbiss des Platzes gibt es Spezialitäten wie Falafelburger, Kartoffelpuffer mit Apfelmus oder Pommes, alles in Bioqualität. In der Gaststätte, die von einem Bullerjan-Ofen beheizt wird, gibt es Frühstück und abends warmes Essen.

Sehenswert ist der Bahnhof in Uelzen, den Friedensreich Hundertwasser mit seiner unverwechselbaren Kunst gestaltet hat. Die Lüneburger Heide ist nah, und man kann Radtouren, Kanutouren und Kutschfahrten unternehmen. Das Uhlenköper-Camp ist übrigens ganzjährig geöffnet!

04 |

05 |

06 |

01 | 05 | 06 | Naturfreibad
02 | 03 | Übernachten in einer traditionellen Jurte
04 | Die Schlummertonnen, benannt nach den Figuren von „Urmel aus dem Eis"

CHARMANTER GEHT'S KAUM – URLAUB IN DER MÜHLE

Richtig schick sieht sie aus, die alte Mühle mit den großen Flügeln.

Sie stammt aus dem Jahr 1825,

der Erbauer war ein gewisser Johann Christoph Lahde.

Für den Bau mussten damals 30 Tonnen Kalk per Schiff angefahren werden. Acht Maurer bauten den Sockel, sieben Zimmerleute richteten die Mühlenteile ein. Mehrere Dachdecker deckten zum Schluss das Mühlendach mit Stroh ein. 1826 konnte der Mahlbetrieb beginnen, anschließend wurde ein Wohnhaus neben der Mühle gebaut. Eine alte Wassermühle, die danebenstand, wurde aufgegeben, da der Bach nicht genug Wasser führte. 1925 brannte die Mühle ab, wurde aber wieder aufgebaut. Doch die Zeit meinte es nicht gut mit der Mühle: 1928 richtete ein Sturm erhebliche Schäden an. Der Neubau der Mühle erhielt zur Verstärkung einen Motor. Der letzte Müller, Hinrich Lahde, stellte den Mühlbetrieb nach dem Ende des Zweiten Weltkrieges ein, da Großmühlen als Konkurrenz zu mächtig geworden waren.

Müller im Ruhestand,
Naturfreunde,
Romantiker

€€€
€€
€

Die alte Mühle
Mühlenstr. 27
29643 Schneverdingen-Heber
Tel. 05195 2551
www.diealtemuehle.de

Der Stumpf der Mühle wurde dann als Wohnmühle ausgebaut. Das Windrad, das sie jetzt trägt, stammt aus dem Jahr 1989.

Nachhaltig renoviert und als Ferienwohnung ausgebaut wurde sie dann im Jahr 2011. Umgeben ist sie von einem rund 2500 Quadratmeter großen Grundstück in ruhiger Lage am Ortsrand von Heber nahe des Pietzmoors, dem größten Moor der Lüneburger Heide.

Auf 200 Quadratmetern bietet die Wohnung selbst für große Familien viel Platz, Backsteinmauern und Holzbalken sorgen für ein rustikales Flair. Die supermoderne Küche kontrastiert mit dem alten Gemäuer, im Badezimmer steht dekorativ eine Kupferbadewanne. In Heber gibt es einen Tante-Emma-Laden und ein Restaurant.

Das Museumsdorf Wilsede liegt in der Nähe, auch zum Luftkurort Schneverdingen sind es nur wenige Kilometer, hier findet sich der Heidegarten. In dieser in Deutschland einmaligen Gartenanlage kann man die Vielfalt unterschiedlicher Heidesorten bewundern. Mittlerweile wachsen hier 200 Heidesorten mit rund 200.000 Pflanzen. In Bispingen lässt sich ein verrücktes Haus besichtigen, in dem alles Kopf steht, egal ob Küche, die Toilette im Badezimmer oder die Teller mitsamt Esstisch! Eine Längenneigung von sieben Grad bringt die Besucher zusätzlich aus dem Gleichgewicht. Das Südsee Camp Wietzendorf bietet Saunalandschaft und Funsport. Es ist umgeben von Wald und liegt an einem großen Naturbadesee mit Sandstrand. Die Füße vertreten kann man sich auf dem Barfußpark Egestorf. Hier läuft man über Steine, Mulch, Rinde, Gras, Wasser, Erde, Kiesel, Sand, Lehm, Holz, Moor und Glas. Keine Angst, die Füße bleiben heil.

DES KÜNSTLERS PARADIES

Zwischen Osnabrück und Ankum

liegt die Gemeinde Bramsche.

Hier hat das Kloster Malgarten seinen Sitz.

Der Name Malgarten deutet auf einen alten Gerichtsplatz hin, doch seit 1194 befand sich an dieser Stelle ein Benediktinerkloster, gegründet von Simon Graf von Tecklenburg und seiner Mutter Eilika. Die Schutzpatronin war Maria – kaum verwunderlich also, dass sich das Bildnis der Maria an verschiedenen Stellen im ganzen Kloster wiederfindet, unter anderem am Torhaus, wo Maria mit dem Strahlenkranz dargestellt ist. 1803 wurde das Kloster, wie alle Klöster des Bistums Osnabrück, säkularisiert. Von da an wurde es als Gerichtsplatz, als Gefängnis, von den Nationalsozialisten, als Flüchtlingswohnheim und als Landschulheim genutzt. Natürlich gibt es auch eine Kirche auf dem Gelände, eine spätromanische Klosterkirche aus dem 13. Jahrhundert. Die Barockausstattung aus dem Jahr 1690 ist komplett erhalten. 1986 ging das Kloster in Privatbesitz über und wurde denkmalgerecht und baubiologisch restauriert. Wohnungen, Ateliers, Werkstätten und Praxen entstanden. Im ehemaligen Konvent liegt jetzt das Seminar- und Gästehaus. In der Konzertscheune finden Konzerte

Künstler, Musiker

Kloster Malgarten
Am Kloster 6
49565 Bramsche-Malgarten
Tel. 01577 7902922
www.forum-kloster-malgarten.de

Im Kloster warten noch einige Gebäude auf Restaurierung – wer also eine neue Bleibe sucht und keine Angst vor Renovierungsarbeiten hat, ist herzlich willkommen!

statt, unter anderem die Malgartener Klosterkonzerte. Im Gästehaus gibt es 13 Zimmer, die höchst geschmackvoll eingerichtet sind, wobei ihr historischer Charakter fast unverfälscht erhalten wurde. Der Boden ist aus alten Eichendielen gezimmert, die bisweilen knarren, an den Wänden finden sich Lehmputz und matte Kalkfarben – Fernseher fehlen. Im ehemaligen Amtsrichtergebäude gibt es acht weitere Zimmer. Das Ambiente erinnert hier jedoch ein wenig an die vorangegangene Nutzung als Landschulheim. Die vegetarische oder vegane Versorgung ist bio und zudem regional. Wer aber doch mal Appetit auf ein Stück Italien bekommt: Die Pizzeria Pino ist nur ein paar Schritte entfernt. Neu hinzugekommen ist die Museumsscheune, ein altes Fachwerkgebäude. Hier stellt die Kunsthistorikerin und Religionsforscherin Julitta Franke Keramiken aus. Ihre Skulpturen zeugen von der langen Suche nach dem ganzheitlich integrierenden Gottesbild und Sophia, der göttlichen Weisheit.

Im Verlauf des Jahres wird eine Vielzahl an Seminaren und Workshops angeboten. Im Holz-Atelier werden alte Weidezaunpfähle zu Stelen verbaut, es gibt Kunstworkshops zu Malerei und Bildhauerei, ein Mittelalter-Spektakel und ein Symposium der Holzskulptur. Das Tuchmacher Museum Bramsche und die Mitarbeiter vom Kloster Malgarten bieten außerdem Themenführungen durch das Klostergelände an und erzählen von der Klostergeschichte. Zweimal im Jahr werden Tage der Offenen Tür veranstaltet, bei denen auch Livemusik, offene Ateliers und Gästezimmerbesichtigungen auf dem Programm stehen. Zum Kloster gehört ein Stauden- und Kräutergarten, den die Gartenarchitektin Silke Schwarz angelegt hat. Hier blühen Wildkräuter, Kletterpflanzen, Stauden und Beeren. Barbara Brosch und Claudia Lohrmann pflegen das „Beginenland" mit Feuerplatz, Kreistanzspirale und vielen lauschigen Ecken. Der Bildhauer Rolf Brüning legte einen Skulpturengarten an, unter anderem mit einem Steinkreis. Im Kreuzgang gibt es eine Galerie, die für Künstler offen ist. Bewerbungen dafür nimmt die Klosterleitung entgegen. Sogar eine Musikwerkstatt gibt es – Heiner Windelband restauriert und baut darin Musikinstrumente.

27

EIN STÜCK JAPAN IN NIEDERSACHSEN

Schloss Eickhof, ein imposanter Backsteinbau nordwestlich von Hannover, wurde 1870 erbaut und war bis 1938 der Sitz der Adelsfamilie von Kalm.

Dann wurde es eine Schule der Hitlerjugend, nach dem Zweiten Weltkrieg ein Offizierskasino der Engländer. 1986 kauften Wolfgang und Marianne Hess das Schloss, die den Schlosspark aufgrund ihrer Begeisterung für japanische Gärten nach und nach umgestalteten. Als Zen-Schüler hatten sie die Kunst der japanischen Gartengestaltung erlernt und setzten ihr Wissen nun im eigenen Garten um. „Durch Lernen und Erkennen, warum und wann wir Ästhetik und Harmonie empfinden und wie man es schafft, eine einfache Fläche zu einem Ort mit eindrucksvoller Ästhetik und tief empfundener Harmonie umzugestalten, lernten wir auch, die ursprünglichen Wurzeln unseres Daseins und die in der heutigen Zivilisation tief vergrabenen und fast vergessenen Ursachen für Ängste und Wünsche wiederzuentdecken“, so beschreibt es das Paar.

2000 wandelten sie das Schloss, das bis dahin nur privat genutzt wurde, in ein Zen-Kloster um. Feierlich eingeweiht wurde es von Sogen Usami Roshi, der in Kyoto die Zen-Schule des Myoshin-ji leitet.

Japaninteressierte, Ruhesuchende, Zen-Schüler (und alle, die es werden wollen)

€€€
€€
€

Zenkloster Liebenau
Schloss Eickhof
31618 Liebenau
www.zenkloster-in-liebenau.de

Tai Chi und Zazen zum Schnuppern

Wer selbst einmal ins Klosterleben hineinschnuppern will, kann ein „Japanisches Wochenende" buchen. Darin enthalten ist eine Einführung in den Zen-Buddhismus, tägliche Zazen-Übungen (Meditation) mit anderen Zen-Schülern, eine Einführung in die japanische Gartengestaltung und die Pflege von Bonsai, außerdem eine japanische Teezeremonie und eine Einführung in die japanische Kultur. Wenn Gäste schon die Pekingform beherrschen, gehört auch eine Stunde Tai Chi dazu. Im Kloster leben einige große schwarze Hunde. Menschen mit Angst vor Hunden sollten also von einem Klosterbesuch absehen! Computer, Zeitungen und Telefon sind im Kloster nicht gerne gesehen, sie lenken den Geist zu sehr ab. Alkohol und Rauchen sind ebenfalls tabu.

Vegan lebende Menschen seien vorgewarnt, dass die Klosterküche auf diese Ernährungsweise nicht eingerichtet ist. Vegetarier kommen eher auf ihre Kosten. Über die Wintermonate ist das Kloster geschlossen.

Der Tag im Zen-Kloster beginnt bereits um 6:50 Uhr mit Sutrenrezitation und Zazen, gefolgt von Gymnastik und Tai Chi. Um 8 Uhr gibt es Frühstück.

Übrigens sucht das Kloster regelmäßig nach Interessierten zwischen 20 und 50 Jahren, um sich dem Kloster-Team für längere Zeit anzuschließen und im Zen-Kloster zu arbeiten und zu leben. Die Arbeit umfasst Gästebetreuung, Pflege der Gartenanlagen und Hilfe im Haushalt.

Wer sich ein Stückchen Zen mit nach Hause nehmen will, kann die Baumschule des Schlosses besuchen. Dort gibt es Gartenbonsai und besondere Pflanzen wie Ilex, Buxus, Rhododendren, Taxus und Piris. Geöffnet ist die Baumschule aber nur zu wenigen Terminen. Wolfgang Hess hat zum Thema auch ein Buch geschrieben mit dem Titel „Geheimnisse japanischer Gartenkunst".

MIT DER POSTKUTSCHE DURCH DIE LÜNEBURGER HEIDE

„Ist das eine alte Postkutsche?“

Diese Frage hört Jürgen Reimer des Öfteren,

meist mit einem bewundernden Unterton.

Die historische Form und die knallgelbe Farbe können tatsächlich zu dieser Annahme verleiten, aber die „Europa-Kutsche“ ist in Wirklichkeit der Nachbau eines von Pferden gezogenen Omnibusses aus dem Jahr 1895! Postkutschen gab es zu dieser Zeit längst nicht mehr, klärt Reimer die staunenden Bewunderer und Mitfahrer auf, denn um 1900 hatte die Eisenbahn längst die Kutsche als Beförderungsmittel für Briefe und Pakete abgelöst. Anekdoten wie diese hören die Gäste der „Fahrt ins Blaue“ zuhauf, wenn sie mit dem Vierspänner acht Stunden lang durch die Heide schaukeln. Reimer hatte die Kutsche ursprünglich anfertigen lassen, um mit seiner Frau eine 6000 Kilometer lange Reise quer durch Europa zu unternehmen – inklusive Alpenüberquerung! Ein halbes Jahr nahm sich das Paar, das früher im Reisejourna-

Kutschenliebhaber,
Pferdefreunde,
Naturliebhaber

€€€
€€
€

Traumzeithof
Loher Str. 16
29348 Eschede
Tel. 05142 41950
www.traumzeithof.de

lismus gearbeitet hatte, für dieses Abenteuer Zeit. Die Pferde wurden während dieser Zeit übrigens nicht einmal ausgewechselt, was auch nicht ratsam gewesen wäre, da sie für die Strecke trainiert waren. Als die Reise zu Ende war und die famose Kutsche in den Medien gefeiert wurde, wurden die Reimers sesshaft und vermieteten ihre Kutsche. Da die Vermietung jedoch nur wenig Geld einbrachte und die Gäste, oft von weither angereist, in anderen Pensionen übernachteten, beschloss das Paar, einen Bauernhof zu pachten und die Kutschfahrt mit Kutscherin „all inclusive" anzubieten. Die Länge der Fahrt ist beliebig, auch eine Tagesfahrt ist möglich.

Traumziel für Pferdefreunde

Ihr Hof, den sie „Traumzeithof" nennen, liegt im beschaulichen Weiler Dalle, umgeben von Wald und Kuhweiden. Sechs Alt-Oldenburger Pferde, klassische, kräftige Zugpferde, stehen im Stall nebenan und grasen, wenn sie nicht arbeiten müssen, auf einer riesigen Weide. Damit die Passagiere sehen, was die Tiere leisten, lässt Reimer die Fahrgäste gerne erst einmal die Kutsche per Hand aus dem Stall herausziehen. Schwere Arbeit! Später auf der Fahrt wird Reimer dann übrigens unter anderem erklären, warum ein PS nicht der Stärke eines Pferdes entspricht ... 10 Fahrgäste passen in das Innere der Kutsche, die mit Polstern und einem gespannten Stoff-Himmel im Stil von 1895 ausstaffiert ist. Drei Mitfahrer dürfen sich oben auf die Bank hinter der Kutscherin schwingen, wo sie eine glänzende Aussicht aus drei Metern Höhe auf die Heide haben. Außerdem bekommen sie so die Befehle, die Kutscherin Christine den Tieren gibt, aus nächster Nähe mit. Die jungen Pferde necken sich fortwährend und müssen dementsprechend ab und zu zur Ruhe gemahnt werden. Hektor, der Älteste, frisst auf

der Strecke jedes Blatt vom Baum, das er erhaschen kann. Was die Gäste nicht sehen: Während der gesamten Fahrt gibt die Kutscherin feine „Hilfen" durch die Zügel, die die Pferde dirigieren. Jürgen kümmert sich derweil um die Hufarbeiten und backt den leckeren Kuchen, der auf einer Rast am Waldrand verzehrt wird.

Es gibt in der Heide zwar auch Betriebe, die Kunden alleine eine Kutsche fahren lassen, nachdem sie eine Einweisung erhalten haben, doch davon hält Reimer nicht viel. Eine kurze Einführung reiche nicht aus, um die hochsensiblen Tiere artgerecht zu führen.

Dass die Heide abgelegen ist, merkt man daran, dass man während der achtstündigen Fahrt kaum einer Menschenseele begegnet. Die Heide besteht übrigens mehrheitlich aus Wald – die typische Heide, mit Heidekraut und bizarr geformten Wacholderbüschen, macht tatsächlich nur einen Bruchteil der Fläche aus.

Die Lüneburger Heide war früher ein ärmlicher Landstrich, die Leute aßen Gebackenes aus Buchweizenmehl, nicht aus Weizenmehl, da es hier wuchs und viel preiswerter war. Das erfährt man von Ria Springhorn, die in einer alten Scheune in Müden an der Örtze das Café „Ole Müllern Schün" aufgemacht hat und die beste Buchweizentorte backt. Springhorn ist zweifache Norddeutsche Tortenmeisterin, für den NDR tritt sie in Kochsendungen auf. Heute ist Buchweizenmehl eine Spezialität, die von Gourmets wegen des nussigen Geschmacks gelobt wird, und wesentlich teurer ist als Weizenmehl. Müden wird in Reiseführern als „typisches Heidedorf, das trotz des Tourismus seine Ursprünglichkeit bewahrt hat", beschrieben.

Ein Glas Heidehonig sollte man sich auf jeden Fall mitnehmen, etwa bei der Imkerei Ahrens in Faßberg.

In der Lüneburger Heide findet sich übrigens ein beeindruckendes Zeugnis der Geschichte der Luftbrücke: Vom Flughafen Faßberg starteten die Flugzeuge, die Berlin während der Luftbrücke von 1948 bis 1949 mit Kohle versorgten – insgesamt waren es 280.000 Flüge zu den Berliner Flughäfen Tegel, Tempelhof und Gatow! Jetzt kann man eine originale Maschine im Luftbrückenmuseum Faßberg ansehen.

Ole Müllern Schün
Alte Dorfstr. 6
29328 Müden/Örtze
Tel. 05053 94122
www.ole-muellern-schuen.de

Imkerei Ahrens
Haußelbergweg 54
29328 Faßberg
Tel. 05053 704
www.imkerei-ahrens.de

Luftbrückenmuseum
Waldweg
29328 Faßberg
Tel. 05052 978865
www.luftbrueckenmuseum.de

29

Sieben Linden

WILLKOMMEN IM ÖKODORF

Unter den Ökodörfern in Deutschland ist Sieben Linden wohl das bekannteste – sogar ein Buch ist schon über das Dorf in Sachsen-Anhalt erschienen!

Rund 100 Erwachsene und 40 Kinder und Jugendliche leben hier. Nachhaltigkeit und Ökologie werden großgeschrieben, im ganzen Dorf gibt es keinen Autoverkehr und es wird auch nicht mit dem Handy telefoniert. Die Gründung von Sieben Linden reicht zurück ins Jahr 1989, doch erst mit dem Kauf des Geländes 1997 zogen die Pioniere mit ihren Bauwagen zusammen und gründeten das Dorf. Ein alter Bauernhof wurde umgebaut, schließlich folgte die Infrastruktur mit Wegen, Brunnen, Stromleitungen, Telefonleitungen, Pflanzenkläranlage, Teich und einem Amphitheater.

Zwar wird viel zusammen unternommen, doch hat jeder Bewohner seinen eigenen Rückzugsort – und wenn es nur ein Bauwagen ist. Es gibt ein Gemeinschaftshaus und eine Werkstatt, auch ein Gästehaus ist geplant, das als erste Beherbergungsstätte in Deutschland komplett aus Strohballen gebaut sein wird. Und auch sonst versucht man sich im Dorf in innovativer Architektur: So finden sich mittlerweile

Ökologisch nachhaltig lebende Menschen, Naturliebhaber

Ökodorf Sieben Linden
38489 Beetzendorf-Poppau
Tel. 039000 51235
www.siebenlinden.org

zehn Niedrigenergiehäuser, die aus Holz, Strohballen und Lehm gebaut sind.

Kaffee und Kuchen im Sonntagscafé

Besucher haben verschiedene Möglichkeiten, das Ökodorf kennenzulernen: Jeden ersten Sonntag im Monat (außer Januar und August!) lädt das Sonntagscafé so z.B. zu Bio-Kaffee und Kuchen, Musik, Vorträgen und nettem Klönschnack mit den Dorfbewohnern ein. Anschließend gibt es Führungen durch das Dorf, zudem gibt es Kennenlernwochenenden. Tatkräftig geht es auch bei den Mitarbeitswochen zu. Nach der täglichen Morgeneinstimmung lernt man den Alltag in einem Ökodorf kennen – inklusive aller Freuden und Schwierigkeiten. Alle Mahlzeiten werden hier mit der Gemeinschaft eingenommen. Sechs Stunden Mitarbeit am Tag ermöglichen ein kostengünstiges Kennenlernen des Projekts. Gearbeitet wird meist draußen, bei jedem Wetter. Zu bestimmten Terminen werden auch Kennenlernseminare angeboten, die eine Woche lang dauern und Ökodorf-Themen in Seminarform vermitteln. Im Sommer gibt es ein einwöchiges Sommer-

Die Dorfbewohner weisen darauf hin, dass sie sich für Spontanbesucher keine Zeit nehmen können und es auch keine Verpflegungsmöglichkeiten gibt. Allerdings gibt es im Infopavillon eine „selbstleitende Führung", mit der Gäste das Dorf selbst erkunden können. Wer persönlichen Kontakt vorzieht, sollte besser zu einer der Veranstaltungen kommen.

camp mit einem vielfältigen Programm sowie biologischer Vollverpflegung, ein Zelt zum Schlafen muss sich jeder selbst mitbringen. Die Vormittage sind ausgefüllt mit Workshops, z.B. Biodanza,Textil-Upcycling, Bienenhaltung, Yoga, Tango, Kosmetik selbst anrühren oder Musikmachen mit der Ukulele. Auch abseits von Sommercamp und Seminarwochenenden bietet das Ökodorf eine Menge Seminare und Projekte an. Dazu zählen Massage- und Yogakurse, Kochkurse, Tanzkurse, Wald-Mitarbeitswochen, Begegnung mit Pferden, Einführung in die gewaltfreie Kommunikation oder Permakultur. Und wer sich für den Klimaschutz engagieren möchte, kann am „Re-Use-Café" oder Projekten wie „Ernährung: Süße Natur" oder „Nachhaltig mobil" teilnehmen.

Wem es im Ökodorf besonders gut gefällt, hat die Möglichkeit nach der Kennenlernphase dauerhaft nach Sieben Linden zu ziehen – allerdings ist dazu Sympathie auf beiden Seiten nötig. Für den Eingewöhnungsprozess schlägt das Dorf deshalb eine einjährige Probezeit vor, das Eintrittsgeld beträgt 1500 Euro, die Genossenschaftseinlage mindestens 12.300 Euro. Die Lebenshaltungskosten beziffern die Sieben Lindener mit 700 bis 1000 Euro pro Monat.

ZU GAST BEI DEN INDIANERN

Wer gerne campt und die Nacht in freier Natur verbringt, schläft meistens in normalen Zelten.

Ein echter Indianer zieht aber natürlich ein Tipi vor, ein mit Stoff umspanntes, kegelförmiges Zelt, in dem sogar ein Feuer entfacht werden kann. Wer Lust hat auf Urlaub in einem Tipi, hat im Tipidorf Bertingen in der Nähe von Magdeburg die Möglichkeit dazu. Die Tipis stehen bezugsfertig auf der Wiese, haben einen Durchmesser von sechs Metern und sind auch für große Familien geräumig genug. Neben den klassischen Tipis gibt es in Bertingen auch Holztipis, die die Bautischlerei Heinert baute. Sie haben eine Grundfläche von 23 Quadratmetern, sodass sechs Erwachsene oder acht Kinder darin Platz finden. Während auf vielen Campingplätzen Feuer in Zelten verboten sind, ist dies im Tipidorf erlaubt. Die Feuerstelle im Zelt ist weit genug von den Schlafplätzen entfernt, sodass niemand zu Schaden kommen kann. Die Eingänge der Tipis sind nach Osten ausgerichtet – herrlich, so grüßt nach dem Aufstehen gleich die Morgensonne! Ein weiterer

Kulturinteressierte, Abenteuerlustige, große und kleine Indianer

€€€
€€
€

Tipi-Dorf Bertingen
Zu den kurzen Enden 1
39517 Angern, OT Bertingen
www.tipi-dorf.de

Weiteres Tipidorf:
www.schwielowsee-camping.de

Vorteil: Die Indianer in Bertingen dürfen die modernen Toiletten und Duschen des Campingplatzes benutzen und müssen sich nicht im Fluss waschen, denn die Elbe ist vom Tipidorf immerhin rund einen Kilometer entfernt!

Auf in die Rocky Mountains!

Wer Freude am Leben in der Natur gefunden hat, kann in Bertingen einen Naturstammhausbaukurs absolvieren. Hier wird unter fachkundiger Leitung aus Holz ein Gartenhäuschen gebaut, eine Sauna oder ein Sandkasten. Auch hölzerne Skulpturen können mit der Kettensäge gesägt werden.

Auch das Restaurant „Zum Indianer" auf dem Campingplatz ist ein Naturstammhaus. Die angebotenen Gerichte sind teilweise indianischen Speisen nachempfunden. So stehen Bison-Suppe, Indianerbrot mit Chili-Cheese-Soße und Indianerburger auf der Karte – wobei bezweifelt werden darf, ob Indianer ihre Kinder jemals mit Burgern abspeisten … Die Küche arbeitet aber nachhaltig – so werden für die Gulaschsuppe Reste der argentinischen Steakhüfte, die nicht zu Steaks verarbeitet werden konnten, verwendet. Die Produkte sind hochwertig, so wird Freilandschwein, Kikok-Hühnchen oder Biogemüse verarbeitet.

Im Tipidorf gibt es außerdem einen „Silbersee", der mit Ruderbooten befahren werden kann, die „Rocky Mountains" genannten Kletterfelsen bieten einen guten Ausblick. 2020 wurde außerdem der neue Badeteich eingeweiht. Geplant war auch ein 3 Hektar großes Maislabyrinth, dem allerdings die Dürresommer 2018 und 2019 einen Strich durch die Rechnung machten. Sollte es mit dem Regen in Zukunft besser bestellt sein, wird das Labyrinth eröffnet. Das ganze Jahr über gibt es verschiedene Events, vom Indianertreffen über das Neptunfest bis zum flammenden Silbersee.

AUSZEIT AN WASSER UND WALD

Allein schon wegen der wunderbaren Lage in Groß Kreutz nahe der Havel lohnt sich ein Besuch des Rosenwaldhofes, denn die Umgebung im Landschaftsschutzgebiet Brandenburger Osthavelniederung ist einfach herrlich.

Üppige Wälder, die naturbelassene Havel und die Deetzer Erdelöcher, ein verschlungenes System aus kleinen Seen, machen das Gebiet zu einem wahren Paradies für Naturfreunde und Ruhesuchende. Vom nahegelegenen Aussichtsturm Götzer Berg, einer interessanten Konstruktion aus Holz und Metall, hat man einen fantastischen Ausblick über die Region.

Die Seminarschwerpunkte des Rosenwaldhofes sind Yoga, besonders Pranayama und Meditation und andere achtsame Übungswege wie MBSR und MBCL. MBSR bedeutet achtsamkeitsbasierte Stressreduktion, während MBCL für Mindful-Based Compassionate Living steht. Auch Fasten- und Entspannungskurse werden regelmäßig angeboten. Im Rosenhof gibt es sowohl gruppenorientierte als auch individuell ausgerichtete Seminare, immer ausgerichtet auf Achtsamkeit und Meditation und im Einklang mit der Natur. Ein Teil der Angebote dient therapeutischen Zwecken und findet in Kooperation mit naturheilkundlich ausgerichteten Universitäten statt.

Beim Retreat mit Künstler-Yogis beschäftigen sich die Teilnehmer mit Bäumen, an denen die Bewegungsformen und Übungen ausgerichtet sind. Die Vielgestaltigkeit der Bäume bietet Erzählanlässe, die die Vorstellungskraft anspre-

Auszeitsuchende, Yogis und Yoginis, Meditierende und Meditationsinteressierte

€€€
€€
€

Rosenwaldhof
Bergstr. 2
14550 Groß Kreutz (Havel)
Tel. 033207 56680
www.rosenwaldhof.de

chen. Eine Auszeit für Frauen widmet sich dem Tanz, dem Schreiben und dem Meditieren. Beim Schreiben soll dabei nach innen gelauscht werden, um die eigene Stimme zu finden und sich überraschen zu lassen, welche Sätze auf dem Papier landen. Geleitet wird dieser Kurs von einer Zenmeditationslehrerin.

Die Küche bietet sehr schmackhafte und vielfältige vegetarische Vollwertkost, die zu 100 % auf biologischen Zutaten beruht, auf Wunsch auch vegan. Es werden drei Mahlzeiten pro Tag serviert, wobei der Rosenwaldhof vorschlägt, die ersten 20 Minuten der jeweiligen Mahlzeit im Schweigen zu verbringen. Tee, Kaffee und Früchte stehen ganztags bereit. Auch die Köche sind Meditierende und einige von ihnen auch Yogalehrende.

Im Haus gibt es 45 Betten in 27 Zimmern, die meisten mit eigenem Bad sowie zusätzliche Aufbettungsmöglichkeiten, Mietzelte und Camper-Stellplätze. Das Haus kann auch komplett für größere Gruppen gemietet werden, Selbstversorgung ist möglich. Es gibt zwei Yogaräume, die 85 und 65 Quadratmeter groß sind. Ausstattung wie Yogamatten, Kissen und Decken ist vorhanden, auch Konferenzausrüstung und die Möglichkeit, Veranstaltungen online zu streamen. WLAN für Gäste gibt es nur in einigen Dozentenzimmern sowie im Rezeptions- und Aufenthaltsbereich, man setzt also auf Digital Detox.

Interessant ist, dass einige Seminare von Krankenkassen im Rahmen eines Präventionsangebotes bezuschusst werden. Der Rosenwaldhof ist jedoch kein Hotel – zum Aufenthalt gehört für manche Seminarteilnehmer tägliches „Achtsames Tun", also „leichte Mithilfe“ im Essensraum oder im Haus und Garten. Für die individuelle Auszeit kann das Programm mit dem Team vorab abgestimmt werden. Dabei können folgende Komponenten in Betracht gezogen werden: anteilige Teilnahme an Seminaren, Meditation, psychologische Beratung, Coaching, Entspannungstraining, Stressbewältigung, professionelle Massagen, achtsame Mitarbeit und Naturerfahrungen bei Spaziergängen, Radfahren, Kanufahren oder Schwimmen. Für die Massagen stehen mehrere erfahrene Masseurinnen zur Verfügung. Auch Energiemassage und Akupressur sind möglich.

... und wer sich nach so viel Erholung nach etwas Abwechslung und Kultur sehnt: Potsdam ist gerade einmal 30 Kilometer entfernt!

JUNGE, WISTE 'NE BEER?

... im Havelland, ein Birnbaum in seinem Garten stand.

Wer kennt es nicht,

das Gedicht von Theodor Fontane?

Jener Birnbaum steht zwar in Ribbeck – doch auch in Groß Kreutz, rund 40 Kilometer weiter, gibt es jede Menge Birnbäume. Und auch das Haus Birnbaum steht hier. Architektin Janna Krenn hat das Haus liebevoll eingerichtet, nennt es ihr Masterpiece. Aus gutem Grund: Das neu sanierte Haus hat eine Fläche von 650 Quadratmetern und bietet Platz für Gruppen bis 30 Personen (aber natürlich sind auch Einzelgäste gerne gesehen). Zur Ausstattung gehören ein Wintergarten, eine überdachte Terrasse und drei Seminarräume, von denen einer einen Turm mit Fenstern in alle Himmelsrichtungen und einen zweiseitigen Kamin besitzt, der auch die Küche beheizt.

In der Küche kann jeder selbst kochen, ebenso wird der Essensraum gemeinschaftlich genutzt. Auf Wunsch wird aber auch Essen serviert. Im Wintergarten an der Ostseite des Hauses kann man morgens die Sonne genießen.

Im Garten mit den vielen alten Bäumen, einem riesigen Ahornbaum und einem noch jungen Birnbaum kann man umherwandern

Großstädter, Stressgeplagte, Naturfreunde

Haus Birnbaum
Bergstr. 22
14550 Groß Kreutz (Havel)
Tel. 0172 7822347
www.hausbirnbaum.de

und die Atmosphäre genießen. Langfristig soll der Garten mit Permakultur angelegt werden. Fünf Minuten Fußweg und man erreicht eine liebliche Badestelle am See mit Ministrand. Und wer sich lieber im Haus entspannen möchte: Auch Massagen kann man im Haus Birnbaum buchen!

Der Havelradweg führt direkt am Haus vorbei – von der Quelle bis zur Mündung sind es rund 300 Kilometer. Radgäste, die eine Nacht bleiben, sind herzlich willkommen. Für sie stehen Reparaturwerkzeug, ein Trockenraum, ein abschließbarer Fahrradkeller und mehrere E-Bike-Ladestationen zur Verfügung – und auf Wunsch bekommen die Radler sogar ein Lunchpaket mit auf die Reise! Nicht weit vom Birnbaumhaus liegt das „Havelstübchen", wo es selbstgemachte Limonaden und leckeres Essen gibt. Im Biogartenladen der Familie Rotsch kann man derweil Samen kaufen und allerhand Produkte für den Biogarten.

01 |

02 |

03 |

01 | Außenansicht mit Havelradweg
02 | Wintergarten und Turm
03 | Wohnzimmer

33

Insel Werder

SLOW DOWN IN HAUPTSTADTNÄHE

Mit dem 1. Juni beginnt die Saison. „Sie beginnt, von Raritäten abgesehen, mit Erdbeeren. Dann folgen die süßen Kirschen aller Grade und Farben; Johannisbeeren, Stachelbeeren, Himbeeren schließen sich an. Ende Juli ist die Saison auf ihrer Höhe" – so schreibt es Theodor Fontane in seinen „Wanderungen durch die Mark Brandenburg". Dann kommt er auf die „Schuten" zu sprechen, die Kähne, mit denen die Werderanerinnen (es waren tatsächlich ausschließlich Frauen!) das Obst mit der Kraft ihrer Arme nach Berlin schifften, um es dort auf dem Werderschen Markt zu verkaufen. Abgefüllt wurde das Obst in Holztienen, einer Art Eimer, wobei eine Menge von 3000 (!) Holztienen pro Tag durchaus nicht unüblich war. Die Bezeichnung „Schuten" deute darauf hin, so Fontane, dass Holländer in diese Gegend eingewandert und ihre Kenntnisse der Agrikultur eingebracht haben. Mitte des 19. Jahrhunderts lösten dann Dampfschiffe die Ruderboote ab.

Da die Insel Werder nur rund einen Kilometer lang und 400 Meter breit ist, kann sie heute einfach mit dem Boot umrundet werden. An der Brücke, die auf die Insel führt, gibt es einen Bootsverleih, der vom Paddelboot über Elektroboote und Flöße bis hin zu Motorbooten verleiht. Auf der anderen Seite der Brücke ist ein kleiner Platz am Ufer, auf dem man wie durch einen Bilderrahmen auf das Panorama der Insel mit Kirche und Mühle schauen kann – ein echter Postkartenblick.

Inselliebhaber, Literaten

€€€
€€
€

Fischrestaurant Arielle
Fischerstr. 33
14542 Werder (Havel)
Tel. 03327 45641
www.fischrestaurant-arielle.de

Seehotel Prinz Heinrich
Fischerstr. 48b
14542 Werder (Havel)
Tel. 03327 732060
www.hotelprinzheinrich.de

Apropos Postkarten …

Postkarten mit diesem Blick schickten Berliner übrigens schon Anfang des 20. Jahrhunderts an ihre Verwandtschaft, wenn sie den Werder zum Kirschblütenfest besuchten. Heute sieht es in den schmalen Gassen des Inselortes nicht viel anders aus: Das Kopfsteinpflaster wurde überall belassen, am Marktplatz in der Mitte des Dorfes sitzt man gemütlich neben einem Springbrunnen unter der Dorflinde und kann von hier aus praktisch den gesamten Inselort überblicken. Vor den kleinen Häuschen der Inselbewohner stehen Tonkrüge mit Blumen, daneben Bänke zum Ausruhen – ein südländisches Flair ist hier nicht zu verleugnen. Höchst romantisch ist auch der Platz am höchsten Punkt der Insel vor der Heilig-Geist-Kirche. Daneben das Rathaus, das 1879 aus einer alten Fachwerkschule umgebaut wurde. Daran schließt sich das ehemalige Gefängnis an, das heute die Tourismus-Information beherbergt.

Heute gibt es in Werder noch ganze fünf Fischer – auf der Insel heißt die Institution, die es schon zu DDR-Zeiten gab und die Fische-

rei, Räucherei und Fischrestaurant vereint, Arielle. Am Eingang des Restaurants an der Uferpromenade kommt man an einer imposanten Sammlung von Fischköpfen vorbei, weiter hinten hängen riesige Reusen von hohen Gestellen herab, daneben staken Holzlatten zirkelförmig im Boden, mit denen die Reusen befestigt werden. Auf der Karte dominiert allerdings Fisch aus Meeresgewässern. Einheimischer Fisch scheint bei der Kundschaft wenig gefragt zu sein, obwohl er direkt im Haus geräuchert wird.

Um zu erfahren, wie Obstwein hergestellt wird, fährt man am besten zu Bauer Schultz, dessen Hof in der nahegelegenen Elisabethhöhe liegt. Der Wein ist sogar in der Feinschmeckeretage im Berliner KaDeWe erhältlich, betont Schultz, sichtlich stolz auf sein süffiges Produkt. Auch auf dem Werder wird mittlerweile wieder Wein angebaut, genau genommen auf dem Wachtelberg, nur einen Kilometer von der Insel entfernt. Auf Sanddorn hat sich dagegen Christine Berger in Petzow spezialisiert. Da viele Ortsansässige den Sanddorn, den es auch zu DDR-Zeiten schon gab, nicht mehr mögen, exportiert sie jetzt in die ganze Republik. Rund 70 verschiedene Produkte stellt sie aus der leuchtend orangenfarbenen Beere her – vom Sanddornsaft über Marmelade bis zur Sanddorn-Salami.

Etwas Literatur gefällig?

Den schönsten Blick über die gesamte Insel hat man von der Bismarckhöhe, zu der eine Straße von der Gaststätte „Zum Scharfrichter“ führt. Die Bismarckhöhe war eine von sechs Höhengaststätten, die vor 100 Jahren zahlreiche Ausflügler anlockten. Hier residiert heute das

Christian Morgenstern Literatur-Museum, das zwar sehr klein ist, aber mit Liebe zum Detail ausstellt und definitiv einen Besuch wert ist. Allerdings weist in Werder noch kein Schild auf dieses Museumskleinod hin. Morgenstern, übrigens ein enger Vertrauter von Rudolf Steiner, besuchte Werder einen Tag lang im Jahr 1895. Vom Bahnhof lief er mit einigen Freunden auf den Galgenberg, weil ihn die Bezeichnung so neugierig machte. Hier gründeten die Kumpane den Bund der „Galgenbrüder", später folgten daraus Morgensterns „Galgenlieder". Zum Patriotismus der Kaiserzeit war die freigeistige Literatur Morgensterns ein starker Antipol, in weiten Kreisen der Bevölkerung war Morgenstern nicht gut angesehen. So ist auch überliefert, dass die Kumpane sehr schnell aus dem damaligen Restaurant „Galgenberg" hinausbefördert wurden. Im Gebäude ist noch ein Ballsaal mit riesigen Dimensionen original erhalten, der heute für Hochzeiten genutzt wird. Das erste Haus am Platz ist das Hotel Prinz Heinrich, direkt am Wasser gelegen.

Es trägt seinen Namen zu Ehren seiner königlichen Hoheit, dem Prinzen von Preußen. Nach dem Mauerfall wurde es saniert und verfügt nun über acht Doppelzimmer und eine eigene Yacht.

GROSSSTADTCAMPING

Berlin ist eine Stadt voller bunter Typen und verrückter Ideen – eine davon ist ganz sicher der Hüttenpalast, eine mit alten Wohnwagen vollgestellte Produktionshalle einer ehemaligen Staubsaugerfabrik im Stadtteil Neukölln.

Genauer gesagt sind es zwei Hallen. In der einen stehen drei Wohnwagen und drei Holzhütten, in der anderen fünf Wohnwagen. Ohne schlechtes Wetter fürchten zu müssen, können Gäste hier übernachten. Damit man sich nicht in der Enge des Wohnwagens waschen oder die Wohnwagentoilette benutzen muss, gibt es zwei Gemeinschaftsbäder, streng getrennt nach Geschlechtern. Wenn die Wohnwagen ausgebucht sind, stehen auch noch sechs Hotelzimmer im Haus zur Verfügung, die im fabrikartigen Loft-Stil gehalten sind. Anders als beim echten Wohnwagenurlaub braucht man hier keine Bettwäsche, Handtücher oder Fön mitbringen – das ist alles vorhanden.

Eine Reise durch die Jahrzehnte

Jeder Wohnwagen hat einen Namen und ist liebevoll hergerichtet. Das „Schwalbennest“ stammt aus den 1960er-Jahren, hier wurde die Küche herausgeschraubt. Dafür ist nun Platz für ein Bett mehr. Auch die alten Hängeschränke wurden entfernt, hier findet sich jetzt ein Designerregal von Mason Juday. Die „Kleine Schwester“ stammt aus den 1970er-Jahren,

Campingfreunde, Großstadtpflanzen

€€€
€€
€

Hüttenpalast
Hobrechtstr. 66
12047 Berlin
Tel. 030 37305806
www.huettenpalast.de

01 | Herzensbrecher und Schwalbennest
02 | Der Herzensbrecher von innen
03 | Das Badezimmer in der Halle
04 | Talhütte
05 | Eines der sechs Hotelzimmer

sie wurde von Designer Yoraco Gonzales aufgepimpt. Weil der Wagen weitgehend aus Plastik ist, hat er im Innenraum ein Holzmosaik hergestellt – für eine schönere Optik. Damit man im Inneren des Wagens stehen kann, haben die Betreiber ihm einen gelben „Hut" aufgesetzt. Durch ihn scheinen Sterne, Blumen, Seepferdchen und Musiknoten. Naturnähe wird durch ein paar dünne Birkenstämme suggeriert, die um den Wohnwagen herum drapiert wurden. Auch ein Wohnwagen aus der DDR ist Teil der Sammlung. Der „Herzensbrecher" wurde 1959 im Dresdner Karosseriebau Nagetusch produziert. Hatte er im Original noch eine Holzvertäfelung im Innenraum, so zieht er mittlerweile die Blicke durch ein freigelegtes Skelett auf sich.

Richtig poppig angemalt mit Voodoo-Elementen und Pop Art ist der „Nomad", und zwar vom Berliner Künstler gleichen Namens. Das Dübener Ei ist Wohnwagenfreunden gut bekannt, es wurde schon in den 1930er-Jahren als „Würdig 301" produziert. In der DDR kam der Wagen dann zu seinem Namen und konnte auch von einem Trabi gezogen werden. Das gut erhaltene Exemplar ist heute eine echte Seltenheit! Die 100 Jahre alte Holzvertäfelung des Empfangszimmers der ehemaligen Fabrik, die hier einstmals existierte, retteten die Betreiber und bauten daraus eine Hütte, in der bis zu 4 Personen nächtigen können. Die anderen beiden Holzhütten, die Berg- und die Talhütte, kreierten die Macher von „Wohnfühlzeit", die sonst die baubiologische Planung von Arbeitsräumen übernehmen, und hier Materialien wie Holz, Kalkfarbe und Hanf verwendeten.

Wie auf einem Campingplatz hat jeder Wohnwagen auf der „Veranda" Platz für einen Campingtisch und Campingstühle. Ob in der quirligen Metropole aber viel Zeit für das müßige Herumsitzen vor dem Wohnwagen bleibt, ist zweifelhaft ... Zum Frühstücken gibt es in der Umgebung in Neukölln zahllose internationale Frühstückscafés, dienstags und freitags lockt der türkische Wochenmarkt am Maybachufer gleich um die Ecke.

Einen „Garten" gibt es übrigens auch noch – so nennen die Betreiber den Hinterhof der alten Fabrik, in dem ein paar Pflanzen in Kübeln stehen.

01 | Nomad und Puck
02 | Dübener Ei
03 | Kleine Schwester
04 | Hinterhofgarten
05 | Café

01 |

02 |

03 |

04 |

05 |

URLAUB, ARBEIT – ODER BEIDES?

Letschin ist ein kleines, ziemlich abgelegenes Dorf im Oderbruch nahe der polnischen Grenze. „Bruch" ist übrigens mittelhochdeutsch und heißt so viel wie Moor.

Der Oderbruch wurde durch die preußische Trockenlegung um 1750 zur Agrarlandschaft, anschließend erfolgte die Kolonisation. Heutige Kolonisten rücken an mit Smartphone und MacBook – als Zentrale haben sie sich die Alte Schule des Ortes ausgesucht. Das Gebäude ist blassgelb gestrichen und im Inneren vollständig saniert. Dank schnellen WLANs lässt es sich hier an Tischen und Sofas bequem digital arbeiten. Es gibt ein Tagesticket, bei dem Kaffee inklusive ist. Auch ein Besprechungsraum im Obergeschoss lässt sich für geschäftliche Zwecke mieten. Kopien, Scans und einen Laminierservice gibt es natürlich auch. In dem Co-Working-Space kommen Menschen aus den unterschiedlichsten Branchen zusammen, egal ob Ingenieure, Modedesigner oder Dachdecker – sie alle teilen sich den Ort des gemeinschaftlichen Arbeitens. Ab und zu werden Kreativ-Frühstücksrunden angeboten, die auch für Neulinge interessant sind und sich gut zum Schnuppern anbieten.

Digitale Nomaden,
Kunst- und Kulturinteressierte

€€€
€€
€

Coworking Oderbruch –
Alte Schule Letschin
Karl-Marx-Str. 5
15324 Letschin
Tel. 033475 579433
www.coworking-oderbruch.de

Viel Musik und urige Kneipen

Obwohl die Gegend recht abgelegen ist, gibt es einiges zu unternehmen. Im Kunstspeicher Friedersdorf gibt es z. B. regelmäßige Ausstellungen oder Konzerte und auch die Oderbruchware in Bad Freienwalde begeistert mit Livemusik, Kaffee und Kuchen. Die Kulturmanufaktur Gerstenberg ist ein Begegnungsort für alle Kunst- und Kulturinteressierten und mal Atelier, mal Ausstellungsraum, mal Konzertsaal – auch Dirk Zöllner ist hier schon aufgetreten. Im Café Hier und Jetzt finden in gemütlicher Wohnzimmeratmosphäre und mit Blick über die Alte Oder Konzerte und Open Airs statt, zudem gibt es eine offene Bühne. Der kleine Ort Oderaue hat sogar ein eigenes Theater, das Theater am Rand. Über den Oderbruch informieren kann man sich im Oderbruchmuseum in Altranft. Ganz in der Nähe ist auch die Gedenkstätte Seelower Höhen, dort fand die größte Schlacht des Zweiten Weltkrieges auf deutschem Boden statt. Im Kunersdorfer Musenhof kann man derweil das Chamisso-Museum besuchen, das eine Dauerausstellung über das Werk des deutsch-französischen Dichters und Naturforschers Adelbert von Chamisso zeigt. Fort Gorgast ist ein Fort, das in den 1880er-Jahren errichtet wurde, aber bei seiner Fertigstellung schon militärisch veraltet war. Es diente nur als Unterkunft und Depot und ist bis heute erhalten.

Schlafplätze rund um die Alte Schule gibt es reichlich, z. B. die Oderbruchhütte in Strausberg, deren Wohnung im Erdgeschoss einen Kachelofen hat und direkt am Oderstrand liegt. In Wilhelmsaue gibt es das Landheim mit 40 Betten, ganz in der Nähe einer alten Bockwindmühle. In der Nähe ist das Gasthaus So oder So, das regionale und ökologische Produkte auftischt – eine der schönsten Kneipen im Oderbruch. Für Gruppen geeignet ist die Landherberge Kienitz. In Kienitz gibt es auch die Hafenmühle mit zwei Ferienwohnungen, von der man einen weiten Blick über die Oder hat. Das Haus Oderdeich in Kienitz ist ein Fachwerkhaus aus dem Jahr 1830, das zu einem Ferienhaus umgebaut wurde.

URLAUB IM KOMMUNISMUS

Wer den Film „Das schweigende Klassenzimmer“ gesehen hat, weiß bereits, dass kaum eine andere Stadt ein derart perfektes Bild von der Anfangszeit der DDR abbildet wie Eisenhüttenstadt.

Die meisten Touristen und Besucher kommen her zu Studienzwecken – kein Wunder, dass es in der Stadt deshalb auch nur wenige Hotels gibt. Wer sich aber für Architektur und Stadtplanung im Kommunismus interessiert, wird hier reich belohnt. Eisenhüttenstadt wurde in den 1950er-Jahren als Planstadt für die Arbeiter des EKO Stahlwerkes angelegt. Eigentlich sollte die Stadt Karl-Marx-Stadt heißen, doch schließlich nannte man sie Stalinstadt. In den 1960er-Jahren wurde sie dann in Eisenhüttenstadt umbenannt.

Im Gegensatz zu anderen Industriestädten wie Berlin, wo Arbeiter in engen, muffigen Hinterhofwohnungen hausten, legte man die Häuser in Eisenhüttenstadt großzügig auf Rasenflächen verteilt an. Dazu kam, dass anhand der Wohnungen keine Klassenunterschiede sichtbar werden sollten – der gewöhnliche Arbeiter wohnte in genau der gleichen Wohnung wie der Doktor oder der Ingenieur. Die Gestaltung fand im damals modernen neoklassizistischen Stil statt. Von jeder Wohnung sollten Versorgungseinrichtungen wie Krankenhaus, Einkaufszen-

Freunde sozialistischer Architektur, Historiker, Fans der „Lost Places“-Kultur

Hotels:
www.lathotel.de
www.hotel-fuerstenberg-oder.de

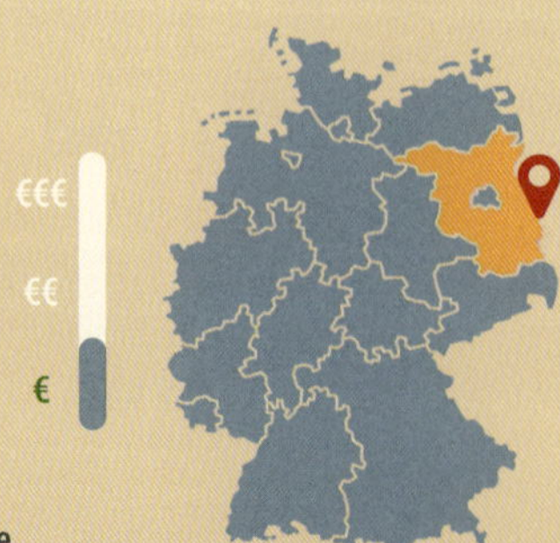

Touristinformation Eisenhüttenstadt
Lindenallee 25
15890 Eisenhüttenstadt
Tel. 03364 413690
www.tor-eisenhuettenstadt.de

trum, Schule, Schwimmhalle, Kino oder Theater zu Fuß erreichbar sein. Ende der 1980er-Jahre wohnten in Eisenhüttenstadt noch 53.000 Menschen.

Vom Leerstand zu den „Lost Places"

Heute sind es nur noch die Hälfte, der Leerstand ist immens. Wegen des Schrumpfungsprozesses wurden viele Wohnkomplexe bereits abgerissen, Läden stehen leer, aus Dächern wachsen kleine Birken. Freunde von „Lost Places" haben hier an jeder zweiten Ecke die Gelegenheit auf ein schönes Fotomotiv.

01 | Zentraler Platz vor dem Rathaus mit Blick auf das Linden-Zentrum in der Straße der Republik

02 | Mutter mit Kind, Brunnenstatue vor dem Rathaus

01 |

Welchen Wert die Stadtplaner der künstlerischen Gestaltung beimaßen, lässt sich z. B. an der Pestalozzi-Schule erkennen – dort steht ein Brunnen mit einem Mosaikdekor mit Motiven von Till Eulenspiegel, ein Gebäude hat eine Turmuhr mit Glockenspiel, es gibt Plastiken und Schmuckbeete. Das Friedrich-Wolf-Theater im Zentrum der Stadt hat eine tempelartige Architektur und wurde vor einiger Zeit restauriert. Von hier aus kann man den großen Hochofen des Eisenhüttenkombinates sehen, der in den 1990er-Jahren gebaut wurde und mit 90 Metern eines der höchsten Bauwerke der Stadt ist.

Große kulinarische Genüsse kann man in Eisenhüttenstadt nicht erwarten. Es gibt Döner-Imbisse, Asia-Imbisse, einen Griechen und einen „Balkan-Grill" – viel verändert hat sich seit DDR-Zeiten also nicht. Die „Großgast-

Seine „15 minutes of fame" hatte „Iron Hut City", als Tom Hanks von der Stadt in der Talkshow von David Letterman schwärmte.

01 | Auf der Lindenallee
02 | Gaststätte Aktivist im denkmalgeschützten Innenstadtbereich
03 | Typische Zeilenbauten

02 |

stätte Aktivist“ gibt es allerdings auch heute noch. Das große Hotel Lunik an der Lindenallee rottet derweil vor sich hin. Es wurde in den 1950er-Jahren im Stil der Internationalen Moderne erbaut, als die Lindenallee noch als Vorzeigeallee mit einer rhythmischen Abfolge von Hochhäusern mit auskragenden Dächern, Kacheln mit Meißner Porzellan, Wasserspielen und Blumenbeeten galt. Lohnenswert ist die Architektur-Stadtführung „Planstadt Eisenhüttenstadt“, die 1,5 Stunden dauert und sich an der Tourismusinformation an der Lindenallee 25 buchen lässt. Pflicht ist außerdem ein Besuch des Dokumentationszentrum Alltagskultur der DDR, das sich im Gebäude einer ehemaligen Kindertagesstätte befindet. Die Mosaike der Fenster im Eingangsbereich gestaltete der in der DDR bekannte Künstler Walter Womacka mit Kindermotiven.

Empfohlene Aufenthaltsdauer:
Eher nur was für ein Wochenende!

03 |

STILVOLL SCHWITZEN AM SCHARMÜTZELSEE

Selbst verwöhnte Saunafans werden im SATAMA SAUNA RESORT & SPA südöstlich von Berlin begeistert sein.

Das SATAMA (Finnisch für „der Hafen") bietet acht verschiedene Saunen, einen Spa- und Wellnessbereich, ein Kaminrestaurant, Lodges, Ferienhäuser und ein Hotel. Die „kühlste" Sauna hat gerade einmal 40 Grad, die heißeste dafür 120 Grad. Mit 40 Grad ist das Rasulbad beheizt, in dem auf warmen Kacheln ein Schlammritual zelebriert wird. Auch die Tiroler Stuben-Sauna mit Kachelofen ist auf 50 Grad erhitzt. In der Stolln-Sauna mit leuchtenden Salzsteinen herrscht Bergwerksatmosphäre bei 70 Grad. Die sibirische Banja ist eine Holzhütte im Garten. Hier steckt im Aufgusswasser ein mit Hanf gebundener Wenik, ein Birkenzweig. Dieses Banja-Ritual mit eisgekühltem Wodka kommt bei Männern besonders gut an. Bei 85 Grad schwitzt man im Halbrund und bei Show-Aufgüssen in der Theater-Sauna, in der sogar schon mehrmals die Aufguss-Weltmeisterschaft stattfand. In einer sechseckigen Hütte auf Kiefernstämmen liegt die Tuli-Sauna (90 Grad) mit einem gläsernen Kamin in der Mitte. Die heißeste und trockenste Sauna ist die in die Erde eingelassene Maa-Sauna, in deren Steinschwitzbad es 120 Grad heiß wird. Mystik und Spa verbindet die Traumzauberbaude, ein Hexenhäuschen mit Schleppdach und kleinen Fensterlädchen. Das Aufgusskonzept lautet hier: weniger Show, mehr Geschichtenträume.

Frostbeulen, Saunagänger

€€€
€€
€

SATAMA SAUNA RESORT & SPA
Strandstr. 12
15864 Wendisch Rietz
Tel. 033679 7589900
www.satama-saunapark.de

Zur Abkühlung gibt es im Garten Natursteinduschen, eine Eisgrotte und natürlich den riesigen Scharmützelsee, der im Winter erfrischend kalt ist. Hier badet man zwischen hohen Birken, einem rauschenden Schilfgürtel und mit Blick auf skandinavische Holzhäuschen. Auch ein 32 Grad warmer Außenpool mit Liegen ist vorhanden. Wer viel Zeit hat, kann in der Bibliothek nach einem guten Buch stöbern und sich dazu ein Glas Champagner bestellen. Sechs verschiedene Ayurveda-Massagen sind ebenfalls buchbar.

Das Restaurant des Saunaparks bietet leichte Wellnessküche mit saisonal wechselnden Angeboten und regionalen Produkten. Ein besonderes Ereignis sind die Saunanächte mit Well-Tainment® und Kulinarik der Extraklasse. Während der Show-Aufgüsse brennen stimmungsvoll Lagerfeuer am See. In den hochwertig eingerichteten Satama Lodges können zudem bis zu 6 Personen übernachten. Die Ferienhäuser im skandinavischen Holzbaustil errichtet, bieten noch mehr Personen Platz und liegen direkt am Seeufer. Nur eine Minute vom Saunapark entfernt befindet sich zudem das Hotel am See.

01 | SATAMA SAUNA RESORT & SPA mit Leuchtturm
02 | Banja-Garten
03 | Stolln-Sauna

ZU GAST BEI DEN SOZIALREFORMERN

Friedensstadt – das klingt nach Harmonie, Ruhe und Glück.

Gegründet wurde Friedensstadt 1920, während im nicht fernen Berlin die Ausschweifungen ihren Höhepunkten entgegeneilten. „Es entstehe eine Stadt des Friedens", wird ihr Gründer, Sozialreformer Joseph Weißenberg, bei der Eröffnung zitiert. Nicht nur die Historie dieser ungewöhnlichen Siedlung im Trebbiner Ortsteil Glau, rund 35 km südlich von Berlin, ist interessant, sondern auch das, was die heutigen Bewohner hier so treiben. Weißenbergs religiöse Siedlungsbewegung der Evangelisch-Johannischen Kirche, die er 1926 in Berlin gründete, war an mehreren Standorten in Deutschland nach dem Ersten Weltkrieg präsent. Heute ist die seit 1975 genannte „Johannische Kirche" eine offene christliche Kirche, die in Deutschland mit rund 30 Gemeinden vertreten ist.

Die Sehnsucht nach Frieden war in den 1920er-Jahren verständlich. Während in Berlin Arbeiter in engen Hinterhofwohnungen hausten, entstanden im benachbarten Glau bei Trebbin kleine Häuschen im Grünen, die eine gesündere Lebensweise ausstrahlten. Soziale Einrichtungen waren von Anfang an ebenfalls geplant, unter anderem ein Altersheim und eine Schule. Weißenberg organisierte die Siedlung als Genossenschaft, und erhielt dadurch viele Spenden von Förderern.

Eine bunte Geschichte

Bis 1934 entstanden in Friedensstadt 40 Gebäude für 400 Bewohner, die nicht nur hier wohnten, sondern auch arbeiteten. Natürlich

Religionsinteressierte, Historiker

€€€

€€

€

www.friedensstadt-weissenberg.de

war auch eine Kirche dabei, die noch heute steht und mit einer ungewöhnlichen Architektur aufwartet. Von außen macht sie den Anschein einer Fabrikhalle, innen jedoch faszinieren die gewölbten Decken und die riesigen Fenster. Als letztes Gebäude entstand 1934 die Schule im Bauhaus-Stil. Mit dem Nazi-Regime fand die friedliche Siedlung dann ein Ende – Weißenberg wurde in einem dubiosen Prozess als Sittlichkeitsverbrecher verurteilt, die Vereine der Evangelisch-Johannischen Kirche wurden verschiedenen Nazi-Organisationen zwangseingegliedert. Die Waffen-SS vertrieb die Bewohner von Friedensstadt und besetzte das Gelände. Der Wandel war absurd: In den letzten Kriegsjahren befand sich in Friedensstadt eine Außenstelle des Konzentrationslagers Sachsenhausen. Nach dem Zweiten Weltkrieg kam erst einmal die sowjetische Besatzungsmacht zum Zuge. Die Kirche gab die Rote Armee aber schnell zurück, in der Schule wohnten unterdessen Soldaten, im ehemaligen Restaurant wurde ein Kino eingerichtet. 1994 folgte dann die vollständige Rückgabe des Geländes an die alten Eigentümer, die Sowjetarmee verließ Deutschland. Die lange Zeit der Militärnutzung hatte an vielen Gebäuden genagt. Die Restaurierungsarbeiten sind bis heute noch nicht abgeschlossen.

Für Besucher stehen Gästezimmer und Ferienwohnungen in der Friedensstadt zur Verfügung. Die Preise sind sehr erschwinglich. Auch Führungen durch die Friedensstadt werden angeboten. Es gibt außerdem eine Sauna, ein Ärztehaus und die Möglichkeit zur Heilung durch Handauflegung, das Sakrament der geistigen Heilung. Es basiert auf der Lehre Jesu Christi und wurde von Weißenberg empfohlen. Im Bio-Biergarten sowie im Café Tassé kann man sich zwischendurch stärken, bevor der Rundgang weitergeht. Nicht weit von Friedensstadt entfernt liegt der hübsche Ort Blankensee am gleichnamigen See. Dort gibt es ein Bauernmuseum, ein Herrenhaus mit Parkanlage und einige kleine Restaurants. Der Blankensee ist übrigens vor allem für Fotografen und Hobby-Ornithologen ein lohnendes Ausflugsziel, da sich hier unzählige Vögel beobachten lassen, darunter Fischadler, Kraniche, Reiher und Kormorane.

39

E-Werk Luckenwalde

MEHR ALS EIN MUSEUM

Es als Museum zu bezeichnen, wäre ein Understatement: Der elegante Eingang des E-Werkes hat eine gewölbte Decke, in der Dutzende Glühlampen leuchten – ziemlich passend für ein E-Werk.

Über der Eingangstür ist Buntglas verbaut, das in einer exzentrischen Mischung aus Comicstil und Belle Époque eine goldene Faust darstellt, die aus violetten Wolken ragt, und von der Blitze in den blauen Himmel schießen. Der Künstler Pablo Wendel kann eine hübsche Geschichte dazu erzählen: Zu DDR-Zeiten bekam ein Genosse den Befehl, dieses Kunstwerk zu zerstören und durch einfaches Glas zu ersetzen, da es nicht in die politische Landschaft passte. Der Handwerker folgte dem Befehl aber nicht willenlos, sondern zimmerte einfach von außen und innen Bretter darüber, um das Kunstwerk zu retten. So konnte Wendel das Fenster freilegen, als er das E-Werk 2017 kaufte. Heute ist es das Logo des neuen „Kunststrom“, der hier produziert wird, und modern wie nie.

Pablo Wendel erlernte und studierte in Stuttgart den Beruf des Steinbildhauers. 2012 gründete er mit „Performance Electrics“ einen Stromanbieter der ganz besonderen Art. Mit ihm fing er an, Strom an wechselnden Standorten in Verbindung mit künstlerischen Projekten zu produzieren. In Berlin, Stuttgart, Brüssel

Technikfans,
Upcycler

E-WERK Luckenwalde
Rudolf-Breitscheid-Str. 73
14943 Luckenwalde
Tel. 03371 4061780
www.kunststrom.com

und São Paulo war er damit unterwegs. In Stuttgart baute er das Projekt „Sternenfänger" in Zusammenarbeit mit der Schwäbischen Sternwarte auf. Dort wurde eine Methode entwickelt, um Lichtenergie aus dem All zu sammeln. Mittels einer Batterie wurde die Energie des Sternenhimmels als Kunststrom gespeichert – und die Energie vielleicht längst verloschener Sterne brachte ein Lämpchen zum Leuchten. Bei einer anderen Performance schwärmten seine Mitarbeiter als „Varta-Bande" mit Hochleistungsakkus aus, um Strom in öffentlichen Gebäuden abzuzapfen und ihn dann als Kunststrom ins Netz einzuspeisen und Bedürftigen anzubieten. Luckenwalde könnte man nun als Höhepunkt der elektrisierenden Projekte Wendels deklarieren. Er habe das Werk mit seiner riesigen Gesamtfläche zu einem sehr guten Preis erhalten, den er aber nicht näher beziffern will. Wendel kennt die Geschichte des Werkes sehr genau – nicht zuletzt dank einiger Zeitzeugen aus Luckenwalde, mit denen er Kontakt aufnahm. Das Elektrizitätswerk wurde 1913 innerhalb nur eines Jahres gebaut. Und das ohne Strom, den gab es ja damals noch nicht. Die Kapazität reichte aus,

um auch die umliegenden Gemeinden mit Strom zu versorgen. 1913 dachte man schon höchst nachhaltig: Mit der Abwärme wurde das nebenan befindliche Stadtbad, das heute leer steht, geheizt.

Die Kohle wurde mit Güterzügen herangefahren; für das Abladen war ein sogenannter „Heinzelmann" installiert, der heute noch vollständig erhalten ist. Herz der Anlage ist die 350 Quadratmeter große Turbinenhalle, deren Turbinen allerdings nicht mehr existieren. Nebenan geht es derweil heiß her, denn hier restaurierte Wendel die uralte Anlage zur Stromerzeugung. Statt wie in alten Zeiten kommen heute aber statt der Kohle nur noch Holzschnitze in die Öfen, die mit einem historischen Schaufel-Förderband vom Keller hoch in den ersten Stock geschaufelt werden. Ein Relais mit großen roten Lichtern fällt auf: Fielen zu DDR-Zeiten Reparaturen an, so konnte man nicht einfach Bauteile im Fachhandel kaufen – also improvisierten die Ingenieure und bauten kurzerhand Rückleuchten von Mopeds ein.

Hier mischen sich Kunst und Industrie

Das Kraftwerk ist eigentlich ein Industriemuseum, auf Schritt und Tritt begegnet einem hier Technikgeschichte. Zur Instandsetzung des Technik-Kolosses nutzt Wendel Recycling: Aus dem Schrotthandel bezog er einen alten Gastank, den er schweißte, und der jetzt als Warmwasserspeicher fungiert. Momentan ist die Stromproduktion des modernen Holzkraftwerkes mit Kraft-Wärme-Kopplung noch sehr klein, Wendel will sie aber mittelfristig ausdehnen, sodass rund 200 Haushalte mit seinem Strom versorgt werden, den er ins öffentliche Stromnetz einspeist. Natürlich hat Wendel die Renovierung der Anlage nicht allein gemeistert: Im Rahmen des Projekts „Workaway" kamen über 50 Künstler als freiwillige Helfer aus aller Welt, um ihm zu helfen. Im Austausch für Logis und Kost bringen die Volunteers ihr Wissen, ihr Können und ihre Mitarbeit ein.

Luckenwalde und Kunst waren bisher zwei Begriffe, die nicht oft in einem Atemzug genannt wurden, denn außer dem Theater und

der Bibliothek sind Kunstorte in Luckenwalde rar gesät, Galerien gibt es keine. Umso mehr freute es Wendel, dass zur Eröffnung von Kunststrom im September 2019 über 1000 Besucher in das E-Werk strömten. Kuratorin war dabei seine Partnerin Helen Turner. So wurden die ehemaligen Büroräume des Hauses bespielt von Nicolas Deshayes, der Heizkörper aus urtümlichen Wulsten gestaltete, Name: Hot Springs. Künstlerin Lucy Joyce ließ sich für „Electric Blue" von der Geschichte des E-Werks inspirieren und sieben Luckenwalder, darunter den ehemaligen Produktionsleiter Bernd Schmiedl, als „Pfeilträger" Teil des Werkes werden. Gemeinsam umschlossen sie eine verspiegelte Pfeilskulptur und bewachten und ehrten die Vergangenheit des Werkes. Im Garten des E-Werkes steht ein futuristisch wirkender „Fluxdome" der Künstler Lukasz Lendzinski und Peter Weigand. Im restlichen Teil des Hauses sind Werkstätten und Ateliers untergebracht. Die Einnahmen der Vermietung dienen dem E-Werk zur Finanzierung der Kunstprojekte. Auch die Künstler, die hier arbeiten, gehen nachhaltig zur Sache und arbeiten u. a. auf alten Werkbänken, die eine Schule aus Schwaben aussortiert hatte und die hier nun eine neue Verwendung finden. In anderen Räumen warten noch riesige CNC-Plasmaschneidanlagen, die ebenfalls aus dem Müll gerettet wurden, auf ihre Restaurierung.

Übernachten und essen kann man im nahegelegenen Gästehaus des Kulturcafé „klassMo". Es befindet sich in einer ehemaligen Pianofabrik und bietet daneben noch ein interessantes Kulturprogramm.

Coconat

WILLKOMMEN ZUR WORKATION!

Das Projekt hat Wellen geschlagen:

einen Ort zu schaffen,

an dem man arbeiten und gleichzeitig Urlaub machen kann.

Es ist beheimatet im Gutshof Klein Glien, einem Dörfchen mit weniger als 100 Einwohnern nahe des brandenburgischen Kurortes Bad Belzig. Der Gutshof stand drei Jahre leer und wurde mitsamt seinen 17 Zimmern saniert. Coconat bedeutet Community and concentrated work in nature. In der Umgebung befinden sich ein Baumkronenpfad, ein Barfußpfad, ein Kunstwanderweg und das verlassene Hospital in Beelitz-Heilstätten.

Auf die 17 Zimmer verteilen sich insgesamt 56 Betten, doch wer mag, kann sich natürlich auch ein Einzelzimmer buchen. Das Essen ist in allen Buchungsoptionen enthalten, für Frühstück, Mittagessen und Abendessen wird für alle das Gleiche gekocht, und alles ist vegetarisch. Die Zielgruppe des Landhotels sind Kreative, Selbstständige und Entrepreneure, Schriftsteller, Journalisten, Fotografen, Blogger oder Künstler, die die natürliche Atmosphäre der Umgebung schätzen, sich inmitten der Natur inspirieren lassen möchten und dabei auf den Austausch mit Gleichgesinnten nicht verzichten wollen.

Digitale Nomaden, Freiberufler, Selbstständige, Andersdenkende

€€€
€€
€

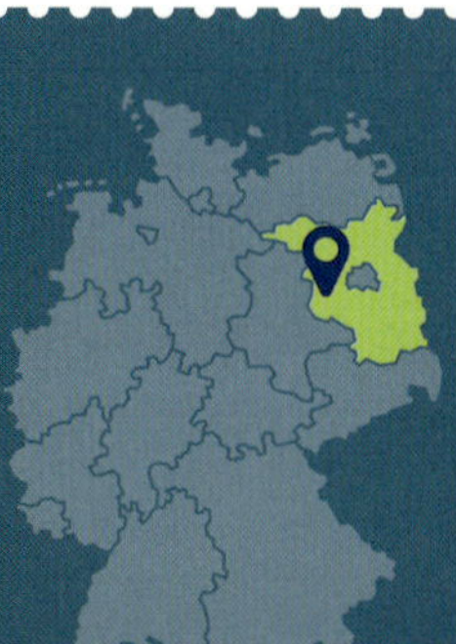

Coconat
Klein Glien 25
14806 Bad Belzig
Tel. 033841 448299
www.coconat-space.com

COCONAT.

Daneben können sich im Coconat auch Gruppen einmieten, etwa Firmen, die ihren Mitarbeitern ein kreatives Wochenende bescheren wollen. Da auch aus dem Ausland viele Gäste anreisen, geht es in dem Co-Working-Space sehr international zu – kaum verwunderlich also, dass dort viel Englisch gesprochen wird. Der nächste Bahnhof ist der Bahnhof Bad Belzig, der etwa fünf Kilometer entfernt ist. Von hier kann man mit dem Bus oder mit dem Taxi zum Gutshof fahren. Der Bus fährt stündlich, und das Resort setzt sich dafür ein, dass jetzt auch ein Fahrradweg bis Bad Belzig gebaut wird – relativ viele Gäste reisen mittlerweile nachhaltig mit dem Fahrrad an. Vorbildlich schildert das Resort auf der Webseite alle Möglichkeiten, nachhaltig nach Klein Glien zu gelangen – notfalls auch zu Fuß!

Nach einigen Anlaufschwierigkeiten hat das Coconat jetzt auch ein flächendeckendes WLAN mit 100 Mbit.

Dazu kommen Arbeitsräume wie ein Skype-Zimmer oder Co-Working-Räume.

Für kalte Winterabende gibt es auf dem Anwesen ein Kaminzimmer mit offenem Kamin, auf dem Gutsgelände befinden sich eine Picknickwiese, ein Gemüsegarten, eine Spielwiese, mehrere Hängematten, eine Fasssauna und eine Feuerstelle. Alles ist darauf eingerichtet, Besuchern Erholung und die Möglichkeit zum Netzwerken zu bieten. Auch die Möglichkeit zum Zelten gibt es – auf der Zeltwiese haben bis zu zehn Zelte Platz, dabei wird pro Person eine geringe Gebühr erhoben. Wohnmobile und Caravans sind willkommen. Neu sind die hochwertig ausgestatteten Glamping-Zelte im Garten, genau wie die Hängezelte.

Die Auslastungsquote von 65 % gibt den Gründern recht, aber ungewöhnlich ist dabei die konstante Belegung das ganze Jahr hindurch, betont einer der Gründer. Man legt großen Wert darauf, nachhaltig zu arbeiten und die Menschen aus dem Dorf in das Projekt einzubeziehen. So sei auf dem Gutshof auch eine Mosterei, die das Landhotel mit frischgepresstem Obstsaft versorge. Der Verkauf basiert auf dem Vertrauensprinzip: In der Lobby befindet sich ein kleiner „Laden“ mit Produkten der Region. In eine Geldbüchse wirft jeder den Betrag des gekauften Produktes.

41

Quedlinburg

FACHWERKSTADT UND WELTKULTURERBE

Eine „Adventsstadt“ nennt Quedlinburg sich – und in der Tat gibt es wohl keine andere deutsche Stadt mit einem derart stimmungsvollen Weihnachtsmarkt.

Selbst das traditionelle Nürnberg kann da nicht mithalten. Die UNESCO-Welterbestadt nördlich des Harzes wartet mit 1200 (!) denkmalgeschützten Fachwerkhäusern auf, die aus verschiedenen Epochen stammen. In Quedlinburg gibt es gleich drei Weihnachtsmärkte: den Mittelaltermarkt an der Marktkirche, den Weihnachtsmarkt am Kornmarkt am Rathaus und den Weihnachtsmarkt am Mathildenbrunnen. Als wäre das nicht genug, werden an den Adventswochenenden auch noch die Höfe weihnachtlich bespielt, rund 25 an der Zahl. Dabei hat jeder Hof ein eigenes Thema – so gibt es im „Spanischen Hof“ Sangria und andalusische Weihnachtsleckereien, im Hof an der Heilige-Geist-Straße einen weihnachtlichen Jahrmarkt der Jahrhundertwende, im Word-Haus Restaurant wird ein Wildschwein am Spieß gegrillt und im Hof „Pfeiffer mit drei f“ wird Feuerzangenbowle ausgeschenkt – und der gleichnamige Film gezeigt. Der Ansturm ist enorm, viele Besucher reisen extra von weit her an.

Romantiker, Weihnachtsmarktliebhaber

€€€
€€
€

Pension & Wellness Felsengrund
Tempelstr. 12
06485 Quedlinburg-Bad Suderode
Tel. 0394 85669987
www.wellness-felsengrund.de

Ganz schön verschachtelt

Wenn man heute durch die Altstadt Quedlinburgs mit den liebevoll restaurierten Fachwerkhäusern schlendert, kann man sich kaum noch vorstellen, wie es hier zu DDR-Zeiten aussah. Eine Fotoausstellung in der Tourismusinformation zeigt Schwarz-Weiß-Fotografien einer halb verfallenen Stadt, die von ihren Bewohnern verlassen wurde. Der Mauerfall war ein Glück, nur so konnten die alten Häuser gerettet werden – der Sanierungsbedarf wird auf knapp 500 Millionen Euro beziffert. Zwar wurden auch schon vor 1989 einige Fachwerkhäuser restauriert, doch die polnischen Arbeiter ließen sich diese Arbeit in harter Währung bezahlen, sodass pro Jahr nur ein Haus bearbeitet werden konnte. Bei 1200 denkmalgeschützten Häusern war dies nur ein Tropfen auf den heißen Stein.

01 | Weiterer Renovierungsbedarf ist noch ausreichend vorhanden
02 | Weihnachtsmarkt am Kornmarkt

Manche Fachwerkhäuser sind bis heute unter Putz versteckt, da es früher eine Regelung gab, nach der sich der Steuersatz nach der Anzahl der Balken im Haus errechnete. Im „Schuhhof", den man über eine schmale Passage erreicht, die durch ein Fachwerkhaus hindurchführt, hatten früher die Schuster ihr Revier.
Im oberen Stockwerk wohnte man, im Erdgeschoss waren die Werkstatt und der Laden. Bis heute erhalten sind die „Laden", eine Art Klappfenster, die man herunterklappte, um seine Waren zu präsentieren. Die schmalen Gassen, die mit Kopfstein gepflastert sind und hohe Bordsteine haben, waren zu DDR-Zeiten gerade so mit dem Trabant passierbar. Breitere Autos wie etwa der sowjetische Wolga passten schon nicht mehr hindurch.

Ein besonders reich geschmücktes Fachwerkhaus findet sich am Kunsthoken, es war direkt in die alte Marktmauer gebaut. Das Haus aus dem Jahr 1535 weist Fächerrosetten, doppelte Arkaden sowie Fenster aus Butzenglas auf. Das Wort Hoken weist auf Kleinhändler hin, daraus leitet sich übrigens der Begriff „verhökern" ab.

Das Café „Zum Roland" in der Nähe der Roland-Statue am Rathaus wirbt mit der Einzigartigkeit, als Café auf sieben Häuser verteilt zu sein. Tatsächlich sind es sieben Fachwerkhäuschen, die sehr eng beieinanderstehen und im Inneren alle miteinander verbunden sind. Innen ist es dementsprechend kuschelig und verschachtelt, aber überaus gemütlich. Reichtum erlangte die Stadt Quedlinburg übrigens einst mit der Herstellung von Bier. Heute ist nur noch das Brauhaus Lüdde übrig, das 1876 gegründet wurde. Die Spezialität hier ist das Pubarschknall, ein Spezialbier mit einem Alkoholgehalt von nur 1 % – der kuriose Name geht auf die Wirkung zurück, die es in früheren Zeiten einmal hatte, wenn man es zu lange stehen ließ. Auch den Knuttenforz, ein Schwarzbier, kann man heute ohne Bedenken trinken.

In Bad Suderode, acht Kilometer südlich von Quedlinburg, kann man in der Pension Felsengrund einchecken. Felsengrund war frü-

02 |

03 |

her ein Kloster, doch 2012 wurde es renoviert und zur Pension umgebaut. Es gibt Zimmer für bis zu fünf Personen, das Frühstücksbüfett ist komplett biologisch. Es gibt eine Sauna, einen Massageraum, eine Badewanne für Meersalzbäder, ein Dampfbad und einen Garten. Die Inhaberin ist medizinische Astrologin – wer mag, kann sich auf Wunsch ein persönliches Horoskop erstellen lassen!

01 | Marktplatz, Rathaus und „Roland"
02 | Restaurierte Fachwerkkunst
03 | Café „Zum Roland"
04 | Kornmarkt, Ecke Breite Straße

42

Heuhotel

WAS RASCHELT DENN DA?

Früher mussten Mägde und Knechte auf Bauernhöfen notgedrungen im Heu schlafen, doch heutzutage ist dies ein rares Vergnügen – dabei soll es sogar gesund sein!

Außer natürlich man leidet an einer Allergie … Besonders gut ist das Heu dann, wenn es von ungedüngten Wiesen stammt, denn hier sind Mengen von Heilkräutern mit dabei, die auf den Schläfer eine wohltuende Wirkung haben. Diese ist so groß, dass es sogar Heubäder, Heuwickel und Hautpflegeprodukte mit Heu gibt. Sie helfen bei Schlafstörungen, muskulären Verspannungen, Atemwegserkrankungen und Hauterkrankungen. Auch bei Gelenkbeschwerden soll Heu wirksam sein. So manch einer bastelt sich zu Hause eine eigene Heumatratze und würde diese nie wieder gegen eine normale Matratze eintauschen. Auf Heu liegt man zwar uneben, also nicht so wie auf einer herkömmlichen Matratze, doch diese Unebenheit ist für die meisten Rücken eher wohltuend. Dazu kommt der würzige Geruch, der dem Schläfer die ganze Nacht über unbewusst in die Nase steigt. Befürchtungen, dass das Heu sticht, braucht man übrigens nicht haben – das ist eher bei Stroh der Fall. Rauchen und Kerzen anzünden ist in Heuhotels aber natürlich streng untersagt!

Landeier,
Naturliebhaber,
Outdoorfreunde

€€€
€€
€

Heuhotel Sander
Mönkebergstr. 9
31860 Emmerthal
Tel. 05286 295
www.heuhotelsander.de

Im Ferienhof Sander, im Weserbergland gelegen, schläft man in zwei Gemeinschaftsräumen auf weichem duftendem Heu. Damit der Ruheort nicht allzu hart ist, haben die Betreiber unter das Heu aber vorsichtshalber noch Matratzen gelegt. Das Heu ist dabei das Heu des Vorjahres. Durch die Lagerung bauen sich allergene Stoffe, die im Heu enthalten sind, von allein ab. Manche Heuhotels haben sogar verschiedene Heusorten zur Auswahl, die mit Arnika, Kamille, Lavendel, Malve, Ringelblumen, Hopfen, Rosenblüten oder Kornblumen aromatisiert sind.

Jeder Gast schläft im eigenen Schlafsack, das Bad benutzt man gemeinsam. An Aktivitäten mangelt es auf dem Hof nicht, denn egal ob Planwagenfahrt, Ponyreiten, Wiesenpicknick, Grillabende mit Stockbrot oder ein Besuch des Solar-Schwimmbades Lichtenhagen, hier ist für jeden was dabei. Auch Ausflugsziele wie die Rattenfängerstadt Hameln, das Schloss Hämelschenburg, das Schloss Schwöbber oder das Kloster Corvey liegen nicht weit. Das Heuhotel dürfte wohl zu den sehr günstigen Herbergen in Deutschland zählen.

Weitere Heuhotels:

www.beitjers-hof.de
www.ferienhof-trapp.de
www.fahrstallgroothoff.de
www.ferienhof-frohne.de
www.meutstege.de
www.hofgut.de
www.deichhof-leeshaus.de
www.willrathshof.de
www.heuhotel-ruhwarden.de
www.ferienhof-schraeder.de
www.hof-birkenbruch.de
www.rittergut-evensen.de
www.heilbad-burgwies.at
www.sonnhof-aichem.de
www.heuhotel-fischbeck.de

URLAUBEN IN DER GRÖSSTEN YOGA-GEMEINSCHAFT EUROPAS

Der gemeinnützige Verein Yoga Vidya e. V.

hat es sich zum erklärten Ziel gesetzt,

die Welt zu einem friedvolleren und schöneren Ort zu machen.

An oberster Stelle steht dabei das spirituelle Wachstum. Das Wort „Vidya“ bedeutet übrigens „Wissen“. Yoga Vidya ist eines der größten Yogazentren Europas, gegründet 1992. Es unterhält vier Seminarzentren, die zwischen zehn und 280 Mitglieder haben und sich über ganz Deutschland verteilen – vom Westerwald über die Nordsee und den Teutoburger Wald bis zum Allgäu. Gelehrt wird integrales Hatha-Yoga in der Tradition von Swami Sivananda (1887–1963), einem bekannten indischen Yogameister und Lehrer des Vedanta. Im Sivananda-

Yogis und Yoginis, Meditationsinteressierte

€€€
€€
€

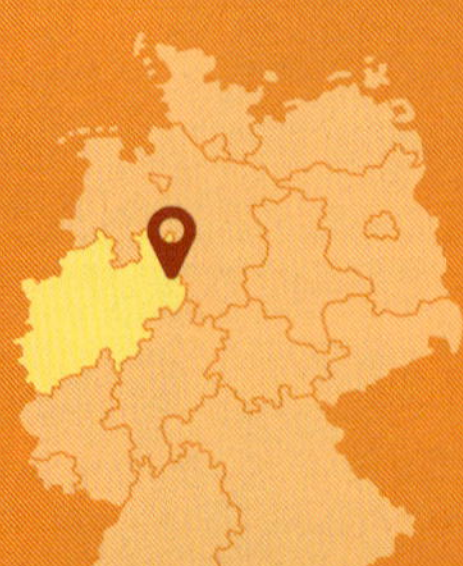

Yoga Vidya Bad Meinberg
Yogaweg 7
32805 Horn-Bad Meinberg
www.yoga-vidya.de

Ashram im indischen Rishikesh leben heute rund 300 Mitglieder. Sie praktizieren Meditation, Mantrasingen und selbstlosen Dienst, üben Asanas, Yoga-Haltungen und Pranayama, die yogischen Atemübungen. Sivananda schrieb mehr als 300 Bücher, die aber nicht alle auf Deutsch übersetzt sind.

Bei Yoga Vidya ist Volker Bretz Gründer und Leiter. Mit dem Yoga-Vidya-Stil hat er auf Basis der traditionellen Lehren Swami Sivanandas eine Form des integralen Hatha-Yogas entwickelt, die sich an den individuellen Bedürfnissen westlich orientierter Menschen ausrichtet und sich stark den unterschiedlichen Zielgruppen anpasst.

Bretz gibt fast täglich einen Satsang mit Meditation, Mantrasingen und Vortrag sowie über das Jahr hinweg zahlreiche Seminare und Fortbildungen. Auch schrieb er bereits einige Bücher, darunter „Die Yoga-Weisheit des Patanjali für Menschen von heute" und „Yogaweisheit der Bhagavad Gita für Menschen von heute". In Deutschland arbeiten rund 3000 Mitglieder im Berufsverband der Yoga-Vidya-Lehrer.

Alles für den Yogi

Ein Aufenthalt im Ashram beinhaltet täglich zwei Yogastunden, dazu kommt die morgendliche und abendliche Meditation. Auch das gemeinschaftliche Mantrasingen gehört zum Tagesablauf, ebenso die Teilnahme an Vorträgen. Die Auswahl an Seminaren ist riesig – ob Surya Namaskar Flow, Power Vinyasa Yoga, Faszien Bodywork mit Yin Yoga oder Asana intensiv für Ausgeglichenheit, innere Stabilität und Vertrauen. Auch Massage ist im Programm, etwa der Workshop „AyurYogaThai-Massage – die Kunst der Berührung". Für (Hobby-)Sänger gibt es Obertonsingen und Stimmimprovisation, für Menschen, die sich innerlich und äußerlich reinigen möchten, das „Yoga Aktiv Fasten". Gemütlich klingt das Räkel-Yoga, eher gesund der Workshop „Yoga, Schwimmen, Sauna, Massage und Meditation". Pazifisten können das Seminar „Den Krieg beenden" besuchen, für fröhliche Gemüter gibt es Lachyoga als Therapie. Daneben werden Klangreisen, geführte meditative Spaziergänge, Nordic Walking, Feuerzeremonien und indische Rituale angeboten. Auf Wunsch (und gegen Gebühr) kann man sich auch mit Massagen und Wellnessanwendungen verwöhnen lassen. Einzelberatungen in der ganzheitlich-körperlichen und psychologischen Yogatherapie können dazu gebucht werden. Die Küche ist biozertifiziert und vegetarisch oder vegan, selbst die Waschmittel sind aus 100 % natürlichen Stoffen hergestellt.

Weitere Yoga Vidya-Seminarzentren:

Haus Yoga Vidya Westerwald
Gut Hoffnungstal
57641 Oberlahr

Haus Yoga Vidya Nordsee
Wiarder Altendeich 10
26434 Horumersiel

Haus Yoga Vidya Allgäu
Lärchenweg 3 Maria Rain
87466 Oy-Mittelberg

01 | Yoga an den Externsteinen
02 | Yoga Vidya Bad Meinberg

Gemeinschaft an oberster Stelle

Besonders vielseitig geht es im Ashram in der Nähe des Kurortes Bad Meinberg zu – umgeben von einem großen Park befinden sich auf einer campusartigen Anlage drei Gebäude, in denen 1000 Menschen übernachten können. 34 Yoga-Übungsräume sorgen für betriebsame Atmosphäre. Nicht weit entfernt liegen die Externsteine, deren markante Felsformationen als eine der außergewöhnlichsten Natursehenswürdigkeiten Deutschlands gelten.

Die Preise für einen Aufenthalt sind niedrig, da Yoga Vidya als gemeinnütziger Verein möchte, dass sich jeder die jahrtausendealte Praxis für die Steigerung des eigenen Wohlbefindens leisten kann.

Der Tag beginnt früh um 6 Uhr mit Pranayama, um 7 Uhr folgen die Morgenmeditation und das Mantrasingen, am Vormittag finden dann die Yogastunden statt. Nach dem Abendessen um 18 Uhr ist es erneut Zeit für Meditation und Mantrasingen. Wer aus Yoga seinen Beruf machen will, kann in Bad Meinberg auch die Ausbildung zum Yogalehrer absolvieren. Dafür stehen eine 4-wöchige Intensivausbildung, eine zweijährige und eine dreijährige Yogalehrerausbildung zur Verfügung. Wer Feuer fängt, kann im Ashram leben, arbeiten und selbst praktizieren. Das nennt sich Sevaka – jemand, der einen spirituellen Dienst verrichtet – gemeinnützige Jobangebote finden sich auf der Internetseite zuhauf.

02 |

01 |

44

Wunderland Kalkar

STRAHLENDE AUSSICHTEN

Ungewöhnliche Urlaubsorte gibt es so einige – in einem ehemaligen Kernkraftwerk zu nächtigen, dürfte aber wohl nur schwer zu toppen sein.

Der Schnelle Brüter, der allerdings nie in Betrieb war, wurde 2005 in eine riesige Freizeitlandschaft mit Hotel umfunktioniert. Damit der graue Kühlturm nicht so trist aussieht, wurde er kurzerhand mit einer Berglandschaft bepinselt, umrahmt von kleinen Bäumen in Containern.

Auch ein Kongresszentrum mit 20 Tagungsräumen ist vorhanden. Der Freizeitpark auf dem Gelände nennt sich Kernie's Familienpark, der mit Achterbahn, Kettenkarussell, Wildwasserbahn und anderen Fahrattraktionen jede Menge Spaß für die Familie bietet. Glanzlicht der Fahrgeschäfte ist die Vertical Swing, die sich in der Mitte des Kühlturmes dreht – ein Kettenkarussell, das 58 Meter hoch ist und über den Rand des Kühlturmes reicht.

Konzipiert sind die meisten Attraktionen für Kinder zwischen drei und zwölf Jahren, doch auch ältere Kinder können ihren Spaß haben. Wie wäre es z. B. mit einer Runde auf der Kartbahn? Wer sich näher für die Historie

Atomphysiker im Ruhestand, Familien

€€€
€€
€

Wunderland Kalkar
Griether Str. 110–120
47546 Kalkar
Tel. 02824 9100
www.wunderlandkalkar.eu

Levi's

der Anlage interessiert, kann sich im Brütermuseum genauer informieren. Hier werden auch verschiedene Arten der Stromerzeugung erklärt.

Familienparadies am Atomreaktor? Na klar!

Eine Besonderheit im Familienpark ist der All-inclusive-Eintritt. Damit sind nicht nur alle Attraktionen bezahlt, sondern auch unbegrenzt Pommes Frites, Eis, Erfrischungsgetränke, Kaffee und Tee.

Maskottchen des Parks sind Kernie und Kerna, die 2012 heirateten. Sie stehen jeden Tag für Erinnerungsfotos bereit und begrüßen jedes Kind persönlich. Sogar ein Zirkus gastiert jedes Jahr im Juli und August auf dem Gelände, und auch ein Theater lädt ein zu „Eddies Show".

Die Hotels auf dem Gelände, das „Hotel Plaza", „Kernie's Hotel", „Hotel Barbara", „Hotel Rosalie", „Hotel Charlotte" und das „Familienhotel", liegen allesamt im 2-Sterne-Bereich, sind also ohne Klimbim. Buchbar ist ein All-inclusive-light-Arrangement, das die Übernachtung, alle Mahlzeiten, alle Getränke und Zugang zu „Kernie's Familienpark" einschließt. Abends gibt es Entertainment in der Kneipenstraße, in der sich verschiedene Bars, ein Westernsaloon sowie ein Irish Pub und eine Eckkneipe aneinanderreihen.

Wer vom Rummelplatz genug hat, kann sich sportlichen Aktivitäten widmen – mit Minigolf, Fußball auf dem Fußballplatz, Tennis, Badminton, Basketball und Beachvolleyball findet sich für fast jeden Gast das richtige Programm. Für Radtouren lassen sich Räder ausleihen, in der Kneipe stehen Billardtische für ein Spiel bereit. Auch ein Fitnessraum mit modernen Übungsgeräten ist vorhanden. Entspannend ist auch ein Besuch der Beachbar – hier kann man direkt am Rheinufer sitzen und die großen Kähne beobachten, die Lasten transportieren.

Auch die nahegelegene Stadt Kalkar ist einen Rundgang wert. Sie hat ein gotisches Rathaus aus dem 15. Jahrhundert, zahlreiche Treppengiebelhäuser und ist Heimat der gotischen Kirche St. Nicolai. Kalkar war früher übrigens eine Hansestadt! Wen es zum Shoppen gelüstet – im nahen Oberhausen befindet sich Europas größte Shoppingmeile. Auch die Hansestädte Emmerich und Rees sind nicht weit und haben schöne Winkel.

Geöffnet ist der Park von April bis Oktober.

45

Hotel im Kanalrohr

SCHLAFEN WIE DIE KANALRATTEN

Aus Kanalrohren aus Beton ein Hotel zu bauen, darauf muss man erst mal kommen. Auf der Emscherinsel in Bottrop hat es funktioniert – und den Gästen gefällt's!

Die „Hotelzimmer“ bestehen aus umfunktionierten, standardisierten Kanalrohren (3 Meter lang, 2,4 Meter breit und 11,5 Tonnen schwer), doch auch als großer Mensch kann man in ihnen problemlos stehen. Die Tür befindet sich an der runden Seite des Rohrs, sie öffnet praktisch den ganzen Raum auf einmal. Die hintere Wand des Zimmers ist mit Blumenmotiven angemalt. Ein Dachfenster gibt es auch noch, das allerdings recht klein ist. Für einen Schrank war im Kanalrohrzimmer kein Platz mehr, neben und unter der Liegefläche steht aber etwas Stauraum zur Verfügung.

Ausgestattet sind die Kanalrohre mit einem Doppelbett, Wolldecken und Hüttenschlafsäcken. Es gibt Licht und Strom. Die sonstigen Annehmlichkeiten eines Hotelzimmers wie Toilette und Dusche findet man im Restaurant im Maschinenhaus auf dem Gelände, außerdem kann man dort die Minibar auffüllen. Beschlafbar sind die Kanalrohre nur in der warmen Jahreszeit von Mai bis Oktober.

Kanalratten,
Kunstinteressierte,
Ruhrpottler

Dasparkhotel BernePark
Ebelstr. 25a
46242 Bottrop
Tel. 02041 3754840
www.dasparkhotel.net

5

01 |

Das Besondere am Hotel: Es gibt keinen festen Übernachtungspreis, vielmehr zahlt jeder Gast so viel, wie er für angemessen hält. Für die Bezahlung steht in jeder „Suite" dafür eine paybox, in die man das Geld einwerfen kann.

Aus Alt mach Neu

Für das Hotel wurde eine Parkanlage auf der Basis des alten Klärwerkes entwickelt. Der BernePark liegt am Emscher Radweg zwischen Gasometer Oberhausen und Nordsternpark Gelsenkirchen. Hier haben internationale Künstler den zwei Klärbecken neue Aufgaben zugewiesen: Ein Klärbecken blieb erhalten, darüber führt eine Pontonbrücke. Das andere wurde zu einem „Theater der Pflanzen" umfunktioniert, einer Art Senkgarten, der die Renaturalisierung widerspiegelt und zum Spazierengehen einlädt. Daneben wurde ein Färbergarten mit Pflanzen, aus denen sich Naturfarben herstellen lassen, angelegt.

02 |

Das Restaurant befindet sich im Maschinenhaus, in dem Teile der alten Maschinenanlage erhalten sind. Die Gerichte tragen echte Ruhrpott-Namen wie „Datt Steiger Ohrdöwre“ oder „Gockelbrust Tante Frieda“.

Ein zweites Kanalrohrhotel befindet sich übrigens in Ottensheim in Österreich, direkt an der Donau kurz vor Linz und am Donauradweg gelegen, der von Passau nach Wien führt. Die Rohre liegen hier auf dem Rodlgelände, das idyllisch an der Mündung der Rodl liegt. Wer im Juni hier seinen Urlaub plant, muss allerdings schnell sein, denn dann findet hier das Open Air Ottensheim auf dem Rodlgelände statt, ein zweitägiges Rock-Musikfestival.

Die Reservierung für die Kanalrohre ist nur online möglich, man erhält dann einen Zugangscode per SMS. Die maximale Buchungsdauer beträgt 3 Tage.

01 | 02 | Das Parkhotel Ottensheim, Österreich

Dasparkhotel Ottensheim
Rodlstr. 21
A-4100 Ottensheim
Tel. 0043 (0)677 62862624
www.dasparkhotel.net

KULTPLATZ UND ORT DER STILLE

Zierenberg ist ein Erholungsort im Naturpark Habichtswald in Nordhessen. Erholsam, aber auf eine gänzlich andere Art, ist ein Aufenthalt im nur vier Kilometer entfernten Lebensbogen, der Gemeinschaft an den Helfensteinen.

Der Lebensbogen ist eine rund vier Hektar große parkähnliche Anlage am Fuße der Helfensteine am Westrand des Kasseler Beckens. Die Helfensteine sind ein alter keltischer Kraftort und gelten seit Jahrtausenden als Kultplatz und Ort der Stille – ein Ort, an dem eine besondere Energie wirkt, die helfen kann, die inneren Kräfte wieder zu ordnen und zu rhythmisieren. Die eher schlichten Gebäude der Gemeinschaft stammen aus den 1960er-Jahren und wurden einst als Bildungsstätte des Landesjugendhofes Dörnberg gebaut. Wer dort hinfahren möchte, sollte sich zuerst den großen Kreis der Basisgedanken anschauen, der auf der Website der Gemeinschaft zu finden ist. Dort geht es um Begriffe wie Gemeinschaftsgeist, Lebensfreude, Nachhaltigkeit, Eigenverantwortung und Auseinandersetzungsbereitschaft. „In unserer Gemeinschaft gibt es zur Verbundenheit die unterschiedlichsten Vorstellungen und Umset-

Ökologisch nachhaltig lebende und spirituell interessierte Menschen, Naturliebhaber

Lebensbogen eG
Auf dem Dörnberg 13
34289 Zierenberg
Tel. 05606 5639073
www.gemeinschaft-lebensbogen.de

zungen", sagen die Dörfler von sich – sie wünschen sich eine nachhaltige, gemeinsame weite Welt, in der sich eine neue Kultur der Begegnung entwickelt und ein liebevoller Umgang mit Mensch, Tier und Umwelt selbstverständlich ist. Im Lebensbogen werden neue Impulse und Perspektiven entdeckt, individuelle und gesellschaftliche Themen bewegt, neue Vernetzungen angelegt und Synergien erzeugt. Man schätzt die Ausflugsgäste und Seminargäste, denn durch das Netzwerk erreicht man mit Gedanken viele unterschiedliche Personen und Regionen.

Individuelle Gestaltungsmöglichkeiten

Der Lebensbogen bietet an verschiedenen Terminen im Jahr Mitmachwochen an, die jeweils

01 |

von Sonntag bis Sonntag gehen. Sie sind für bis zu 10 Teilnehmer konzipiert, die auch am wöchentlichen Plenum der Gemeinschaft sowie an Spieleabenden, Lagerfeuer oder Filmabenden teilnehmen. Geschlafen wird in Mehrbettzimmern – die haben zwar Jugendherbergscharakter, sind aber dementsprechend günstig.

Das ganze Jahr über gibt es im Lebensbogen ein spannendes Programm, bei dem sich alle Themen in der einen oder anderen Art um Nachhaltigkeit drehen. Für Kinder, die Zirkusluft schnuppern wollen, werden Ferienprojekte angeboten, es gibt Friedenstanzkurse zum Frühlingsbeginn, für Männer ein Seminar mit

01 | Die eher schlichten Gebäude der Gemeinschaft Lebensbogen stammen aus den 1960er-Jahren
02 | Im Naturpark Habichtswald

dem Titel „Ankommen in deinem Dasein als Mann“ und für alle Kundalini Yoga, das Verspannungen lösen soll. Im Sommer geht es um die Heilkraft des Waldes. Auch Permakultur und nachhaltiger Aktivismus sind Thema.

Wer sich lieber in Ruhe mit sich und seiner Umwelt beschäftigen möchte, kann zur individuellen Auszeit anreisen und sich in angenehmer Atmosphäre regenerieren. Dafür gibt es eine spezielle Wohnung mit Einzelzimmer und Doppelzimmer, Arbeitszimmer und Esszimmer. Während dieser Zeit kann man auch ein Coaching in Anspruch nehmen, sich massieren lassen, zeichnen, malen oder sich mit Hilfe der Traditionellen Chinesischen Medizin therapieren lassen. 15 Euro pro Tag sind als Minimum für das Wohnen veranschlagt, bei geringen finanziellen Möglichkeiten gibt es auch Hilfen. Auf dem Gelände befindet sich zudem das Café Helfensteine, dessen Speisen und Getränke aus biologischem Anbau stammen; das vielseitige Angebot richtet sich an Veganer, Vegetarier und Fleischesser gleichermaßen. Für Glutenallergiker werden Waffeln aus Buchweizenmehl gebacken! Wenn das Café geschlossen ist, gibt es einen Vertrauenskiosk. In der Umgebung findet sich der Alpenpfad, der rund sechs Kilometer mit einem Abstecher zur Wichtelkirche durch die wunderbare Landschaft führt. In der Nachbarschaft ist auch ein Segelflugplatz, dessen Starts von der Caféterrasse aus verfolgt werden können.

Parimal Gut Hübenthal e.G.

IM BANN DES BÄRTIGEN

Das Gut Hübenthal, ein winziges Dorf zwischen Kassel und Göttingen, liegt eingebettet in einem waldigen Tal.

In dieser wildromantischen Gegend, in die sich nur wenige Touristen verirren, befindet sich heute eine der größten Osho-Kommunen Europas. „Parimal“ nennt sie sich, und bietet für Gäste vielfältige spirituelle Angebote, die von Meditation, Ayurveda-Kuren, Konzerten bis hin zu Schwitzhütten-Zeremonien reichen. Leise und still geht es dabei nicht immer zu: Steht man morgens um 7 Uhr im Hof, hört man mitunter wilde Schreie, flehendes Wimmern oder lautes Schnaufen. Bei der „Dynamischen Meditation“ sollen die Teilnehmer alle Wildheit aus sich herauslassen und herumtoben, um dann im zweiten Teil in meditativer Stille (andere würden sagen: Erschöpfung) zu versinken. Diese ungewöhnliche Meditation entwickelte ein Mann namens Chandra Mohan Jain, der sich erst Bhagwan, später dann Osho nannte, um westliche Menschen, die oft an Reizüberflutung leiden, zu erden, und sie auf den Pfad der Erleuchtung zu führen.

In Großstädten wie Berlin hatten jene Meditationsgruppen deshalb schon öfter Hausverbot – Anwohner fühlten sich ob des wilden

Sinnsuchende, spirituelle Menschen

€€€
€€
€

Parimal
Gut Hübenthal e.G.
Hübenthal 1
37218 Witzenhausen
Tel. 05542 5227
www.parimal.de

Geschreis, das einer Urschreitherapie ähnelt, gestört. Hier in der ländlichen Idylle aber können die „Sanyassins", wie sich die Anhänger Oshos nennen, ihrer Natur freien Lauf lassen.

Seinen Ursprung hat die Kommune auf dem Berg oberhalb des Gutes, auf dem die Burg Berlepsch thront. Hier gründete Schlossherr Sittich Graf von Berlepsch im Jahr 1980 die Kommune „Arvind", inspiriert von einer Begegnung mit Osho. Die Kommune florierte, es war die Zeit, in der Reisen nach Indien bei jungen Deutschen sehr beliebt waren. Damals veröffentlichte der ehemalige Stern-Reporter Jörg Andrees Elten sein Buch „Ganz entspannt im Hier und Jetzt", das sich über die Zeit zu einem kleinen Bestseller entwickelte. Die verfallenen Gebäude des Gutshofes wurden aufwendig nach ökologischen Maßstäben renoviert, Ställe wurden entkernt, der Asphalt vom Hof entfernt.

Osho, der sich auch Bhagwan nannte, lebte von 1931 bis 1990. In den 1970er-Jahren strömten viele Europäer und Nordamerikaner in seinen Ashram in Pune, Indien, einen zweiten baute er in den 1980er-Jahren in Oregon/USA, auf. Seine radikale Botschaft entzweite und wurde sehr kontrovers bewertet. Anfangs in Deutschland als Sekte gebrandmarkt, urteilte das Bundesverfassungsgericht 2002 gegen den Vorwurf der Mitgliedermanipulation.

Die Quelle, die mitten im Gutshof entspringt, sprudelt heute noch, ringsherum ist ein kleiner Quellgarten angelegt. Wie es sich für eine waschechte Kommune gehört, wurde die körperliche Arbeit aber immer wieder von Tanz, Musik und Gesang unterbrochen – Feiern ist auch heute noch ein wichtiger Bestandteil des Dorfes. Dafür gibt es im Keller des Haupthauses eine Disko und im Garten eine Feuerstelle, um die getanzt werden kann.

Ein Ort der spirituellen Gemeinschaft

Das Dorf in der abgelegenen Gegend bildet auch einen Wirtschaftsfaktor: Neben dem Hotelbetrieb und dem Restaurant-Café sind im Parimal Künstlerateliers, Bauhandwerker, Musiker, Finanzberater, Ingenieure, Heilpraktiker und Therapeuten ansässig. Wer in die Kommune hineinschnuppern will, kann dies mit einem Praktikum tun, das mindestens einen Monat dauern sollte. Neben vier Stunden Arbeit am Tag sind zwei Stunden Meditation dabei vorgesehen.

Der Seminarkalender ist gut gefüllt und richtet sich insbesondere an Menschen, die sich heilen wollen – z. B. mit dem „kreativen Heilsingen", dem „offenen Heilkreis" oder der „Heilung des inneren Kindes". Silvia Amrita will das „Herzensfeuer" entfachen, Dharma Singh führt ein in das „Dharmatraining", andere Lehrer laden ein zu „Tempel der Weiblichkeit", „Tantra-Massage" oder Schamanismus – im Parimal findet sich ein grober Querschnitt der deutschen spirituellen Szene. Viele Veranstaltungen finden auf Spendenbasis statt, bei der die Teilnehmer am Ende selbst entscheiden, wie viel ihnen der Workshop wert war.

Wer abschalten möchte von der Betriebsamkeit der Seminare, muss anschließend nur die Schuhe ausziehen und kann dann im mit weißem Marmor ausgekleideten Meditationsraum sitzen und durch ein riesiges Panoramafenster in den Garten schauen.

Ein wichtiges Ritual im Dorf ist die Schwitzhüttenzeremonie, die regelmäßig durchgeführt wird. Für diese „Natursauna" wird ein großes Lagerfeuer entfacht, in dem dicke Steinbrocken zum Glühen gebracht werden. Wenn sie durch und durch rot glühen, schiebt sie der Saunameister in ein vorher aufgerichtetes Zelt aus Wolldecken, das anschließend verschlossen wird. Drinnen hocken die nackten Teilnehmer der Zeremonie um die heißen Steine, und mit Gebeten gießt der Schwitzhüttenmann Wasser auf die Steine und verbrennt dazu Kräuter. Diese Zeremonie dauert rund zwei Stunden, dann erst wird die Zelttür wieder geöffnet.

Neben den 65 Betten in den verschiedenen Häusern des Gutes können Gäste aber auch im großen Garten zelten. Die Zimmer sind einfach eingerichtet, es gibt weder Fernseher noch Minibar. Die Verpflegung im Restaurant – meist gibt es ein Buffett zum Selbstbedienen – ist vegetarisch, in der Küche wird dazu jede Menge Obst und Gemüse geschnippelt. Die Übernachtungspreise inklusive vegetarischer Vollpension – und die ist außergewöhnlich gut! – sind nicht allzu hoch. Da Massagen mit Öl offenbar beliebt sind, kann man für einen kleinen Betrag auch ein „Öllaken" ausleihen.

Damit ältere Kommunarden auch im Sterbeprozess nicht auf spirituelle Begleitung verzichten müssen, hat Dorfbewohner Rene Klaassen eine spirituelle Sterbebegleitung erarbeitet. „Unser Weg kennt nur ein Ziel: Die Heimkehr in den Frieden des Göttlichen, das in uns wohnt", beschreibt er seine Arbeit.

URLAUB IN DEN WIPFELN

Seit 2014 gibt es im Wald bei Witzenhausen das Baumhaushotel Robins Nest.

Robin heißt in Wirklichkeit Peter Becker, der mit seinen Häusern seinen naturverbundenen Lebensstil zeigen und ihn anderen zugänglich machen möchte. Gebaut sind die Häuser aus Holz und recycelten Materialien. „Der Baum steht als universales Symbol aller Kulturen für das Leben, die Weisheit und Erkenntnis, das Wachstum und die Fruchtbarkeit. Er verbindet den Kosmos und die Erde.“ Mit diesen Worten leitet Becker ein in das Mysterium Baum. Sein Ziel ist es, das Areal aus zehn Baumhäusern zu einem Dorf zu verbinden, die Häuser sollen dabei mit Brücken und Tunneln verbunden sein. Bisher gibt es fünf Baumhäuser zur Auswahl sowie eine Blockhütte für zwei Personen und einige „Baumzelte“, die in der Luft zwischen Bäumen aufgespannt werden. Da wäre die Baumkugel für zwei Personen, die durch ihr futuristisches Äußeres auffällt und über eine lange Holzbrücke erreichbar ist. Innen ist die Baumkugel, wie alle Baumhäuser, mit Wildholzmöbeln eingerichtet, was ihr ein unverwechselbares knorriges Ambiente verleiht. Zum Birkenhaus hinauf geht es eine steile Treppe. Es ist das größte Baumhaus und bietet Platz für vier Personen. Das Birkenhaus liegt

Naturverbundene,
Kletterfreunde,
Campingliebhaber

€€€
€€
€

Baumhaushotel Robins Nest
Berlepsch 1
37218 Witzenhausen
Tel. 05542 5055056
www.robins-nest.de

am Waldrand auf fünf Metern Höhe, von hier hat man als Gast eine herrliche Aussicht auf Schloss Berlepsch. Das WC ist eine Trockentoilette, die ökologisch unbedenklich ist. Duschen kann man sich im Schloss.

Noch höher als das Birkenhaus ist das Korkhaus – ganze sieben Meter klettert man in die Höhe, bevor man es erreicht. Das verwinkelte Haus ist mit vielen Fenstern zum einen hell, zum anderen äußerst kuschelig. Für die Fenster

verwendete Becker zum Teil altes Buntglas, das einen ganz besonderen Charme besitzt. Die luftige Terrasse wird mit einem Geländer aus knorrigen Ästen geschützt. Das Stammhaus ist ein kleines Fünfeck mit schrägen Wänden. Hier ist der Stamm der Buche, auf dem es gebaut ist, direkt ins Hausinnere eingebaut. Die Wände sind zum Teil mit Lehm verputzt, zum Teil mit Lärchenholz vertäfelt. Der Weg ins Haus ist abenteuerlich, denn er führt über eine große Holztreppe und zwei Hängebrücken.

Das Stelzenhaus wiederum ist sehr niedrig, bietet dafür aber acht Personen Platz. Im geräumigen Wohnzimmer knistert in der kalten Jahreszeit das Feuer in einem Gussofen. Das Stelzenhaus hat Möbel aus Kirschbaumholz und auch eine dazu passende Wandvertäfelung.

Und auf dem Boden?

Zum Schloss Berlepsch, einer typischen Ritterburg des Mittelalters, die noch sehr gut erhalten ist, läuft man nur wenige Minuten. Dort gibt es zwei Restaurants, die „Schlosstaverne" und die „Berlepscher Tafelrunde". Robin bietet täglich ein vegetarisches Frühstück an, am Nachmittag werden selbstgebackene Waffeln und Kuchen serviert. In der Waldbar gibt es Kaffee, Tee, Limonade und Bier. Auch Abend-

essen wird hier serviert, dazu muss man sich allerdings anmelden. Wem es im Wald einmal zu kalt wird, kann sich im Saunawagen aufwärmen. Außerdem gibt es eine Quellwasser-Dusche und ein Massageangebot im Indianer-Tipi, auch ein Lagerfeuerplatz ist in Planung.

Obwohl die Autobahn nicht weit ist und ab und zu die Geräusche der Zivilisation herüberwehen, so hört man vor allem nachts die Laute von Wildtieren, morgens singen die Vögel. Bei Regen pladdert es gemütlich auf das Holzdach, bei Wind kann das Baumhaus leicht schwanken. Die Baumhäuser können auch im Winter gemietet werden, sie haben eine Heizung und Holz isoliert zudem sehr gut. Die Preise sind dann niedriger als im Sommer. Wer Gefallen am Baumhaus gefunden hat und sich eines für den Garten bauen lassen möchte: www.luftschloesser.eu baut individuelle Baumhäuser auf hohem Niveau.

Weitere Baumhäuser zum Mieten:

www.baumpalast.de
www.tripsdrill.de
www.das-baumhaushotel.de
www.wipfelglueck.de
www.waldseilgarten-boxberg.de
www.baumhaushotel-oberbayern.de
www.hofgut.info
www.zoo-schwerin.de
www.baumgefluester.de
www.tree-inn.de
www.centerparcs.de
www.baumhaushotel-solling.de
www.almke.info
www.familienparksottrum.de
www.panarbora.de
www.outdoorpark-lauschhuette.de
www.turisede.com
www.kriebelland.de
www.kletterwald-leipzig.de
www.baumhaushotel-uckermark.de

DEUTSCHLANDS GRÖSSTES FLÄCHENDENKMAL

Bei einem Rundgang vom Marienplatz in Richtung Untermarkt wird dem Besucher schnell deutlich, dass in Görlitz weit mehr als einige Millionen Euro in die Sanierung des alten Stadtkerns geflossen sind.

Wobei „alter Stadtkern" sicherlich untertrieben ist, denn Görlitz ist eine der wenigen deutschen Städte, in denen die gesamte Bebauung über Jahrhunderte fast zu 100 % erhalten ist. Kriegsschäden gab es in dieser abgelegenen Ecke Deutschlands kaum und von Abrisswut und Plattenbauten blieb die Stadt ebenso verschont. Die DDR-Regierung investierte allerdings keine müde Mark, um die Bausubstanz wenigstens in groben Zügen zu erhalten. Nach dem Mauerfall kam ein Spaziergang durch die Altstadtgassen einer Zeitreise in die Historie Deutschlands gleich – Wohnungen samt Inventar standen in ganzen Straßenzügen leer. Heute steht das Städtchen an der Neiße als Ganzes unter Denkmalschutz.

An deutscher Baukultur Interessierte

€€€
€€
€

Pension „Zum Grünen Tor"
Schulstr. 8a
02826 Görlitz
Tel. 03581 764030
www.gruenes-tor.de

Willkommen in der Zwei-Länder-Stadt

Seit 1945 ist Görlitz eine geteilte Stadt. Was bis 1945 der Stadtteil östlich der Neiße war, liegt seitdem im Ausland, heißt Zgorzelec und gehört zu Polen. Viel zu sehen gibt es dort nicht, weil der historische Stadtkern auf deutscher Seite liegt. Doch ein Spaziergang an der Uferpromenade lohnt sich allemal! Von dort bietet sich der beste Blick auf die Silhouette von Görlitz mit der imposanten Pfarrkirche St. Peter und Paul, deren renovierte Türme so gar nicht zum restlichen alten Baukörper zu passen scheinen. Im Jakob-Böhme-Haus, benannt nach dem deutschen Mystiker aus dem 16. Jahrhundert, liegt das empfehlenswerte polnische Restaurant „Przy Jakubie“ (Bei Jakob).

01 | Silhouette von Görlitz mit der imposanten Pfarrkirche St. Peter und Paul
02 | Untermarkt in Görlitz

Serviert werden Bortsch, schlesische Weißwürste mit Backpflaumen und glasierten Zwiebeln und warmes Bier Lausitzer Art mit Gewürzen – das alles zu Preisen, die etwa 50 % unter denen der Restaurants von Görlitz liegen. Man kann in Euro zahlen, die Karte gibt es ebenfalls auf Deutsch.

Vielleicht steht in Görlitz das schönste Warenhaus des Landes, das mit seiner imposanten Glaskuppel das einzig noch erhaltene Beispiel früher deutscher Warenhauskultur bildet und das bei seiner Eröffnung im Jahr 1913 schon nach einer Stunde wegen Überfüllung wieder schließen musste! Bei Filmproduzenten ist es als Kulisse sehr gefragt.

Doch nicht nur das Kaufhaus, die gesamte Altstadt wird gerne von Filmregisseuren aus Hollywood in Anspruch genommen: Wes

Andersons „Grand Budapest Hotel“ ist fast komplett im Kaufhaus entstanden, für „Der Vorleser“ mit Kate Winslet wurde die Tram für längere Zeit stillgelegt, und „In 80 Tagen um die Welt“ sprang Jackie Chan in einen Heißluftballon aus dem Hotel Emmerich.

Als Görlitz nach der Wende seiner wirtschaftlichen Standbeine Waggonbau, Tuchfabriken und Energieerzeugung weitgehend beraubt wurde, setzten die Verantwortlichen auf den Tourismus. Entstanden ist die Stadt im 13. Jahrhundert als Handelsort an der Via Regia, einem wichtigen Umschlagplatz zwischen Ost und West. Aus dieser Zeit stammen die prächtigen Kaufmannshäuser und die Hallenhäuser am Untermarkt mit dem riesigen Raum im Erdgeschoss, in dem die Händler ihre Waren, vorwiegend Tücher, anboten. Hier lohnt ein Blick in die renovierten Höfe, wo sich das gehobene Restaurant „Lucie Schulte – Die neue Essklasse“ befindet.

Schon im 19. Jahrhundert wurde Görlitz zur Beamtenstadt und bekam den Beinamen „Pensionopolis“. Diese Bezeichnung passt auch heute noch, denn außer renovierten Fassaden bietet die Stadt recht wenig. Am Abend hat man die Auswahl zwischen zwei Kinos und dem Stadttheater. Das 1851 erbaute Haus ist für eine Stadt dieser Größe jedoch üppig bemessen und verfügt sogar über ein eigenes Opernensemble.

Wer die Gegend um Görlitz erwandern will, kann dies am besten an der Landeskrone, dem Hausberg, tun. Die Straßenbahnlinie 2 hat dort ihre Endhaltestelle.

Eine ganzheitliche Pension nennt sich die Pension „Zum Grünen Tor“, die in einem ruhigen Innenhof fünf Minuten vom Bahnhof entfernt liegt. Zur Kaiserzeit gehörte das Haus einem wohlhabenden Fuhrunternehmer und war die Filiale einer Margarinefabrik. Die Pension wurde aus ökologisch nachhaltigen Materialien errichtet. Es gibt Ökostrom und einen Raum der Stille, der zur Zenmeditation einlädt. Auch eine finnische Sauna, eine Tankstelle für E-Bikes und Wärmflaschen zum Ausleihen sind vorhanden. Das nette Lächeln erhält man an der Rezeption kostenfrei!

50

Eisenbahnhotel Oybin

EIN BAHNHOF AM ENDE DER WELT

Nur zwölf Kilometer lang ist die Distanz zwischen den Oberlausitzer Orten Zittau und Oybin, doch die nostalgische Dampfbahn braucht ganze 46 Minuten dafür.

Kein Wunder, mehr als 25 km/h schafft der Zug nicht, außerdem liegen auf der Strecke ganze acht Bahnhöfe! Für moderne Reisende eigentlich eine Zumutung – dank des ICE ist man in Deutschland andere Geschwindigkeiten gewohnt. Doch die Dampfbahn, die gemütlich die Hügel hinaufschnauft, erfreut sich bei allen Generationen großer Beliebtheit, geht es doch nicht um Geschwindigkeit, sondern vielmehr um das Erlebnis und den fantastischen Ausblick während der Fahrt. Zumal ist sie eine der wenigen Dampfeisenbahnen, die jeden Tag im Jahr planmäßig fahren; normalerweise sind es fünf Fahrten am Tag. Die wohlhabende Stadt Zittau, die schon 1848 einen Bahnanschluss hatte, fing 1889 mit dem Bau der Schmalspurbahn an, die in den Kurort Oybin führt. Heute sind alle Waggons vorbildlich restauriert, die Gäste können im normalen geschlossenen Waggon fahren, bei gutem Wetter auch im offenen Cabrio-Waggon. Oder man sitzt am Tischchen im Speisewagen bei einer Tasse Kaffee und einem Stück „Schiene“, wie der längliche Kuchen hier heißt.

Eisenbahnfans, Nostalgiker, Historiker

€€€
€€
€

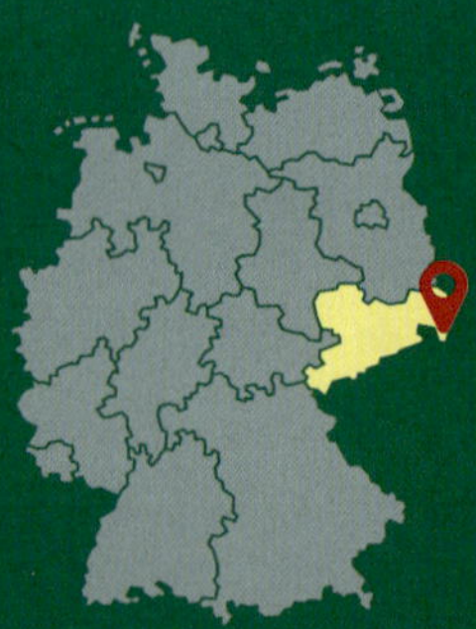

Information Schmalspurbahn
www.zittauer-schmalspurbahn.de

Oybin
in Bertsdorf Anschluß nach Jonsdo

99 749

Auf der gemächlichen Fahrt bleibt genug Zeit für Fotos, z. B. von den altmodischen Wäscheleinen neben den malerischen Bahnhofsgebäuden oder den Datschas, die entlang der Strecke hier und da stehen.

Wer Glück hat und zur richtigen Zeit unterwegs ist, sollte auf der Hälfte der Strecke am Bahnhof Bertsdorf einen Stopp einlegen – einmal im Monat können hier die Anlagen im Rahmen des offenen Museumsbahnhofes besichtigt werden. Außerdem wird hier das Wasser für die Lok nachgefüllt, die immerhin schon seit 1924 in Betrieb ist! Überhaupt gibt es am Bahnhof Bertsdorf jede Menge zu sehen: So stehen auf einem Abstellgleis noch einige Wagen der Deutschen Reichsbahn, die auf ihre Restaurierung warten. Im Bahnhofsgebäude gibt es einen Schalter mit einem Regal voller Fahrkarten aus dicker Pappe, die früher für die Fahrt gestempelt werden mussten. Daneben die „Gepäckannahme" – kaum zu glauben, aber hier gaben Fahrgäste einmal ihre Koffer vor der Fahrt auf, die dann am Zielort bequem ins Taxi geladen wurden. Die Bahn bietet übrigens auch heute noch eine Haus-zu-Haus-Beförderung der Koffer an. Auch ein Bahnhofshotel gibt es in dem winzigen Ort – ein originalgetreuer Nachbau des alten Hauses. Denn zu DDR-Zeiten war dieses dermaßen heruntergewirtschaftet, dass ein Neubau günstiger war als eine Renovierung.

Romantikflair trifft auf Industriecharme

Vom Zielbahnhof Oybin aus sind es nur wenige Kilometer zur tschechischen Grenze. Den Ort mit seinen 1500 Einwohnern ruhig zu nennen, wäre fast schon eine Untertreibung. Neben dem Bahnhof liegt ein kleiner Park, weshalb Oybin offiziell „Kurort" genannt wird. Die Hauptstraße säumen einige altmodische Hotels, es gibt einen Tante-Emma-Laden und einen Souvenirshop, vor dem ein Schild darauf hinweist, dass es hier „Farbfilme" zu kaufen gibt. Höhepunkt des beschaulichen Ortes ist die Burganlage auf dem Berg Oybin, dessen Felsen geriffelt ist wie ein Bienenkorb. Entlang der Bergkirche schafft man den Aufstieg in 15 Minuten durch eine winzige Schlucht, die

ein kleines Eintrittsgeld kostet. Die Burganlage mit einer Kirche, die in den Felsen gehauen ist, ist riesig. In einem altmodischen Schweizerhaus ist der Berggasthof Oybin untergebracht, der Ritterkeller darunter ist allerdings schon lange geschlossen. Hier speisten früher Kaiser, Könige und Fürsten an einer langen Tafel. 1681 stürzten Felsen auf einige der Burghäuser, die Ruinen hielt unter anderem der Maler Caspar David Friedrich 1810 in seinem Gemälde „Ruine Oybin“ fest.

Mehr zu sehen gibt es in Zittau. Gleich in der Nähe des Bahnhofs liegen die Ruinen des ehemaligen Robur-Werkes, für das Zittau einst berühmt war. Um die Jahrhundertwende wurden hier, zunächst noch unter dem Namen Phänomen-Werke, Fahrräder und Motorräder gefertigt (auch das Phänomobil entstand hier ab 1905!), doch zu DDR-Zeiten wurden in den Robur-Werken LKW produziert. Aufgrund von Materialengpässen musste die Produktion allerdings in den 1980er-Jahren stark heruntergefahren werden. Nach dem Mauerfall wurde die Firma vollends stillgelegt.

Im Stadtzentrum kann die Johanniskirche besichtigt werden, die nach Plänen Karl Friedrich Schinkels entstand. Auch der Entwurf des Rathauses ganz in der Nähe, das einem italienischen Renaissancepalast ähnelt, stammt von Schinkel. Wer die Augen offen hält, kann in Zittau überall historische Kuriositäten entdecken. So ist an einer verwitterten Hausfassade das Wort „Polizeiamt“ zu lesen – darunter finden sich einige hölzerne Bogen mit Fenstern dahinter, von wo aus im Mittelalter die Händler ihre Ware anboten. Wer Appetit auf die typische Oberlausitzer Küche mitbringt, sollte unbedingt im Arkadenhof des Dornspachhauses vorbeischauen.

Stilvoll kann man in zwei umgebauten Waggons der Schmalspurbahn übernachten, die von Frühjahr bis August auf einem Abstellgleis am Bahnhof Oybin stehen. Jeder Waggon hat zwei Betten, eine Küche und ein Bad.

Daneben ist die Übernachtung im ehemaligen Wasserhäuschen möglich, das direkt auf dem Bahnhofsgelände steht. Auch in Bertsdorf ist eine Übernachtung im Stellwärterhaus mitten auf dem Bahnhof möglich.

Anfragen über
www.zittauergebirge-ferien.de

ALLE ZEICHEN AUF BIO

Die Nacht im Biohotel „Waldfrieden“ direkt am Nationalpark Sächsische Schweiz hat einen stolzen Preis.

Das Erstaunliche: Der Waldfrieden ist dennoch häufig komplett ausgebucht. Es könnte sein, dass das Zauberwort „Bio“ hieran nicht ganz unschuldig ist. Denn der Waldfrieden hat sich – genau wie einige andere Häuse vor Ort, etwa das Hotel Helvetia, das Hotel zur Mühle, die Pension Rauschenstein, die Villa Thusnelda, das Forsthaus, das Haus Hohlfeld und das Strand Haus – der Nachhaltigkeit verschrieben. Sie sind ausgestattet mit „Naturlatex-Schlafsystemen“ und Wandheizsystem und verwenden Ökofarben, viel Holz und Lehmputz. Antike Möbel, Jugendstil-Wandlampen und Fliesen mit Blumenmotiven tragen im Waldfrieden zur Atmosphäre bei.

Schon in den 1920er-Jahren war Schmilka, an der Elbe südlich von Bad Schandau gelegen, ein beliebter Touristenort. Rund 400 Menschen lebten hier damals, ist vom Betreiber des Imbisses an der „Alten Schule“ am oberen Dorfende zu erfahren. Deswegen wurde die Alte Schule zu klein, und man baute einen Neubau daneben, der ebenfalls noch erhalten ist. Aus der rasant gewachsenen Industriemetropole

Ökologisch nachhaltig lebende Menschen, Naturliebhaber

€€€
€€
€

www.schmilka.de

Villa Waldfrieden
Schmilka Nr. 10
Tel. 035022 9130
Bad Schandau Schmilka
www.villa-waldfrieden.de

Berlin, die damals sogar mehr Einwohner hatte als heute, kamen Erholungssuchende nach Sachsen, um am idyllischen Ufer der Elbe auszuspannen. Zu DDR-Zeiten war hier ein wichtiger Grenzübergang in die Tschechoslowakei. 1975 baute man auf der nahegelegenen Bastei ein großes Berghotel, das bis heute besteht. Vom Hotel ist man in wenigen Minuten auf der berühmten Basteibrücke, die Deutschlands meistbesuchtes Ziel in Nationalparks darstellt. Von hier sieht man den Punkt, an dem Caspar David Friedrich sein berühmtes Gemälde „Felsenlandschaft im Elbsandsteingebirge" skizziert hat, und man erkennt auch, wie er geschummelt hat, um die Szene noch romantischer wirken zu lassen. Um 7 Uhr morgens herrscht hier noch Ruhe, doch spätestens ab 9 Uhr beginnt ein nicht endender Strom von Wanderern, die den Waldweg vom Kurort Rathen hinauf zur Bastei erklimmen.

Der ganze Stolz des Biodorfs

Zu DDR-Zeiten war Schmilka ein einfacher Urlaubsort des Arbeits- und Bauernstaates. Nach dem Mauerfall verfielen jedoch die alten Häuser, dazu kamen die Hochwasser von 2002 und 2013. Die Schäden, die das Wasser hinterließ, bedeuteten für einige Familienpensionen das Aus. Dies war der Zeitpunkt für Sven-Erik Hitzer, Unternehmer aus Cottbus. Nach und nach kaufte er die Häuser auf, und begann, seinen Traum von einem Biodorf in die Tat umzusetzen. Doch auch schon vorher standen hier

viele Zeichen auf Nachhaltigkeit, wenn auch eher ungewollt: So sieht man neben allen Häusern große Stapel von Brennholz – in Schmilka regiert die Ofenheizung! Ölheizungen konnten in dem abgelegenen Ort nie in die Häuser eingebaut werden, weil am Anfang der Dorfstraße, die eine Sackgasse ist und sich vom Tal den Berg hinaufwindet, die Straße durch ein Wohnhaus hindurchführt. Durchfahrtshöhe: Zweieinhalb Meter, für LKW oder Öllaster also unmöglich. Außerdem kommt man damals wie heute vom Bahnhof Schmilka auf der anderen Elbseite zum Dorf nur mit einer Fähre, die seit 1927 ihre Gäste befördert. Sie fährt nach Bedarf, auch wenn nur ein einziger Fahrgast übersetzen will.

Direkt vor der Alten Schule entspringt eine Quelle, die mit beachtlicher Stärke sprudelt.

Tourismusinformation Sächsische Schweiz
www.oberelbe.de

Bad Schandauer Kur- und Tourismus GmbH
Haus des Gastes
Markt 12
Tel. 035022 90030
www.bad-schandau.de

Biorestaurant StrandGut
www.bio-restaurant-strandgut.de
Schmilka

Café Richter
www.cafe-richter-schmilka.de
Schmilka

Der Bach rinnt malerisch an der „Hauptstraße“ des Ortes hinunter in Richtung Elbe und liefert dem Mühlrad Energie. Die Mühle aus dem Jahr 1670 ist der Stolz des Biodorfs – Hitzer kaufte sie schon im Jahr 1993 und baute sie anschließend zu einer Wanderpension um. Und dann ließ er sie originalgetreu rekonstruieren. Jeden Tag von morgens bis abends dreht sich seitdem das Mühlrad und bewegt den schweren Mühlstein, der Mehlsorten mahlt, wie es sie auch schon im 17. Jahrhundert gab. Neben Gelbweizen werden Emmer und Dinkel gemahlen, und der Bäcker nebenan braucht nur ein paar Schritte gehen, wenn er wieder Nachschub an Mehl braucht. Die Gäste des Mühlenrestaurants oder Biergartens können dem Gerumpel des Mühlsteins lauschen, was eine urtümliche Stimmung schafft. Neben Broten backt der Bä-

Quacke
Ein Matratzenlager für müde Wanderer mit minimalem Komfort.
Es liegt am oberen Dorfende neben der Quelle und ist mit tibetanischen Gebetsfahnen geschmückt.
www.quacke.de

cker auch wagenradgroße Kuchen und Flammbrote in dem mit Holz befeuerten Ofen, die reißenden Absatz finden. Damit nicht genug: Neben der Bäckerei zog Hitzer auch noch eine Kleinstbrauerei auf, die die Restaurants im Ort beliefert.

Hipsterfeeling und global flair

Das alte Zollhaus, die „Villa Thusnelda", ist heute ein Café mit Blick auf die Elbe, darüber liegen Luxus-Ferienwohnungen mit eigener Sauna. Ach ja, eine Sauna für alle Gäste des Biodorfs gibt es auch noch, sie liegt etwas oberhalb der Mühle. Neuester Zugang unter den Hotels ist das Schmuckstück „Villa Waldfrieden", erbaut im Schweizer Stil. Nach dem Mauerfall betrieb ein Berliner Aussteiger und leidenschaftlicher Weltenbummler das Haus. Er richtete jedes Zimmer nach einem anderen exotischen Reiseziel ein, was bei seinen Gästen, die hauptsächlich aus seinem Bekanntenkreis stammten, gut ankam. Hitzer beließ die Tradition der Zimmernamen, und so heißen die Zimmer heute „Taj Mahal", „Safari" oder „Lofoten". Das Haus mit zwölf Zimmern, nach der Elbflut ein Totalschaden, wurde mit einem Aufwand von rund zwei Millionen Euro restauriert. Im Übernachtungspreis der Biohotels sind noch einige Schmankerl eingeschlossen: Ein Heilpraktiker bietet kostenlose Kräuterwanderungen durch den Wald, eine Historikerin unternimmt Führun-

01 |

gen durch das Dorf, es gibt Lagerfeuerabende, Paddeltouren und Meditationen. WLAN dagegen gibt es nur in wenigen Bereichen und es wird nachts abgeschaltet – Hitzer könnte eigentlich auch noch mit „Digital Detox“ werben. Die Biohotels haben das ganze Jahr über geöffnet und obwohl Skifahren hier nicht möglich ist, sind die Hotels dank der Saunen im Winter gut ausgelastet.

Nur eine Beschwerde seiner Gäste hört Hitzer immer wieder: die Güterzüge. Tatsächlich rauschen im gefühlten Zehnminutenrhythmus Güterzüge Richtung Tschechien und aus Tschechien Richtung Deutschland durch das Flusstal. Die Bahnstrecke verläuft zwar am anderen Ufer, die Geräuschkulisse ist dennoch laut. Hitzer würde die Bahn gerne dazu bringen, eine Schallschutzwand zu errichten, doch das sei ein zäher Kampf. Ein weiteres Projekt, um Schmilka auch für untere Einkommensgruppen attraktiv zu machen, ist die leerstehende Villa neben dem Hotel Helvetia, in der Hitzer gerne ein Hostel entstehen lassen würde. Das Biodorf ist also noch nicht ausgewachsen.

01 | Neuester Zugang unter den Hotels ist das Schmuckstück „Villa Waldfrieden“
02 | Die Elbe bei Schmilka

02 |

AUFTANKEN IM ERZGEBIRGE

Im Samana Seminarhaus ist es gleich, ob man als Paar, als Freundesgruppe oder als Single ankommt: Jeder fühlt sich hier gleichermaßen geborgen.

Das liegt zum einen an der schönen Umgebung, denn der kleine Ort liegt sehr idyllisch in einem waldigen Tal des Osterzgebirges; zum anderen an den Menschen, die hier die Gastgeber sind. Gründerin des Samana Seminarhauses ist Mahamudra. Nach einer Karriere als Unternehmerin begann sie ihren spirituellen Weg und ließ sich von den Lehren Oshos leiten. Sie leitete das Zentrum bis zu ihrem Tod im Jahr 2006. Das Grundstück des Seminarhauses ist 25.000 Quadratmeter groß und umfasst vier Wohnhäuser in Holzständerbauweise sowie eine Meditationshalle, die ein hübsch begrüntes Dach und einen hellen Marmorfußboden mit Fußbodenheizung hat. Außerdem gibt es einige Werkstätten, einen großen Innenhof, lauschige Sitzplätze im Grünen, Wiesen und einen Teich auf dem Gelände. Insgesamt haben bis zu 35 Gäste Platz. Die Gästezimmer sind mit Naturholzmöbeln einfach, fast klösterlich eingerichtet und verfügen entweder über ein eigenes Bad oder aber Zugang zum Gemeinschaftsbad. Ein Einzelzimmer kostet etwas mehr, doch wer sparsam sein möchte, kann im

Spirituell und esoterisch Interessierte,
Yogis und Yoginis,
Interessierte an den Lehren Oshos

€€€
€€
€

Samana Seminarhaus
Niederpöbel 27
01744 Dippoldiswalde
Tel. 035052 22456
www.samana-erzgebirge.de

Schlafsaal nächtigen. Im Sommer ist auch Camping auf dem großen Gelände möglich. Die Verpflegung ist vegetarisch.

Fasten, meditieren, entspannen

Im Samana kann man Energietanken und vom Alltagsstress abschalten – als einfacher Gast oder als Besucher eines der vielen Seminare, die hier angeboten werden. So gibt es z. B. Workshops für Emotionalarbeit, Yoga, Entspannungstechniken oder Qigong. Der Workshop „Fasten, Stille und Meditation" fordert einen Neubeginn für Körper, Seele und Geist. Er findet in der Fastenzeit statt und ist mit festen Meditationszeiten, Bewegungsimpulsen, Impulsvorträgen und kleinen Wanderungen klar strukturiert. Teilweise wird dabei geschwiegen. Er umfasst sechs Fastentage, wobei das Fasten am Nachmittag mit dem gemeinsamen Essen eines Apfels gebrochen wird. Während des Fastens werden ansonsten nur Tee, Gemüsebrühe, Wasser und frisch gepresste Säfte gereicht. Der Ortsteil Niederpöbel ist nicht weit von der Grenze zu Tschechien entfernt. Im Winter kann man hier Schlitten fahren, Langlauf machen oder einfach durch den Schnee spazieren. In der Nähe liegt auch der Ort Glashütte, der für seine Uhren weithin bekannt ist. Zur Sächsischen Schweiz mit ihren bizarren Felsen und auch nach Dresden sind es jeweils knapp 30 Kilometer. Auch Freiberg lohnt hier einen Besuch. Die gesamte Altstadt der 40.000 Einwohner großen Stadt steht unter Denkmalschutz. 800 Jahre lang prägten der Bergbau und die Hüttenindustrie das Bild der Stadt.

Saunalandschaften aus aller Welt

„Es erwartet Sie eine russisch-karelische Saunalandschaft“, so können es die Besucher der Badegärten Eibenstock im Westerzgebirge am Eingang lesen.

Von russischen Saunen hat man schon gehört, aber was sind karelische Saunen? Karelien ist eine historische Landschaft in Nordosteuropa, die zwischen Russland und Finnland liegt. Von hier stammt die karelische Rauch-Sauna, die zu den ältesten Saunen der Welt zählt. Um sie aufzuheizen, verbrennt man Holz in einem offenen Steinofen. Dieser Ofen hat keinen Schornstein – kein Wunder also, dass die Sauna „Rauch-Sauna“ getauft wurde … Der Rauch des Feuers entweicht durch Schlitze in den Decken und den Wänden. In die Sauna geht man erst, wenn der Raum gründlich gelüftet ist. Früher diente diese Sauna auch zum Räuchern des Fisches, zum Bierbrauen und zur Getreidetrocknung, war also äußerst nachhaltig angelegt. Die rußgeschwärzten Decken haben aber auch noch eine andere Wirkung: Durch sie wird die Hitze als „seidenweich“ empfunden. Diese Rauch-Sauna ist übrigens die einzige Rauch-Sauna in Deutschland! Sie wird ergänzt durch spezielle Aufgüsse wie den Terva- und den Vasta-Aufguss.

Märchenfans, Saunagänger

€€€
€€
€

Badegärten Eibenstock
Am Bühl 3
08309 Eibenstock
Tel. 037752 50715
www.badegaerten.de

Für Anfänger, Profis und Märchenfreunde

Neben der Rauch-Sauna warten noch weitere heiße Abenteuer auf die Besucher, z. B. die Banja Kreml, die einer alten Festung mit Holzbrücken und Türmen nachempfunden ist. Der Hauptturm ist 13 Meter hoch, drinnen kann man bei 75 Grad schwitzen. Die Bojaren-Sauna liegt am Naturbadesee und lockt mit einem 20 Meter hohen Bojaren-Haus. Mit seinen Zwiebeltürmchen und Verzierungen fühlt man sich direkt in das Zarenreich versetzt. Drinnen ist Platz für 130 Personen auf zwei Etagen! Wie alle Saunen hier, so ist auch diese in Blockbauweise in Sibirien aus riesigen Stämmen handgefertigt worden.

Ein wahres Spektakel sind die Show-Aufgüsse, die mit Farben, Düften, Musik und Verkleidung die Sauna zum Theater werden lassen. Wellness und Gesundheit verbindet das Eibenstocker Bierbad. Hier sitzt man wie im Mittelalter in großen Holzbottichen, dem warmen Wasser wird hier dunkles Doppelbock-Bier zugesetzt, das einen Alkoholgehalt von 7,5 % hat. Während des Baderituals darf man das Bier übrigens gerne auch auf dem allseits bekannten Wege konsumieren … Das Bier macht die Haut weich, zart und elastisch, Botox ist folglich nicht mehr nötig. In einen Badezuber passen drei bis sechs Personen. Weiter geht es mit der Erdrauch-Sauna, die direkt in die Erde gebaut ist. Aufgeheizt wird sie mit einem karelischen

Rauch-Saunaofen aus geschichteten Steinen, die über längere Zeit eine angenehme Strahlungswärme abgeben. Im Inneren der Sauna tönen derweil alte karelische Weisen, was der Sitzung eine ganz besondere Note verleiht.

Wer lieber auf das Bewährte setzt, kann natürlich auch in der finnischen Holz-Sauna Platz nehmen und anschließend ein Fußbad genießen. Im Garten liegt die Hühnerfußbanja, die auf Pfählen steht – tatsächlich ähnelt sie ein wenig dem Hühnerbeinhäuschen der hauptsächlich in den slawischen Ländern bekannten Märchenhexe Baba Jaga! Hier werden traditionelle Hexenkräuter geschmort, die einen ganz besonderen Duft entfalten. In der Ritualbanja kann gemäß russischer Tradition übrigens auch gegessen werden. Hier kann man das Wenik-Ritual buchen – zur Einstimmung gibt's ein

Gläschen Wodka, dann folgt der erste Aufguss mit Birkensud. Anschließend wird es gesellig bei Salbeitee und Bortsch. Dann erfolgen die „Auspeitschungen" mit Birkenzweigen aus Sibirien. Zum Schluss noch ein Honig-Salz-Peeling.

Des Weiteren gibt es ein Dampfbad, eine Meditationssauna, ein Rasulbad, ein Kamaburo (Stein-Sauna) und ein Ovemalik (Seifenschaummassage). Zur Entspannung stehen Liegen am Kaminfeuer oder Futons im japanischen Garten bereit. Normalerweise geht man nackt in die Saunen, doch in Eibenstock gibt es auch eine „Textil-Sauna" für Sauna-Anfänger und Schüchterne. Massagen aller Art gibt es im Spa. Übernachten ist im Saunadorf ebenfalls möglich, z. B. im Schäferwagen aus Holz mit Ofenheizung, auf dem Platz für Wohnmobile und Caravans oder in den umliegenden Gasthöfen, Pensionen und Ferienwohnungen im Ort.

WILLKOMMEN AUF DEM LEHMHOF!

Alte Bauernhöfe, aus Fachwerk erbaut, gibt es viele in Deutschland. Leider werden immer weniger bewirtschaftet, einige Eigentümer wagen eine touristische Umnutzung.

Auch im Lehmhof Lindig im südlichen Saaletal in Thüringen grunzen keine Schweine mehr im Stall und einen Misthaufen, auf dem ein Hahn kräht, gibt es auch nicht mehr. Dafür stehen hier mittlerweile neue, ökologisch nachhaltig konstruierte Ferienwohnungen. Die Wohnungen im alten Bauernhaus und in den zwei Scheunen wurden in traditioneller Lehmbauweise errichtet und verfügen über Wand- und Fußbodenheizung. Der Übernachtungspreis ist sehr günstig. Das 300 Jahre alte Anwesen hat mehr als 4000 Quadratmeter Fläche. Bei der Außensanierung kamen zum Teil in Vergessenheit geratene Handwerkstechniken und ökologische Materialien zum Einsatz. Bei der Lehmbautechnologie halfen Experten der Universität Weimar. Manchmal kommen Studierende der Bauhaus-Universität Weimar zum Praktikum. Sie bauten z. B. einen Milch-Lehm-Flecht-Zaun mit Tierrelief um den Spielplatz. Außerdem punktet der Lehmhof mit einem Kletterbaum, einem Wassertretbecken und einem Lehmtretbecken, einer Hochbeetanlage mit Weinpergola, einer Teeterrasse, einer Stampflehm-Garten-

Ökologisch und nachhaltig Interessierte

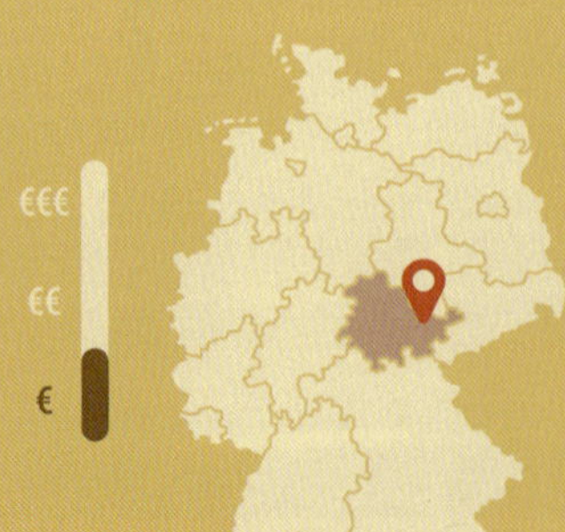

Lehmhof Lindig
Dorfstr. 39
07768 Lindig
Tel. 036424 76991
www.lehmhof-lindig.de

küche und einem Lindwurm – der Symbolfigur im Wappen von Lindig. Der hölzerne Lindwurm ist so groß, dass rund 70 Personen in seinem Bauch Platz haben. Hinein geht es durch die seitlichen Bauchklappen, Kinder können im weit geöffneten Rachen schaukeln. Die Rückenflosse des Lindwurms bewegt sich bei Wind, seine Augen strahlen und seine Nase schnaubt bisweilen. In seinem Inneren befindet sich eine Ausstellung historischer Hauswirtschaftsgeräte.

Gesunder Naturstoff

Lehm steckt im Lehmhof nicht nur in den Wänden, man kann sich auch darin aalen.

Im Lehmhof gibt es Lehmbäder, die man als Einzelanwendung buchen kann, eine Dampfsauna, eine Lehmsauna, ein Saunarium, ein überdachtes Solebad und Massageliegen. Die Lehmsauna wurde mit 40 Zentimeter starken Volllehmwänden komplett aus Lehm gestampft – es dauert zwei Tage, um diese Sauna auf 90 Grad aufzuheizen. Für das Wassertreten und das Lehmtreten im Lehmtretbecken werden kaum nennenswerte Beträge berechnet. Auch ein Hofcafé gibt es im Lehmhof, hier essen auch die Gäste der Ferienwohnungen, die Halbpension gebucht haben. Interessierte können sich hier in Sachen ökologisches Bauen und Verwendung von Kräutern beraten lassen. In der Umgebung gibt es diverse Ausflugsziele wie z. B. die Hummelshainer Schlösser, die als Jagdschlösser im 17. Jahrhundert im Stil der Neorenaissance erbaut wurden, oder das 460 Jahre alte Wasserschloss Wolfersdorf, das auf einer Insel liegt und von Kurfürst Johann Friedrich I. von Sachsen erbaut wurde. Auch die Porzellanstadt Kahla mit dem Dohlenstein, einem Berg aus Muschelkalk und die Leuchtenburg sind einen Besuch wert.

Pastor Emanuel Felke, der Anfang des 20. Jahrhunderts für ein Jahrzehnt im rheinland-pfälzischen Bad Sobernheim tätig war, begründete die naturheilkundliche Therapie mit Lehm als Heilmittel. Bereits im Altertum wurde Lehm benutzt, um Krankheiten und Verletzungen zu kurieren. Lehm kann große Mengen Säuren und Giftstoffe aufnehmen, massiert die Haut und macht mit seinem Eigengewicht die Blutgefäße wieder elastisch. Man kann ihn in einem Lehmbad genießen, als Packung oder als Lehmganzkörperbad. Die Felke-Kur beinhaltet darüber hinaus Kaltwasseranwendungen, Luftbäder, Lichtbäder und Gymnastik.

ZU BESUCH BEI GOETHES

**Goethe und Schiller lebten hier,
Luther, Wilhelm und Alexander von Humboldt, Fichte, Schelling, Jean Paul, August Wilhelm und Friedrich von Schlegel, Ludwig Tieck, Novalis, Henrik Steffens und Hegel kamen für kürzere oder längere Zeit zu Besuch.**

Keine Frage, die Stadt Weimar ist DER Hort deutscher Kultur. Rund drei Millionen Besucher machen sich jedes Jahr auf die Reise in die beschauliche Stadt in Thüringen, um Kultur hautnah zu erleben. Sie werden nicht enttäuscht: Die alten Bauten wurden sorgsam restauriert, die idyllischen Plätze wirken mit dem alten Kopfsteinpflaster anheimelnd, der Markt sorgt für lebendiges Kleinstadtflair. Am Park an der Ilm, wo man von einer Anhöhe aus auf Goethes Gartenhaus blicken kann, stauen sich an vielen Tagen allerdings schon die gut besuchten Gruppen der Stadtführungen. Dennoch ersetzt ein Spaziergang mit gedrucktem Führer kaum eine „richtige“ Stadtführung.

Kultur zum Anfassen

Wie mag Weimar wohl zu Goethes Zeiten ausgesehen haben? 1775 kam Goethe in Weimar

Kulturinteressierte,
Dichter und Denker

€€€
€€
€

Familienhotel Weimar
und Gretchens Restaurant & Café
Seifengasse 8
99423 Weimar
Tel. 03643 4579888
www.familienhotel-weimar.de

www.weimar.de

an, damals hatte das Städtchen nur 6000 Einwohner und war recht unansehnlich. Das Schloss war gerade abgebrannt, Handel und Industrie darbten. 1776 schenkte Herzog Carl August Goethe ein Häuschen mit Garten, das heute als Goethes Gartenhaus bekannt ist. Um den Garten kümmerte sich hauptsächlich Goethes Frau Christiane. Heute kann man das Häuschen mit Garten gegen eine geringe Eintrittsgebühr besichtigen, allerdings ist nicht mehr die gesamte originale Einrichtung vorhanden. Auffällig ist aber eine Art Reitersattel aus Leder, den Goethe beim Schreiben am Stehpult nutzte. Die ehemaligen Gemüsebeete am Haus dienen heute als Rasenflächen.

Das Haus zog zahlreiche berühmte Besucher an: Richard Wagner, Hans Christian Andersen, Franz Kafka, Hector Berlioz, Samuel

Beckett und Thomas Mann genossen einst den Ausblick in den weitläufigen Park. Im grünen Raum hängen Porträts von Goethes Eltern aus Frankfurt. Ihnen widmete er die Zeilen:

„Vom Vater hab ich die Statur
Des Lebens ernstes Führen
Von Mütterchen die Frohnatur
Und Lust zu fabulieren."

Kernpunkt eines Weimar-Besuchs ist natürlich auch die Besichtigung von Goethes Wohnhaus am Frauenplan. Hier fällt vor allem die weitläufige Treppenanlage auf, die Goethe einbauen ließ, und die mit ihren sehr flachen Stufen einen herrschaftlichen Eindruck macht. In der Stadtvilla wohnte Goethe nahezu 50 Jahre, bis zu seinem Tod 1832. Kurz nach seiner Rückkehr von seiner zweiten Italienreise lernte er Christiane Vulpius kennen, mit der er 18 Jahre in wilder Ehe lebte, was den Weimarer Bürgern einiges an Tratsch bot. Vulpius war 16 Jahre jünger als Goethe und arbeitete in einer Manufaktur für Kunstblumen, entstammte also einer anderen Schicht als der Theaterdirektor.

Goethes Wirkungsstätte war das Stadttheater, das 1791 erbaut wurde. Unter Goethes Intendanz wurden in diesem Theater bis 1817 ganze 4806 Vorstellungen gegeben. Das Theater hatte eine wechselvolle Geschichte: Während der Weimarer Republik 1919 diente das Theater als Versammlungsort für die Nationalversammlung. 1939 ließ Hitler das Theater mit einer Summe von 800.000 Reichsmark zum führenden Theater Deutschlands umbauen. Im Zweiten Weltkrieg wurde das Theater dann zwar zerstört, aber als erstes deutsches Theater schon im Jahr 1948 wiederaufgebaut. Die moderne Innenarchitektur mit gestaffelten weißen Gliederungen und modernen, eckigen Lampen wird von den Bürgern von Weimar allerdings bis heute nicht geschätzt. Zu DDR-Zeiten war das Haus Aufführungsort von bedeutsamen Klassikern – Ottmar Gerster, Johannes R. Becher, Bertolt Brecht, Volker Braun und Peter Hacks gingen hier zu jener Zeit ein und aus.

Direkt in der Nachbarschaft des Wohnhauses von Goethe steht das „Familienhotel" – das erste mehrstöckige Hotel in Deutschland, das komplett aus Holz gebaut ist. Es hat elf Ferienwohnungen und ein Restaurant im Erdgeschoss. Die Außenwände des Hauses bestehen aus 34 Zentimeter dicken Holzplatten, die Innenwände aus Lehm – somit haben die Zimmer ein exzellentes Raumklima.

01 | Goethes Gartenhaus im Park an der Ilm
02 | Nationaltheater
03 | Goethe-Wohnhaus am Frauenplan
04 | Marktplatz
05 | Rathaus

01 |

02 |

03 |

04 |

05 |

Das scheinbare Fehlen von DDR-Architektur in Weimar hat übrigens einen ganz simplen Grund, denn die zwischen 1945 und 1990 entstandenen Bauten in Weimar fügen sich fast nahtlos in das historisch gewachsene Stadtbild ein und sind erst auf den zweiten Blick erkennbar. In Weimar hatten die Architekten zu dieser Zeit einen hohen gestalterischen Anspruch. Wer genau hinschaut, kann sogar am Rathausplatz Bauten dieser Zeit ausmachen. Ein Buch aus dem Verlag der Bauhaus-Universität Weimar beleuchtet diese Architektur genauer.

Kein Wesen kann zu nichts zerfallen!
Das Ewge regt sich fort in allen,
Am Sein erhalte dich beglückt!
Das Sein ist ewig: denn Gesetze
Bewahren die lebendgen Schätze,
Aus welchem sich das All geschmückt.

Happy Birthday, Bauhaus!

Hochinteressant ist auch die Geschichte des Hotels „Elephant", direkt am Marktplatz. Im Haus befindet sich auch das Restaurant „AnnA". Das Haus wurde im Jahr 1696 erbaut, damals als Wirtshaus am Marktplatz. Im späteren Logierhaus „Elephant" trafen sich Künstler wie Goethe, Herder und Wieland. Hitler ließ das Haus dann 1937 wegen angeblicher Baufälligkeit abreißen und ein Jahr später neu erbauen. Dabei legte er Wert auf einen Balkon zum Marktplatz, wo er Reden halten konnte. Das Hotel, das einen Autolift zum Parkhaus hatte, galt damals als eines der modernsten Hotels Europas. War es zu DDR-Zeiten noch das „Interhotel", so kaufte im Jahr 2000 die Starwood-Hotelgruppe das Haus und gestaltete es zu einem 5-Sterne-Haus um.

01 |

Unbedingt empfehlenswert ist auch der Rundgang, den Studenten der Bauhaus-Universität jeden Mittwoch, Freitag und Samstag um 14 Uhr anbieten. Hier erfährt man alles über das Staatliche Bauhaus, das im Jahr 1919 seinen Betrieb aufnahm, und Persönlichkeiten wie Lyonel Feininger, Johannes Itten, Wassily Kandinsky und Paul Klee anzog. Die Hochschulbauten in Weimar entwarf Henry van de Velde. Dieser war der Überzeugung, die Gestaltung eines Gegenstandes sei umso vollkommener, je exakter sie dessen Zweck entspräche.

2019, zum 100-jährigen Jubiläum des Bauhauses, erhielt Weimar ein weiteres Museum, das Bauhaus-Museum. Dafür sollte die Mensa am Park, ein wichtiges architektonisches Zeugnis der späten DDR-Moderne, abgerissen werden, doch Proteste von Studenten und Denkmalpflegern verhinderten den Abriss, sodass das Museum nun am Weimarhallenpark gegenüber dem ehemaligen Gauforum entstanden ist. Entworfen haben es die Architekten Heike Hanada und Benedict Tonon.

01 | 04 | Bauhaus-Universität Weimar; Marienstraße 7
02 | 03 | Das neue Bauhausmuseum, Stéphane-Hessel-Platz 1

02 |

04 |

56

Wittgensteiner Himmelbett

EIN BETT IM KORNFELD

Nicht Jürgen Drews, sondern die pfiffige Nadine Spies hat's gerichtet: Um für ihre Pension zu werben, stellte die Wirtin ein weißes Gitterbett auf die Garage des Hauses.

Und das inspirierte einige wagemutige Gäste, die Nacht dort oben im Freien zu verbringen. Aber weil das Bett so nah am Dachrand stand, befürchtete Spies früher oder später ein Unglück und stellte es kurzerhand einfach in den 1500 Quadratmeter großen Garten. Natürlich mitsamt dem passenden nostalgischen Zubehör wie Nachttopf, Holzpantinen, Wasserschüssel, Kanne, Kerze und Wärmflasche. Für kühle Nächte gibt es eine Schlafmütze kostenlos dazu! Wenn man Glück hat, kann man sogar nachts Igel am Bett vorbeilaufen hören. Ein steinerner Brunnen, der nachts beleuchtet ist, sorgt unterdessen für eine romantische Stimmung. Neben dem Bett wird morgens ein Frühstückstisch liebevoll gedeckt, sodass einem zünftigen Gartenfrühstück nichts mehr im Weg steht. Eine weiße Wohnungstür mit Türrahmen, die in einer Ecke des Gartens steht, soll für wohnliche Stimmung sorgen. „Die höchste Form des Glücks ist ein Leben mit einem gewissen Grad an Verrücktheit" – mit diesem Zitat von Erasmus von Rotterdam begründet die Erfinderin ihren Einfall.

Frischluftfreunde,
Wanderer,
Saunagänger

€€€
€€
€

Wittgensteiner Himmelbett
Pension Klein
Ditzroder Weg 18
57334 Bad Laasphe
Tel. 02752 6120
www.wittgensteiner-himmelbett.de

Verrückte Saunen? Unbedingt!

Wem all das doch zu gewagt ist, der kann nebenan in der Pension Klein einchecken. Dort gibt es ordentliche, beheizte Zimmer mit Bad und Dusche, Fernseher und natürlich WLAN. Die Preise inklusive Frühstücksbüfett sind erschwinglich. In der Umgebung gibt es für Naturfreunde jede Menge zu unternehmen und zu entdecken, z. B. die Wanderregion Wittgenstein am Rothaarsteig. Dies ist ein sogenannter Premiumwanderweg, betreut vom Sauerländischen Gebirgsverein. Die Universitätsstadt Marburg, von der Jacob Grimm einst sagte, dass sie mehr Treppen auf der Straße als in den Häusern habe, ist ebenfalls nicht weit entfernt. In der Oberstadt ist das Mittelalter auch heute noch spürbar. Auch Dillenburg ist unbedingt einen Besuch wert, gilt die Stadt doch als Heimat der niederländischen Könige – tatsächlich wurde hier nämlich Wilhelm von Oranien geboren. Dillenburg ist deshalb Teil der Oranierroute, einer 2600 Kilometer langen Entdeckungstour. Im Museum Villa Grün ist die industrielle Entwicklung der Region dargestellt. Außerdem gibt es einen Wildpark, ein Kutschenmuseum, die Johanniskirche, die im Jahr 1491 geweiht wurde, und die ehemalige Orangerie. In der Lahn-Dill-Bergland-Therme kann man sich entspannen und einen Wellnesstag verbringen. Die Therme ist bekannt für ihre schrägen Saunatypen: Ob Apotheke, Schmiede, Forsthaus oder Waschküche, hier kann man wirklich überall saunieren. Und wer es besonders süß mag: Man kann sich auch mit geschmolzener Zartbitterschokolade oder warmer Kakaobutter massieren lassen.

SCHLAFEN IM WOHNWAGEN – ODER LIEBER IM TOURBUS?

Wer meint, Camping bedeutet Zelt, unbequeme Luftmatratze, Dosenravioli und Lagerfeuer, wird in dieser ehemaligen Bonner Lagerhalle eines Besseren belehrt.

Perserteppich mit Ohrensessel im Vorzelt? Kein Problem. Hirschgeweih über der Campertür? Wird gemacht. Im selbst ernannten „coolsten Hostel der Welt“ nächtigt man in ausgefallenen Gefährten, z. B. in einem ausrangierten Wagen der Transsibirischen Eisenbahn – natürlich ohne Rattern und Schütteln. Die zwei Eisenbahnwagen wurden mit 28 Einzelbetten bestückt und außen mit Graffiti verziert. Oder soll es lieber eine Nacht in einem echten Tourbus sein? Und keine Bange – um hier zu schlafen, muss man weder Groupie noch Roadie sein. Die Kojen sind mit bunten Vorhängen etwas blickgeschützt, Geräusche sind aber überall hörbar. Der Preis für eine gesellige Nacht ist dafür aber unschlagbar!

Unkonventionelle Menschen, Campingfreunde, Stadtmenschen

€€€
€€
€

BaseCamp Bonn
In der Raste 1
53129 Bonn
Tel. 0228 93494955
www.basecamp-bonn.de

Ravioli vs. Drei-Gänge-Menü

Groß ist die Auswahl an Caravans, die allerdings nicht auf der grünen Wiese, sondern auf PVC-Boden stehen. Immerhin liegen vor den Türen Teppichflicken. Luxus ist hier nicht vorgesehen, aber bei den Preisen würde dies auch niemand erwarten. Der Camper Space Shuttle ist silberfarben und bietet Platz für zwei Personen, die sich auf engen 1,25 Metern zusammenkuscheln müssen. Pitstop ist ebenfalls klein und retro, geschmückt ist er im Inneren mit Autorennen-Memorabilia. Der Airstream Bollywood ist draußen geparkt und hat für vier Personen

01 |

02 |

03 |

04 |

Platz, innen ist er mit indischem Dekor gestylt. Für alle DDR-Nostalgiker gibt es einen originalen himmelblauen Trabant mit einem Dachzelt in Dreiecksform. Freunde des Minimalistischen fühlen ich im Tiny House aus Holz im kanadischen Look bestimmt pudelwohl! Gebaut wurde es tatsächlich von einem wasch-echten Kanadier. Wintersportfeeling dagegen versprüht eine alte Liftgondel, die rundherum mit großen Fenstern ausgestattet ist. Mit rotkarierten Gardinen kann man sich vor Blicken aber prima schützen. Ein Alpenblick fehlt allerdings ...

Dosenravioli muss sich vor seinem Van auf dem Gaskocher übrigens niemand aufwärmen. Es gibt eine Snackbar und einen Biergarten, wo es vom Burger über Currywurst bis zum mehrgängigen Menü eine große Auswahl gibt. Vom BaseCamp im Stadtteil Gronau ist es übrigens gerade einmal ein Kilometer bis zum Rheinufer. Hier kann man spazieren gehen, Rad fahren oder dem Freizeitpark Rheinaue einen Besuch abstatten. Auch einen Bootsverleih gibt es hier, der Boote für den Auensee vermietet. Tipp: Vom Bismarckturm in der Nähe hat man einen guten Blick über die gesamte Anlage. Fithalten kann man sich im Playpark, auch eine

Bewegungsmangel im Wohnmobil? Im Gym nebenan gibt's Fitness- und Yogakurse!

Halfpipe für Skater ist hier vorhanden – die Benutzung ist sogar kostenlos. Südlich liegen Bad Godesberg, der Drachenfels und Schloss Drachenburg.

05 |

06 |

07 |

01 | 02 | Drag Queen
03 | 04 | Flower Power
05 | Airstream
06 | Trabi
07 | Pitstop

IM EINKLANG MIT DER NATUR

Das Kloster liegt am Rande von Koblenz im Westerwald. Hier beten seit über 150 Jahren die Arenberger Dominikanerinnen, die Schwestern der heiligen Katharina von Siena.

Jeder Gast ist eingeladen, an den Gebeten der 65 Schwestern teilzunehmen und mit ihnen ins Gespräch zu kommen. Wie der heilige Dominikus versuchen auch die Schwestern, ihr Leben aus der Kraft des Evangeliums zu gestalten. Inspiriert durch Pfarrer Sebastian Kneipp, der eine ganzheitliche Gesundheitsförderung empfahl, konzentriert man sich im Kloster Arenberg auf die Heilkraft des Wassers, Entspannung, Bewegung, Spiritualität, Begleitung, Kräuter und Ernährung.

Der Klosterpark verfügt über ein Feuchtbiotop, Weideland und Streuobstwiesen. Auch ein Insektenhotel, ein Kaninchengehege, Wildobststräucher, Bienenstöcke und Schafe gibt es. Die Schwestern legen Wert auf Nachhaltigkeit und eigene Herstellung: „Mit der Schöpfung und ihren Ressourcen sorgsam umzugehen, ist uns ein großes Anliegen.“ Darum wird auch das Regenwasser gesammelt, die Sonnenenergie genutzt und der Strom stammt aus natürlichen Energiequellen. Großgeschrieben wird aber natürlich auch Gottesliebe, Nächstenliebe,

Christen,
Erholungssuchende,
Stressgeplagte

€€€
€€
€

Kloster Arenberg
Cherubine-Willimann-Weg 1
56077 Koblenz
Tel. 0261 64010
www.kloster-arenberg.de

01 |

Selbstliebe und die Liebe zur Schöpfung. Um es mit den Worten der Schwestern zu sagen: „Liebe gilt nicht nur den Menschen, sondern der ganzen Schöpfung, für die wir in einer Zeit existentieller Umweltzerstörung eine besondere Verantwortung haben."

02 |

Beim Check-In fragen die Schwestern nicht nach dem Glauben oder wie jemand lebt. Jeder kann entscheiden, ob er am Stundengebet und am Gottesdienst der Schwestern teilnehmen möchte. Die 80 Zimmer des Klosters sind mit Bett, Schrank und Schreibtisch sparsam eingerichtet. Immerhin gibt es einen Ohrensessel und klassische Musik, die man bis 22 Uhr hören kann.

01 | Außenanlage Klostercafé
02 | Gästehaus

Die meisten Besucher, die hierher kommen, beschäftigen persönliche Probleme und wollen etwas Abstand. Hilfe soll die „Klagemauer" bieten: im hinteren Teil des Gartens gelegen, kann man Zettel, auf die die Sorgen notiert sind, in die Ritzen dieser alten Mauer stecken. Am Ostermorgen werden sie verbrannt – und die Sorgen hoffentlich gleich mit.

In baulicher Hinsicht kombinierte man das Alte mit dem Neuen und legte Wert auf harmonische Farbgebung und lichte Räume mit großen Glaswänden. Die meisten Bereiche sind für Nichtraucher reserviert, es gibt jedoch eine „gemütliche Ecke" für die Raucher.

Bei den Mahlzeiten haben die Gäste zwei Möglichkeiten: In einem der Speisesäle kann man sich beim Essen unterhalten, im anderen ist Schweigen das Gebot. Grundsätzlich ist das Kloster für Gläubige aller Konfessionen offen, auch Nicht-Gläubige sind willkommen.

Mit Anwendungen wie Aromaölmassagen, Shiatsu-Behandlungen, Heusack, finnischer Sauna und Brandungs-Wannenbad kann das

01 | Bibliothek
02 | 2-Zimmer-Appartement
03 | Schwimmbad

04 |

Kloster beinahe mit jedem Wellnesshotel mithalten. Dann kann man beim Biodanza – einer Tanzart, die jedem beim Tanzen freien Lauf unter gewissen Vorgaben lässt – dem Bewegungsdrang nachgeben.

Wem als Frau der Aufenthalt besonders gut gefallen hat, kann sich überlegen, dem Kloster lebenslang beizutreten.

05 |

04 | Foyer
05 | Premium Doppelzimmer

59

Hotel Nicolay

VEGAN SCHMECKT'S EINFACH BESSER!

Vegane Hotels gibt es mittlerweile zwar einige, doch das Nicolay 1881 ist sicherlich eines der Vorreiter – seit 2012 werden in der großen Moselschleife unweit von Trier ausschließlich vegane Gerichte angeboten.

Ganz ohne erhobenen Zeigefinger, wie die Hotelleitung betont, dafür aber mit viel Geschmack und kochtechnischem Fachwissen. Eine fundierte Ausbildung ist für das Zubereiten von nahrhaften veganen Speisen das A & O. Mittlerweile verfügt das Nicolay über drei Restaurants, in denen natürlich auch das Frühstücksbüfett komplett vegan ist. Tierische Produkte wird hier aber ohnehin niemand vermissen, so üppig ist die Auswahl. Das Schöne: Bei einem Einzelzimmer ist das reichhaltige Büfett am Morgen im Preis enthalten! Im Restaurant „ Die Weinstube" gibt es ein abwechslungsreiches Angebot.

Das neue Bewusst-Sein

Inhaber Johannes Nicolay ist selbst 2012 Veganer geworden. Den Anstoß gab nach jahrelangen Allergien und Kortisonspritzen eine Mitar-

Veganer

Hotel Restaurant Nicolay 1881
Uferallee 7
54492 Zeltingen-Rachtig
Tel. 06532 93910
www.hotel-nicolay.de

beiterin, die ihm riet, einfach mal die Milch wegzulassen. Nicolays Beschwerden ließen nach – und er beschloss, sich intensiver mit veganer Ernährung zu beschäftigen. Schließlich wandelte er die traditionelle Weinstube des Hotels in eine vegane Weinstube um. Der Anfang lief schleppend, doch nach und nach kamen immer mehr Veganer ins Hotel. Das liegt aber längst nicht nur an der hervorragenden Küche, sondern auch am restlichen Angebot des Hotels wie dem Spa-Bereich „Venganico" und der herrlichen Umgebung. Der Wellnessbereich lädt zur Entspannung und Entschleunigung ein, den Gästen stehen ein Hallenbad, eine Bio-Nass-Sauna und eine 90-Grad-Sauna zur Verfügung. Eine Besonderheit ist die sha.alphaliege, die den Benutzer durch das Zusammenwirken von Form, Farbe, Licht, Klang, Vibration und Wärme in einen tiefen Entspannungszustand trägt. Dieser Zustand soll die Kreativität und Fantasie anregen. Daneben gibt es eine Physiotherm-Kabine, die für ein oder zwei Personen Platz bietet. Das Tiefenwärmeprogramm wurde vom Hyperthermie-Experten Dr. Ralf Kleef entwickelt.

Sehenswert in der Umgebung ist v. a. der historische Marktplatz in Bernkastel-Kues, das Weinmuseum und das Zylinderhaus, ein Erlebnismuseum rund um Oldtimer und Technik. In Traben-Trarbach kann man das Buddha-Museum im Gebäude einer ehemaligen Weinkellerei besuchen und rund 2000 Buddhas besichtigen – übrigens die weltweit einzige Weinkellerei im Jugendstil. Ganz in der Nähe liegen auch Burg Elz, Burg Vianden, die Manderscheider Burgen und die Römerstadt Trier.

EINE BURG WIE AUS DEM BILDERBUCH

Trutzig liegt sie da

über dem mittelalterlichen Städtchen Oberwesel am Mittelrhein,

die Burg Schönburg.

Von Oberwesel geht es einen halbstündigen Fußmarsch über eine Serpentinenstraße hinauf. Mit ihren dicken, runden Türmen, ihren massiven Zinnen, der wuchtigen Mantelmauer und den aus Ruinen wieder aufgebauten Wohntürmen ist Burg Schönburg eine echte Bilderbuchschönheit. Erstmals erwähnt wurde sie in der Mitte des 12. Jahrhunderts. In den Anfängen erhoben die Schönburger Herren auf dem Rhein Zoll. In ihrer Blütezeit im 14. Jahrhundert war die Burg mit ihren knapp 24 Familien und insgesamt 250 Personen dicht bevölkert! Im Pfälzer Erbfolgekrieg legten französische Truppen 1689 die Stadt Oberwesel und die Burg Schönburg jedoch in Schutt und Asche, woraufhin die Burg beinahe 200 Jahre lang als Ruine über der wiederaufgebauten Stadt thronte. Als das Geschlecht der Schönburger

Burgfräuleins und edle Ritter, Weinliebhaber, Genussmenschen

€€€
€€
€

Burghotel „Auf Schönburg"
55430 Oberwesel am Rhein
Tel. 06744 93930
www.hotel-schoenburg.com

in männlicher Linie ausstarb, nahm sich Anfang des 20. Jahrhunderts der vermögende Deutsch-Amerikaner T. J. Oakley Rhinelander der Burg an und investierte über 2 Millionen Goldmark, um sie wieder herzurichten. 1950 kaufte schließlich die Stadt Oberwesel die Burg zurück, die zu dem Zeitpunkt noch immer von Ruinen geprägt war, diesmal in Folge des Zweiten Weltkriegs. Seit 1957 hat die Familie Hüttl

01 | Schönburg im Abendlicht
02 | Blick auf die Burg von der anderen Rheinseite
03 | Terrasse Pfalzblick

die Burg gepachtet, die sie Schritt für Schritt über Jahrzehnte weiter aufbaute und restaurierte und auch ein Hotel und ein Restaurant einrichtete. Heute begrüßt Familie Hüttl ihre Gäste bereits in der dritten Generation.

In der Burg gibt es 27 Suiten und Kemenaten, einige verfügen über einen Balkon oder eine Terrasse mit einem fantastischen Blick auf den Rhein. Die Zimmer sind recht groß und natürlich nostalgisch eingerichtet, sodass man sich für ein paar Nächte wie ein echtes Burgfräulein fühlen kann. In der kühlen Jahreszeit brennt ein wärmendes Feuer im Kaminzimmer.

Zur Weinprobe auf Riesling-Reise

Im Burgrestaurant werden vor allem regionale Spezialitäten auf althergebrachte Art serviert – im Sommer bietet sich von der Terrasse ein herrlicher Blick ins Rheintal.

Rings um Burg Schönburg wird viel Wein angebaut, vor allem Riesling und Spätburgunder. Die Rebsorte Schönburger wurde sogar nach der Burg benannt! Das Hotel organisiert deshalb auch Ausflüge, z. B. die kleine Riesling-Reise. Dabei holt ein Oberweseler Winzermeister die Gäste ab, führt sie durch Oberwesel und gibt eine Einführung in den mittelrheinischen Weinbau. Natürlich können bei dieser Gelegenheit auch einige Weine probiert werden. Gegen einen geringen Eintrittspreis kann man sich im Turmmuseum umschauen. Dabei erfährt man, dass die Burg Schönburg eine der wenigen Burgen war, die sich im Ernstfall selbst verteidigen konnte.

Wandern kann man in der Umgebung natürlich auch: Der Rheinburgenweg führt an Schönburg vorbei, auf der anderen Rheinseite findet sich der Rheinsteig. Mit der KD Reederei kann man eine Burgenfahrt mit dem Schiff buchen. Neben Burg Schönburg ziehen dabei Burg Stahleck, Burg Pfalzgrafenstein, die Burgruine Ehrenfels, die Loreley, Burg Rheinfels und die Marksburg vorbei. Oder man steigt auf dem Schaufelradschiff Goethe ein, das durch das Mittelrheintal fährt und dabei so einige steile Rebhänge passiert.

01 |

02 |

03 |

04 |

01 | Pfalzgrafenkemenate
02 | Bad im Wächterhäuschen
03 | Gobelinstube
04 | Burggarten am Fuße der Burgmauern

61

Bergwaldprojekt e. V.

HILFE FÜR DIE WÄLDER

Nach den verheerenden Dürresommern 2018 und 2019 geht es den Wäldern bekanntermaßen sehr schlecht. Ein Würzburger Verein unterstützt deutschlandweit Freiwilligenarbeitseinsätze.

Manche Bäume sterben ab, einige tragen weniger Blätter, andere wiederum sind so geschwächt, dass sie von Schädlingen befallen werden. Dazu kommen an vielen Orten Sturm- oder sonstige Witterungsschäden. Zum Teil sind auch die Monokulturen, die in vielen Wäldern Deutschlands angepflanzt wurden, Schuld an der Misere. Rund 300.000 Hektar Wald werden in Deutschland in Folge der Dürrejahre absterben. Fichten- und Kiefernmonokulturen, die mehr als die Hälfte der deutschen Wälder ausmachen, sind dabei am stärksten gefährdet. Der Holzpreis ist leider gefallen, Förster und Waldarbeiter kommen mit der Pflege der Wälder in Deutschland kaum noch nach. Hier setzt das 1987 gegründete Bergwaldprojekt an, wobei sich die Mitglieder des Vereins längst nicht mehr nur um Wälder in den Bergen kümmern.

Zweck des Vereins mit Sitz in Würzburg ist der Schutz, der Erhalt und die Pflege des Waldes. Außerdem soll mehr Verständnis für Zusammenhänge in der Natur, die Belange des Waldes und die Abhängigkeit des Menschen von diesen Lebensgrundlagen erreicht werden. Bei Freiwilligenarbeitseinsätzen sollen die Funktionen dieser Ökosysteme erhalten werden.

Waldliebhaber, Naturfreunde, Umweltschützer

www.bergwaldprojekt.de

Hilfseinsätze und Pflanzaktionen

Die Projekte reichen von Adamswalde in Brandenburg bis nach Werdohl im Sauerland – hier riss Sturm Kyrill große Löcher in den Stadtwald. Auf den geräumten Flächen soll deshalb ein neuer Wald entstehen und Bäume wie die Elsbeere und die Rotbuche gepflanzt werden. Das Projekt ist hier auf fünf Tage angesetzt, die Projektleiter und freiwilligen Helfer übernachten in einem Freizeitheim in Mehrbettzimmern. In Bärenfels in der Sächsischen Schweiz dominieren Fichtenbestände das Waldbild. Der Wald soll hier zu einem Mischwald mit Fichte, Rotbuche, Weißtanne, Bergahorn und Eiche umgebaut werden. Eine Woche ist für die Pflanzung angesetzt, übernachtet wird in einem Hüttendorf. Der Spessart ist vor allem für seine uralten Eichen berühmt, beinahe jeder kennt die Räubergeschichten vom Wirtshaus im Spessart. Das Projekt an diesem Ort soll Einblicke geben in die Chancen und Schwierigkeiten der Eichenwirtschaft. Übernachtet wird in einem ehemaligen Forsthaus mit Kaminofen, doch auch Zelten ist möglich. Es ist ein Suffizienzprojekt in Zusammenarbeit mit den Bayerischen Staatsforsten.

Ein typischer Waldarbeitertag klingt oft mit einem Lagerfeuer und heißen Getränken aus. Die Teilnahme ist generell kostenlos; das Bergwaldprojekt stellt vegetarische, saisonale und möglichst regionale Verpflegung.

Das Bergwaldprojekt führt auch an verschiedenen Terminen Waldbaden in der Nähe von Würzburg durch. An verschiedenen Orten gibt es sogenannte Neihaufeschte, zudem besondere Pflanz- oder Pflegeaktionen. Auch in der Schweiz, in Österreich und in Spanien ist das Bergwaldprojekt aktiv.

Creativhotel Luise

DAS NACHWACHSENDE HOTELZIMMER

Erlangen mag nicht bei allen ganz oben auf der Liste der nächsten Reiseziele stehen, doch das könnte sich bald ändern – zu sehen gibt es hier nämlich tatsächlich eine ganze Menge.

Hier steht unter anderem das Hotel Luise, „Deutschlands erstes klimapositives Hotel in Erlangen“. Tatsächlich ist das Konzept nicht nur einzigartig, sondern auch zukunftsweisend. Das „nachwachsende Zimmer“ besteht z. B. nur aus Materialien, die biologisch abbaubar sind und eins zu eins in den Kreislauf der Natur zurückgeführt werden können. Dazu zählen handwerkliche Möbel aus heimischem Vollholz, Tapeten aus Recyclingpapier, schadstofffreie Teppichböden, eine Toilettenspülung mit Regenwasser und eine Naturmatratze mit Schurwollauflage. Das Haus nutzt zudem Ökostrom, Fernwärme und Gäste können kostenlos ihr Elektroauto aufladen. Ein Zero-Waste-Frühstück, also ein Frühstück ganz ohne Müll, ist hier ebenfalls möglich. Das Konzept geht auf: Im Vergleich zu einem durchschnittlichen Beherbergungsbetrieb wird 88% weniger Abfall produziert. Auch das Hotelteam ist in Sachen Nachhaltigkeit geschult, so ist etwa auch die Zimmerreinigung ökologisch verträglich. Für seinen Einsatz errang das Hotel schon einige Preise, unter anderem den Tourismus-

Nachhaltig und umweltbewusst lebende Menschen

€€€
€€
€

Creativhotel Luise
Sophienstr. 10
91052 Erlangen
Tel. 09131 1220
www.hotel-luise.de

preis des ADAC und die Goldene Palme von Geo. Gäste erfreuen sich an einem fränkischen Obstgarten vor dem Haus und einem eigenen Bienenstock. Die Hälfte des Stadthotels ist Grünfläche, außerdem wird ein Aufforstungsprojekt in Panama unterstützt.

Mit Rad und unverpackt

Doch auch für das nötige Wohlbefinden und jede Menge Wellness im Haus ist gesorgt: Es gibt ein Tiroler Vitarium mit Aromadusche, eine Blockbohlen-Kaminstube, ein türkisches Dampfbad mit Sole und eine Erlanger Biermassage – richtig gelesen: Die Biermassage

wurde mit dem Steinbach Bräu Erlangen entwickelt. Sie setzt auf die heilenden Zutaten des Bieres, nämlich Malz, Hopfen und Gerste. Wer die Umgebung erkunden möchte, sollte das am besten mit dem Fahrrad – das Hotel Luise ist ein ausgezeichnetes ADFC-Radlerhotel. Den Gästen stehen zwölf Leihräder zur Verfügung, es gibt eine Elektrotankstelle für E-Biker, Radler erhalten Lunchpakete für die Fahrt, für die Räder steht eine abschließbare Tiefgarage bereit. Wer in Erlangen nachhaltig einkaufen möchte, dem geben

die Mitarbeiter der Rezeption gerne Tipps. Lohnenswert sind der Upcycling-Laden Sine in der Oberen Karlstraße, die Ökomode bei GreenVolution in der Friedrichstraße, Naturprodukte bei beauty & more im Röthelheimpark, Gewürze, Kunst und Schallplatten bei Kräuterengel oder der Unverpackt-Laden ZeroHero.

EINE NACHT HINTER GITTERN

Der Empfang im Hotel Fronfeste in Amberg ist standesgemäß und vielsagend: Eine Scheibe Brot und eine Flasche Wasser stehen für den Gast bereit – kostenlos.

Die Fronfeste ist bestens gesichert, da sie direkt in die alte Stadtmauer eingebaut wurde. In dem über 300 Jahre alten Gebäude war früher das Gefängnis der Stadt. Die Fenster sind klein, die Wände dick. Die Stadtmauer, die einst 100 Türme hatte, ist bis heute erhalten. Das Gefängnishotel ist allerdings kein karger Kerker mehr, da für die temporären Insassen einige moderne Annehmlichkeiten eingebaut wurden. Die Einzelzelle mit elf Quadratmetern ist eher klein – um Platz zu sparen, wurde die Dusche außerdem direkt im Zimmer installiert. Das Fenster ist zwar vergittert, lässt sich aber trotzdem öffnen. Zusätzlich gibt es eine Klimaanlage. Die dicke Holztür, die noch aus dem Jahr 1699 stammt,

Schwerverbrecher, Teilzeitknastbrüder und -schwestern

€€€
€€
€

Hotel Fronfeste
Fronfestgasse 8
92224 Amberg
Tel. 09621 179552
www.hotel-fronfeste.de

hat zwar schwere Eisenbeschläge, doch keine Sorge: Einen Schlüssel erhält jeder Knacki gleich bei der Ankunft. Auch größere Doppelzimmer mit großen Fenstern stehen den Gästen zur Verfügung – für alle, die es etwas geräumiger mögen. Eine andere Zelle ist als Hochsicherheitstrakt ausgestattet. Hier ziehen sich bis zur Decke stabile Eisenstangen rund um das Bett. Wer es luxuriöser mag, kann die Direktorensuite buchen, die ein Wohnzimmer mit Ledercouch und ein Schlafzimmer hat. Auch gestreifte Häftlingskleidung für die Nacht kann man sich ausleihen oder kaufen. Die Zimmerschlüssel sind noch echte Schlüssel mit einer kleinen Kugel am Schlüsselbund. Auch eine fensterlose Originalzelle ist zu besichtigen, schlafen kann man dort aber nicht. Als Knastfrühstück wartet ein üppiges Frühstücksbüfett,

Ein echtes Gefängnis hat Amberg übrigens auch – die Justizvollzugsanstalt Amberg. Die Insassen dort bekommen aber keine Zellenschlüssel …

Weitere Knasthotels:
www.rast-im-knast.com
www.amtsrichter.de
www.alcatraz-hotel.de
www.barabas-luzern.ch
www.loewengraben.ch
www.fronveste-meiningen.de

das anderen Hotelfrühstücken in nichts nachsteht. Wer will, kann sich sein Frühstück auch stilecht über die Türklappe bringen lassen! Auch Gäste ohne Verwahrungshaft dürfen hier zulangen, doch Besuchszeiten müssen mit der Gefängnisleitung abgestimmt werden.

Als Schmankerl bietet das Hotel Rundgänge an. Mit dem Henker geht es durch die historische Altstadt, zwischendurch gibt es szenische Einlagen der Gerichtsbarkeit. Abschließend gibt es noch ein Freigang-Menü. Mit einem schwarzen Gangster-Taxi kann man sich zu den interessantesten Flecken von Amberg fahren lassen, um dann sicheren Schlaf in der Gästezelle zu finden.

Dass im ehemaligen Gefängnis von Amberg ein Hotel eröffnet wird, darüber waren nicht alle froh. Die Vereinigung der Verfolgten des Naziregimes bezeichnete dies damals als Verhöhnung der Opfer, da das Gefängnis während der Nazi-Herrschaft angeblich als Gefängnis der Gestapo diente. Widerstandskämpfer sollen dort inhaftiert gewesen sein, es soll Folterungen und Hinrichtungen gegeben haben. Der Besitzer der Fronfeste bestreitet dies. Das Staatsarchiv in Amberg konnte keine Akten aus jener Zeit finden. Die letzte Hinrichtung, die dokumentiert ist, stammt aus dem Jahr 1935: Damals wurde ein dreifacher Mörder mit der Guillotine bestraft.

01 | Eisenknecht
02 | Hochsicherheit
03 | Flur

04 |

05 |

06 |

07 |

08 |

04 | Frühstück
05 | Direktorensuite
06 | Arztzimmer
07 | Einzelzelle
08 | Zellentrakt

LEBEN WIE VOR 100 JAHREN

Der Hof ist wirklich abgelegen – im niederbayrischen Weiler Unternaglbach, zwischen Bischofsmais und Kirchdorf im Wald.

Hier kann man die Häuser fast an einer Hand abzählen. Trotzdem gibt es, wie in jedem Weiler dieser Gegend, eine eigene Kapelle. Ein Senior des Dorfes lässt es sich nicht nehmen, jeden Mittag um Punkt zwölf die Glocken zu läuten, die zum Mittagsgebet rufen sollen. Hier kaufte Marie-Luise Freimuth den ältesten und größten Hof des Dorfes, der zu verfallen drohte, und taufte ihn „Tilli's Hof". In ihrem „früheren Leben" war sie Bankkauffrau und hatte tagein tagaus mit Zahlen zu tun. Die Zahlen begleiten sie zwar weiterhin, doch das Leben auf einem alten Bauernhof inmitten ursprünglicher Natur hat viel mehr zu bieten. Langweilig wird es hier, trotz der recht einsamen Lage, nie. Der Vierseithof hat immerhin mehr als 1.500 Quadratmeter überbaute Fläche, davon ist erst ein kleiner Teil renoviert. Unter anderem die „Knechtzimmer" und die „Mägdezimmer" für Feriengäste, die allerdings heute wesentlich mehr Komfort als vor 100 Jahren bieten. Die Massivholzbetten sind original und nur 1,85 Meter lang, sodass größere Schläfer sich einrollen müssen. Dafür gibt es bequeme Latexmatrat-

Nostalgiker,
Naturliebhaber,
Abstandsuchende

€€€
€€
€

Tilli's Hof
Unternaglbach 4
94259 Kirchberg im Wald
Tel. 09927 9507470
www.tillishof.de

zen. Die Zimmer haben außerdem Zentralheizung und elektrisches Licht – alles Dinge, die erst in den 1960er-Jahren hier im Dorf Einzug hielten, wird Großknecht Sepp später erzählen. Dieser Teil des Bayerischen Waldes hinkte der Entwicklung Deutschlands nach dem Krieg nämlich hinterher, elektrischer Strom wurde erst sehr viel später verlegt.

In der „Stube" hängt wie in allen bayrischen Bauernhöfen das Kruzifix in der Ecke, daneben Bilder von Maria und Jesus. Morgens wird es hier richtig gemütlich, denn dann wird die antike Kochmaschine mit Holzscheiten angefeuert, die Freimuth von ihren Eltern erbte.

Auf der Kochmaschine steht der Kessel mit Wasser. Der Knecht muss darauf achten, dass das Feuer immer gut genug brennt, um das Wasser zum Kochen zu bringen. Das dauert zwar länger als mit dem elektrischen Kessel, doch dafür schmeckt der Kaffee, der mit einer Kanne und Papierfilter aufgegossen wird, umso besser. Man nimmt sich hier für alles mehr Zeit und tritt dabei in einen anderen Lebensrhythmus ein. Weil auch Radio, Fernsehen oder Handys auf dem Hof tabu sind, herrscht eine tiefe Ruhe, die die Besucher sehr schätzen. Manche haben damit allerdings auch ihre Probleme – Freimuth erinnert sich an einen Manager, der auf seinem Stuhl hin- und herzappelte, weil das gewohnte Telefonklingeln ausblieb.

Entspannt im Heubad

Ganz so spartanisch, wie man es aus der preisgekrönten Fernsehserie „Schwarzwaldhaus 1902" kennt, geht es auf Tilli's Hof jedoch nicht zu. Das Essen wird in der Stube serviert und das Brot kommt fertig gebacken auf den Tisch. Bislang kommen die Eier noch vom Bauernhof nebenan, doch Freimuth ist schon dabei, den ehemaligen Hühnerstall herzurichten und dann auch ein paar Tiere auf dem Hof zu halten. Die Scheunen sind noch vollgeräumt mit alten Arbeitsgeräten, Fässern und Möbeln – mit diesen plant die Bäuerin später ein kleines Museum zu bestücken. Immerhin werden Knechte und Mägde mit der originalen Kleidung von früher ausgestattet, und auch Freimuth trägt stolz ihre Bauerntracht aus Leinen mit Kopftuch, mit der sie mit einem Schlag der Zeit entrückt zu sein scheint. „Einstehen" nennt sich diese Einkleidung, die durchaus Sinn macht. Das Tragen eines langen Rockes gibt den Frauen ein völlig neues Körpergefühl, da frau sich bei den körperlichen Arbeiten anders bewegen kann.

Einen wahrhaft historischen Eindruck machen auch die Sensen, die an der Wand im Hof hängen. Großknecht Sepp zeigt auf den Wiesen rund um den Hof, wie man richtig senst – was gar nicht so einfach ist, wie es aussieht. Alle paar Minuten wird dabei „gedengelt", also mit dem Schleifstein das Schneideblatt geschärft. Für die drei Öfen des Hauses muss außerdem jede Menge Holz gesägt und gehackt werden, natürlich alles von Hand, versteht sich. Neben der Kochmaschine in der guten Stube gibt es nämlich noch einen Badeofen im „Sinnesraum" und einen großen Backofen für das Brot. Ein Bad im „Sinnesraum" mit der freistehenden Badewanne ist die wohlverdiente Belohnung für die ganze Schinderei auf dem Hof. Bei sanfter Musik, brennenden Kerzen und aromatischen Ölen kann man sich hier wunderbar entspannen. Besonders wohltuend ist das Heubad. Dazu kommt ein Säckchen frisches Heu ins Badewasser, das wirkt entschlackend.

Nach und nach entdeckte die Chef-Bäuerin viele alte Rezepte, bei denen die Gäste mit anpacken können. So z. B. bei der Herstellung von Sauerkraut, bei der die Kohlköpfe aus dem Garten auf einer riesigen Reibe kleingerieben werden und dann mit Salz und Kümmel ins Holzfass kommen. Statt mit den Füßen, wie zu alten Zeiten, kommt aus Hygienegründen heute jedoch ein Holzstampfer zum Einsatz. Die Zubereitung ist eigentlich ganz simpel: Das Fass steht drei Wochen in einer Ecke und gärt, blubbernde Geräusche sind dabei der Beweis, dass gut gearbeitet wurde.

Freimuth, die auch eine Ausbildung als Waldführerin hat, nimmt ihre Gäste auch gerne mit auf geführte Wanderungen durch den umliegenden Wald, auf denen nicht nur die Natur erklärt wird, sondern auch philosophische Impulse gegeben werden. Auch alte Bräuche und Feiertage wiederzubeleben, hat sich die Leiterin von Tilli's Hof vorgenommen. Zur „Allerweltskirwa", der traditionellen Kirchweih, hat sie alle Bauern des Dorfes zum Gänsebraten in ihre gute Stube eingeladen, Volksmusik mit der Ziehharmonika gibt es zur Freude der Dorfbewohner dazu. Kein Wunder also, dass Freimuth, obwohl sie nicht aus dem Dorf stammt, mit ihrer ambitionierten Art längst in der Gemeinschaft zu Hause ist.

Pausnhof

MACH MAL PAUSE!

„Die Hektik bleibt draußen vor der Tür“,

so lautet das Motto des Pausnhofes im Herzen des Bayerischen Waldes.

100 % bio ist hier Programm in Zimmern, Küche und Garten.

Der Pausnhof hat eine lange Tradition, er wird schon seit 600 Jahren bewirtschaftet. Auf den Weiden um den Hof stehen Pinzgauer Rinder und Waldschafe, dazwischen gackern Legehühner, schnattern Enten und Gänse. Wer mit Kindern kommt, braucht sich um Freizeitbeschäftigungen nicht zu sorgen: Auf den Wiesen stehen Apfelbäume, Birnbäume, Quitten- und Mispelbäume. Die Mispeln kann man roh essen, sie werden aber auch zu Marmelade, Gelee oder Kompott verarbeitet. In den Gästezimmern wurde heimisches Holz verarbeitet, hier waren Manufakturen der Region tätig. Ohne Opulenz, dafür stimmig reduziert. Die Architektur des Hauses ist inzwischen sogar preisgekrönt. Bio bestimmt hier aber nicht nur das Baumaterial sowie die Umgebung, sondern auch das Essen.

In der Küche des Hofes werkeln an den Pfannen Johann Simmet, Simon Hackl und Johanna Simmet. Die Menüs werden mit Gemüse, Fisch und Fleisch zubereitet, das Gemüse stammt dabei vom hauseigenen Feld. Rindfleisch, Lammfleisch und Geflügel kommen

Naturfreunde,
Erholungssuchende

€€€
€€
€

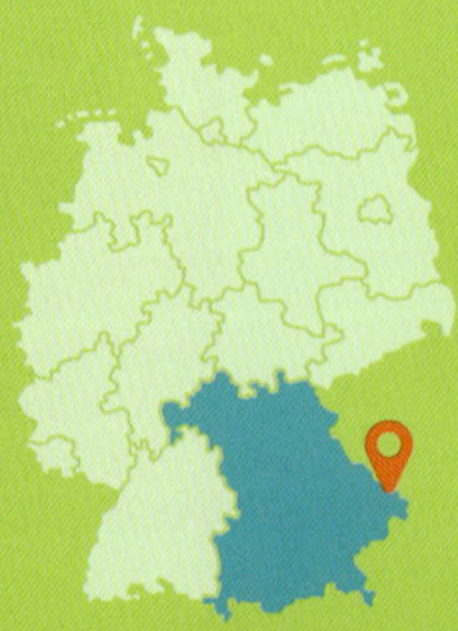

Biohotel Pausnhof
Goldener Steig 7
94568 St. Oswald
Tel. 08552 408860
www.pausnhof.de

ebenfalls von der eigenen Bio-Landwirtschaft. Zum Frühstück gibt es ein reichhaltiges Büfett mit Frischkornmüsli, hausgemachten Marmeladen, frischem Obst und Gemüse, Naturjoghurt und Quark. Danach braucht es fast kein Mittagessen! Außerdem steht für alle Gäste den ganzen Tag über kostenlos Tee aus dem Samowar zur Verfügung, nachmittags werden kleine Speisen angeboten.

Im Garten kann man in dem großen hauseigenen Naturpool entspannen – oder soll es lieber ein Saunabesuch im Spa sein? Ob finnische Sauna, Bio-Sauna, Kräuterdampfbad oder Solebecken, die Auswahl ist in jedem Fall groß. Ergänzt wird das Angebot durch exklusive Dr.-Hauschka-Behandlungen, etwa eine Reinigungsbehandlung mit Fußbad, Abreinigung, Dampfbad, Reinigungsmaske, Lymphstimulation und Tagespflege.

Rundherum breitet sich auf rund 240 Quadratkilometern Fläche der Nationalpark Bayerischer Wald aus, übrigens Deutschlands erstes Großschutzgebiet – und idealer Ausgangspunkt für ausgiebige Wanderungen. Im Winter bieten sich Schneeschuhwanderungen zum Hausberg Lusen an. Für Langläufer gibt es ein ausgebautes Netz aus Loipen über 300 Kilometer. In Neuschönau kann man sich im Baumwipfelpfad seiner Höhenangst stellen – wer es ruhiger mag, besucht das waldgeschichtliche Museum in Sankt Oswald. Dort wird vor allem das menschliche Wirken im Bayerischen Wald erklärt. In der Nähe befinden sich mehrere idyllische Badeseen und Naturschwimmbäder.

WILDER WESTEN IM TIEFSTEN BAYERN

Um in den Wilden Westen zu gelangen, muss man nicht mehr über den Atlantik fliegen …

In Eging am See bei Passau gibt es eine Westernstadt, die sich gewaschen hat. Gegründet hat sie Peter Meier zunächst als Zeltlager mit Lagerfeuer und ein paar Pferden, auf denen die Gäste sich im Westernreiten, Cutting oder Lassowerfen üben konnten. Und die waren begeistert – so sehr, dass der Ausbau Fahrt aufnahm. Da Meier gleichzeitig Besitzer einer Baufirma war, konnte der Westernpark in Angriff genommen werden. Innerhalb von nur fünf Monaten wurde die gesamte Westernstadt gebaut und stellt unter dem Namen Pullman City die Zeit von 1860 bis 1890 in Nordamerika nach. Der Name Pullman wurde nach dem Eisenbahnwaggon gewählt, den ein gewisser Mister Pullman 1864 für die Northern Pacific Railway gebaut hatte – der luxuriöse Wagen war bestimmt für den Präsidenten der Vereinigten Staaten. Das Showprogramm der Westernstadt war ausgerichtet auf amerikanische Geschichte, Westernreiten und Spaß für Erwachsene und Kinder – auf schießwütige Cowboys oder Banküberfälle

Cowboys und Cowgirls, Westernliebhaber

€€€
€€
€

Westernstadt Pullman City
Ruberting 30
94535 Eging am See
Tel.: 08544 97490
www.pullmancity.de

wurde von Anfang an bewusst verzichtet. Nach und nach kamen neue Programmpunkte hinzu, wie z. B. der Rockabilly Rumble Contest, die Rockabilly Convention, das Country Music Festival, das Quad-Treffen und die Wild West Games. Auch gibt es einen Adventure Trail und einen Niederseilgarten mit Möglichkeiten zum Balancieren, Hangeln und Klettern. An den Wochenenden und in den Schulferien werden im Kids Club Indianertrommeln gebastelt und Fackelwanderungen unternommen.

Burger, Bikes und Bisonbier

Übernachten kann man übrigens auch direkt vor Ort. Wie wäre es zum Beispiel mit einer Nacht in einer urigen Blockhütte? Diese sind im Gegensatz zum Original mit Fußbodenheizung ausgestattet und haben eine Terrasse, auf der man ein echtes Lagerfeuer anzünden kann. Nobler geht es im „Palace Hotel" zu: Von den Zimmern und Suiten schaut man hier – wie sonst? – auf das Treiben der Main Street und sieht gewöhnlich viele Stetsons von oben. Im Hotel „La Hacienda" herrscht mexikanisches Flair. Es gibt einen Patio, einen Innenhof mit Brunnen, bunte Wandverzierungen und Torbögen. Kaum überschaubar ist die Anzahl der Saloons, in denen man essen oder einfach bei einem Drink die Atmosphäre genießen kann. Da wäre die „Music and Dance Hall", die Platz für 600 Gäste bietet. Hier gibt es Workshops für Line Dance und Two-Step. Country Musik erklingt hier täglich. Auch bayrische Weiß-würste sind hier erhältlich – vielleicht nicht ganz stilecht, aber unheimlich lecker. Karnivoren besuchen am besten den „Black Bison Saloon", ein rustikales Restaurant,

01 |

02 |

03 |

01 | Übernachten in einer Blockhütte
02 | Palace Hotel
03 | Music & Dance Hall
04 | Cantina Mexicana
05 | Main Street bei Nacht
06 | Hudson Bay Taverne
07 | Goldwaschen

Weitere Westernstädte
www.eldorado-templin.de
www.pullmancityharz.de

04 |

05 |

in dem Petroleumlampen von der Decke hängen. Mexikanisches Essen servieren adrett gekleidete Kellnerinnen in der „Cantina Mexicana“ – Tortillas, Tacos, Enchiladas und mehr. Dann wäre da noch die Südstaaten-Küche im „Scarlett's“, Steaks im „Rodeo Steakhouse“, Cocktails und Billard an der „Pinacolada Bar“ oder die „Hudson Bay Taverne“.

Geschäfte und Einkaufsmöglichkeiten gibt es natürlich auch, ob für Cowboystiefel, indianische Lederröcke, Gürtel, Old-West-Kleidung, Stetson-Hüte, Pferdehalfter oder Hemden. Auch Traumfänger und Waffenreplikate werden verkauft. Im „Pueblo House“ wird Schmuck verkauft, der aus indianischen Reservaten stammt. Nebenan im „Mandan-Erdhaus“ erfahren Besucher mehr über die Kultur der Indianer. Die sogar leibhaftig anwesend sind – in Gestalt des Halbblut-Cheyenne-Indianers Hunting Wolf. Der Jahreskalender in Pullman City ist dicht gefüllt mit Terminen. Die reichen vom Boogie-Woogie-Kurs über das Country Weekend bis zum Pullman-Hexentreffen. Sogar ein Bluegrass- und Campfire-Weekend im August wird veranstaltet. Im Eintrittspreis enthalten sind außerdem Karl-May-Spiele, eine American History Show, eine Wild-West-Show, ein Vortrag über indianische Kultur und Mythologie von Hunting Wolf, eine Comedy-Zaubershow und ein Wild-West-Spektakel von Lucky Mike.

06 |

07 |

EINE GROSSE GEMEINSCHAFT PROBT NACHHALTIGES LEBEN

Mitten im Schwabenländle, zwischen Nürnberg und Heilbronn, liegt das Ökodorf Schloss Tempelhof.

Wer ein Schloss mit Erkern und Türmchen erwartet, liegt hier falsch. Schloss Tempelhof ist ein alter Adelssitz, um den sich verschiedene Häuser gruppieren. Nach dem Zweiten Weltkrieg wurde es zunächst als Altersheim genutzt, bis 2006 dann als Einrichtung für Behinderte. 2010 kauften die heutigen Bewohner das leer stehende Dorf und gestalteten es nach ihren Vorstellungen. 1,5 Millionen Euro soll das gekostet haben. In Tempelhof treffen die verschiedensten Charaktere aufeinander: Da sind Ärzte, Handwerker, Müllvermeider, Buddhisten und ehemalige Katholiken. Dogmatisch ist man in Tempelhof nicht, jeder wird so akzeptiert, wie er ist. Akkurat gemähte Vorgärten, wie sonst in Schwaben üblich, gibt es hier nicht. Stattdessen Hängematten, zwischen Bäumen gespannt, bunte Jurten, und alte Badewannen, die nun als Open-Air-Planschbecken dienen.

Ein anderes Verständnis von Privateigentum zeigt sich schon in den Wohnungsgrößen der Bewohner. Sie messen nur rund die Hälfte

Ökologisch nachhaltig lebende Menschen, Kontaktsuchende

€€€
€€
€

Schloss Tempelhof e.V.
Tempelhof 3
74594 Kreßberg
Tel. 07957 9239030
www.schloss-tempelhof.de

der Wohnfläche des durchschnittlichen deutschen Haushaltes. Man setzt die Prioritäten anders: In Tempelhof gibt es einen großen Gemeinschaftsraum, der von allen Bewohnern genutzt werden kann. Vor ein paar Jahren entstand in Tempelhof Deutschlands erstes Earthship, vom Amerikaner Michael Reynolds entworfen. Das „Erdschiff" ist komplett aus recycelten Materialien errichtet und hat eine Küche, ein Wohnzimmer und Bad. Der Clou dabei ist, dass dieses futuristische Häuschen selber seinen Strom produziert, sein Wasser liefert, sich selbst heizt und seinen Abfall wiederverwertet. Man könnte es als Prototyp des nachhaltigen Wohnhauses bezeichnen. Das Earthship hat eine Grundfläche von 170 Quadratmetern und Platz für 25 Menschen. In Tempelhof werden auch Dinge für den Export produziert: Die Firma Mowo Tempelhof fertigt mobile Bauten und Zirkuswagen, alle mit viel Holz. Auch eine Bäckerei, eine Imkerei, eine Schreinerei und eine Schlosserei beherbergt das Dorf.

Die rund 145 Bewohner betreiben sogar eine Freie Schule, die von rund 80 Schülern besucht wird. Der Unterricht geht hier entspannter von dannen als in staatlichen Schulen. Die Schüler sind frei dabei, ihren selbst gewählten Lernweg zu gestalten. Desweiteren gibt es einen Waldkindergarten, einen Seminarbetrieb mit Gästehaus, eine Gärtnerei und eine Landwirtschaft.

Deren Früchte werden in der Kantine täglich frisch verarbeitet. Entscheidungen werden, wie es sich für eine echte Gemeinschaft gehört, im Konsenz gefällt. Sektenbildung liegt den Bewohnern jedoch fern. Die Menschen kommen aus unterschiedlichen spirituellen Traditionen und respektieren sich gegenseitig.

Zum ersten Hineinschnuppern bietet sich das SchlossCafé an. Hier gibt es Bio-Kaffee und selbst gebackenen Kuchen, auch vegan. Wer tiefer einsteigen will, kann in Tempelhof ein Praktikum absolvieren, zum Beispiel im Bereich Permakultur. Auch bezahlte Jobs sind hin und wieder zu vergeben. An einigen Wochenenden werden Kennenlernwochenenden angeboten. Gäste wohnen im Altbau mit hohen Räumen, insgesamt gibt es 50 Betten. Dreimal pro Jahr gibt es zusätzlich Gemeinschaftserfahrungswochen.

68

Hotel Ritter Durbach

MIT DEM OLDIE DURCH DEN SCHWARZWALD

Blankpoliert stehen sie in der Garage des Hauses: Die Ente Paulette, der Porsche Dean, der Austin Jackie und der Bus Willi.

Wer die geschwungenen Formen und die individuelle Ausstrahlung alter Fahrzeuge mag, wird sich schnell für diese Autos begeistern und versteht, warum sie einem schnell ans Herz wachsen.

Wer sich mit der Frage beschäftigt, sich selbst so ein Schätzchen zuzulegen, der kann gleich zwei Fliegen mit einer Klappe schlagen: ein Wochenende in einem sehr guten Hotel verbringen, gekrönt von einer Testfahrt mit einem besonderen Wagen. Entsprechende Pakete sind von der Leitung des Hotel Ritter in Durbach, selbst natürlich glühende Oldtimerfans, geschnürt.

Die Ente, Baujahr 1976, hat 27 PS. Da muss man in der hügeligen Landschaft gut 50 Kilometer nördlich von Freiburg schon ordentlich aufs Gaspedal drücken, um bergauf zu kom-

Liebhaber alter Autos

€€€

€€

€

Hotel Ritter Durbach
Tal 1
77770 Durbach
Tel. 0781 93230
www.ritter-durbach.de

men. Mit dem Porsche 356 aus dem Jahr 1966 ist das etwas anderes, hier schlummern immerhin 84 PS unter der Haube. Das Motorengeräusch ist markant, mit dem offenen Verdeck und der beigefarbenen Lackierung fällt man mit diesem Wagen in den kleinen Dörfern der Gegend schnell auf. Der Porsche ist allerdings eine Replica. Im Gegensatz zu den „echten" Sportwagen, die schnell mal 200.000 bis 400.000 Euro kosten können, liegt diese mit Gebrauchtpreisen zwischen 30.000 und 50.000 Euro vergleichsweise günstig. 1000 Euro Kaution muss jeder Mieter dennoch an der Hotelrezeption hinterlegen, man geht auf Nummer

01 | Am Steuer eines Vintage-Porsche
02 | Hotel Ritter in Durbach

sicher. Außerdem sind Ersatzteile für Oldtimer eben ungleich teurer als für Neuwagen.

Roadbook statt Navi

Jeder Fahrer erhält ein „Roadbook" mit Routenvorschlägen für die Gegend. Das ist sinnvoll, denn ein modernes Navi lässt sich in dem Porsche nicht anschließen, auch einen Zigarettenanzünder gibt es nicht. Als erster Haltepunkt in der näheren Umgebung bietet sich Gengenbach an, eine romantische Kleinstadt mit vielen Fachwerkhäusern, die schon von diversen TV-Teams als Drehort genutzt wurde. Von hier führen ruhige kleine Landstraßen in die Höhen des Schwarzwaldes. Wer möchte, kann sich vom Hotel Ritter einen gefüllten Picknickkorb mitgeben lassen, um dann in aller Ruhe eine Pause in guter Schwarzwaldluft zu genießen.

In Durbach ist die Auswahl an Restaurants sehr klein; empfehlenswert ist aber in jedem Fall die „Linde". Natürlich kann man es sich auch in einem der drei Restaurants des Hotels Ritter schmecken lassen. Am stimmungsvollsten ist die „Ritterstube". Das Interieur ist rund 150 Jahre alt, der Gastraum ist vom Boden bis zur Decke mit Holz ausgekleidet. Das Stubenmenü mixt regionale Speisen mit Spezialitäten aus fernen Ländern.

01 |

Das Hotel selbst geht sogar auf das Jahr 1656 zurück. Mit den Anbauten hat das Haus für ein kleines Dorf wie Durbach riesige Dimensionen, denn es verfügt über 87 Zimmer. Auch ein großes Spa ist vorhanden und lädt zum Entspannen ein.

01 | 02 | Gengenbach
03 | Durbach
04 | Ritterstube im Hotel Ritter

BETEN IN BETBERG

Ein Winzerdörfchen im Markgräflerland ist der Sitz dieses Refugiums für gestresste Menschen, die ein paar Tage oder Wochen Stille suchen und dem Alltagsstress entfliehen möchten.

Rundherum schaut man auf Weinberge; in der Ferne liegen Schwarzwald, Vogesen und die Rheinebene. Der Wein begegnet einem in Betberg überall, auch viele Straßennamen sind nach Weinsorten benannt.

Beten hat in Betberg, einem Ortsteil der Gemeinde Buggingen, Tradition: Schon die frühen Christen haben hier eine Kapelle errichtet. Die Betreiber des Hauses laden die Gäste zum Schweigen ein. Denn Schweigen, so versprechen sie, führt zur inneren Sammlung, zum achtsamen Hören und zum Wahrnehmen der Bewegungen Gottes. Beim reinen Schweigen bleibt es allerdings nicht. Den Gästen werden Kurse angeboten, die von Pfarrer Hanspeter Wolfsberger und Pfarrerin Evelyn Hauser geleitet werden. Der Rahmen ist überschaubar: Es gibt insgesamt 12 Zimmer, wovon 8 Einzel-

Alle,
die innere Einkehr suchen

€€€
€€
€

Haus der Besinnung
Noblingstr. 4
79426 Buggingen-Betberg
Tel. 07634 504911
www.betberg.de

zimmer sind. Das Haus der Besinnung ist jedoch kein Hotel im klassischen Sinn, sondern vielmehr eine Unterkunft für Gäste, die mit anfassen und auf der Suche nach innerer und göttlicher Ruhe sind. Bettwäsche und Handtücher sollten die Gäste, wenn möglich, selbst mitbringen – sie können aber auch vor Ort geliehen werden. Von den Zimmern blickt man auf die Weite des Tales und der Berge im Hin-

tergrund. Dies öffne die Seele, haben schon so manche Gäste erfahren. Wenn jemand hier Gast sein will, muss er sich darauf einstellen, dass die Tage weitgehend im Schweigen verlaufen. Die Zimmer sind klösterlich streng eingerichtet, ein Kreuz hängt an der Wand. Die Gebetszeiten sind um 8 Uhr morgens, 12 Uhr mittags und 19 Uhr abends. „Leben heißt nicht, diese oder jene Übung zu machen. Sondern von Herzen einzuwilligen, in der großen Hand Gottes daheim und aufgehoben zu sein", so führen es die Betreiber aus. Über das Jahr verteilt werden verschiedene Seminare angeboten. Die Schweigetage haben immer ein bestimmtes Thema und werden durch biblische Impulse unterstützt. Zwischendurch gibt es dabei viel Zeit zum eigenen Beten. Ein Thema sind z. B. die letzten Worte Jesus am Kreuz, „Vater, ich befehle meinen Geist in deine Hände!" Sie zeugen von seinem Vertrauen zum Vater. Andere Themen lauten „All mein Sehnen, Herr, liegt in offen vor dir" oder der Satz von J. Klepper: „Sieh an, was dir heut widerfährt, heut, da dein Heiland eingekehrt, dich wieder heimzubringen auf adlerstarken Schwingen."

Bei den Stillen Tagen geht es ähnlich zu wie bei den Schweigetagen, nur wird nicht durchgängig geschwiegen. Diese Tage sind gedacht

für Menschen, die mit dem Schweigen noch nicht so vertraut sind. Auch sie haben Bibelzitate zum Thema, z. B.: „Wie tief muss Gottes Liebe sein, er liebt uns ohne Maßen, hat seinen Sohn an unsrer Statt für alles büßen lassen." Die eintägigen Oasentage sind gedacht für Menschen, die erstmals in eine Auszeit hineinschnuppern möchten. An diesen Tagen gibt es auch die Möglichkeit für Einzelgespräche. Ora et Labora-Tage dauern eine Woche und sie sollen dabei helfen, der beständigen inneren Ausrichtung auf Gott ein wenig näher zu kommen.

In Betberg ist die Betberger Kirche sehenswert, sie wurde um 700 erbaut. Wer eine Stippvisite auf einen Café au Lait in Frankreich machen möchte, hat es nicht weit: Nach Blodelsheim auf der anderen Rheinseite sind es von Betberg mit dem Auto nur 20 Kilometer.

ZURÜCK INS MITTELALTER

Eine Reise ins Mittelalter kann man im badischen Ort Meßkirch unternehmen – und zwar nicht als passiver Beobachter, sondern aktiv mit beiden Händen!

Die „Mittelalter-Baustelle", wenn man sie so nennen will, befindet sich knapp sechs Kilometer außerhalb des baden-württembergischen Ortes Meßkirch. Nach einem strengen Bauplan aus dem Jahr 830 werden hier Bauten aus dem Mittelalter errichtet. Es ist der Plan des Klosters Sankt Gallen – tatsächlich der älteste Bauplan aus dem Mittelalter, der bis heute erhalten ist. Er liegt in der Stiftsbibliothek St. Gallen. Auf ihm sind auf fünf Pergamentblättern insgesamt 52 Gebäude verzeichnet – der nächstjüngere Bauplan, der erhalten ist, ist der Bauplan des Klosters Christchurch in Canterbury aus dem 12. Jahrhundert. Der Bauplan von St. Gallen verrät Details über Lage, Größe und Funktion der Gebäude. Sogar die Inneneinrichtung wie Betten, Tische und anderes ist auf den Plänen eingezeichnet. Ein kleiner Stamm an festen Mitarbeitern sorgt dafür, dass die Arbeit vorangeht. Wer sich erst einmal einen Über-

Historiker,
Handwerker,
Menschen, die zupackend sind

€€€
€€
€

Campus Galli
Hauptstr. 25–27
88605 Meßkirch
Tel. 07575 20647
www.campus-galli.de

blick über die Baustelle verschaffen möchte, kann einen Rundgang buchen. Er dauert zwei Stunden lang und führt zu allen Gebäuden. Die Holzkirche wurde 2014 begonnen, inzwischen ist das Dach fertig und die Wände sind

01 | Holzkirche im Herbst
02 | Der Rohbau der Holzkirche mit Stangengerüst und mittelalterlichem Kran
03 | Holzarbeiten am Zaun des Gemüsegartens

geschlossen. Wer aber nicht nur schauen, sondern auch tatkräftig mit anfassen möchte, kann ehrenamtlich als Bauarbeiter anfangen – Hilfe wird hier schließlich überall benötigt, allerdings sollte man körperlich fit und mindestens 16 Jahre alt sein. Auf dem Campus Galli hält man sich so gut es geht von der modernen Zivilisation fern und verzichtet auf Handy und Plastikflaschen. Wasser wird hier stilecht aus dem Tonkrug getrunken, die Uhrzeit nach dem Sonnenstand geschätzt. Zur Mittagspause schlägt die Tabula. Dafür erlernt man alte Handwerkstechniken und kommt in Berührung mit Naturmaterialien. Interessant ist diese Arbeit auch für Handwerker, die auf diese Art und Weise zu den Wurzeln ihres Berufsstandes zurückkehren können. Gearbeitet wird präzise und in Ruhe, ohne jeglichen Zeitdruck. Die Auswahl der Tätigkeiten ist umfassend: Es wird mit Holz gearbeitet, Steine müssen behauen, Körbe geflochten oder Seile fabriziert werden. Auch auf dem Acker wird Hilfe benötigt. In der historischen Schmiede hört man täglich das Schlagen des Hammers auf den Amboss. Ihr Schornstein raucht, er besteht aus Weidengeflecht mit Lehmbewurf.

Auf dem Campus Galli werden aber nicht nur die Häuser gebaut, auch landwirtschaftliche Tätigkeiten sind Teil des Projektes – die Heuernte mit der Sense verlangte im Hitzesommer 2019 den Beteiligten einiges ab.

Dass die historische Baustelle fasziniert, beweisen über 91.000 Besucher, die sie allein im Jahr 2019 in Augenschein genommen haben.

Privatzimmer in der Nähe der Baustelle gibt es reichlich zu moderaten Preisen.

ZU GAST BEI RITTERSLEUTEN UND BURGFRÄULEINS

Die alten Rittersleut im baden-württembergischen Kanzach.

Auf einer Zeitreise ins 14. Jahrhundert kann man sie besuchen.

Kanzach zeigt einen Nachbau der Lebenswelt einer niederadligen Familie zu Beginn des Spätmittelalters. Die Bachritterburg liegt auf einem kleinen Hügel, das nennt man Motte. Auf dem Schlößlesberg gegenüber befand sich die ursprüngliche Burg des Bachritters.

Als erstes fällt hier der dicke hölzerne Turm ins Auge, denn tatsächlich wurden Burgen von Niederadligen zu jener Zeit oft aus Holz gebaut. Der Nachbau fand unter strenger wissenschaftlicher Aufsicht des Mittelalterarchäologen Tilman Mittelstraß und nach den Grabungsbefunden des hölzernen Wohnturmes in Eschelbronn im Kraichgau statt. 2001 begann man mit den Bauarbeiten, die rund ein Jahr dauerten. Drei Jahre später wurde dann die komplette Anlage eingeweiht, die vom Archäologen Karl Banghard jun. entwickelt wurde. Eingeflossen sind dabei Erkenntnisse der südwestdeutschen Hausforschung zum mittelalterlichen Fachwerkbau. Jeder Raum der Burg wurde so eingerichtet, dass der letzte Bachritter mit seiner Familie und seinem Gesinde jeden Moment wieder zur Tür hereinkommen könnte. Die

Rittersleut, Geschichts- und Schauspielinteressierte

Bachritterburg Kanzach
Riedlingerstr. 12
88422 Kanzach
Tel. 07582 930440
www.bachritterburg.de

brannte bereits 1392 ab und wurde nicht wiederaufgebaut, das Gelände mit dem Dorf nach vielen Besitzerwechseln 1806 vom Herzog von Württemberg übernommen.

Geschichte zum Anfassen

Neben dem Wohnturm gibt es einige Gebäude mit spitzen Dächern, die ab und zu als Kulisse von Living-History-Gruppen genutzt werden. Eine von ihnen ist die Evocatio Hunoli, die es sich zum Ziel gemacht hat, den Haushalt des Nikolaus II. Vogt von Hunolstein zwischen 1280 und 1310 darzustellen. Dabei tragen die Darsteller Kleidung und Ausstattung der damaligen Zeit, doch auch Situationen des Alltagslebens, des Handwerks, der Handarbeit, des Kochens und der Bewaffnung werden nachgestellt. Ein anderer Verein, die Reisecen, hat sich dem Hochmittelalter zwischen 1220 und 1250 verschrieben und beschäftigt sich mit den alltäglichen Anforderungen, Sorgen und Freuden der Menschen jener Zeit schauspielend.

Auch die Familie Swevia, die aus der Nähe von Waiblingen kommt, ist häufig auf der Burg zu Gast. Sie hat es sich zur Aufgabe gemacht, die Zeit von 1200 bis 1210 in Form eines schwäbischen Ministerialen und seiner Familie detailgetreu und lebendig darzustellen. Da wird Keramik nachproduziert und Textilien werden mit pflanzengefärbten Stoffen mit Nadel und Faden von Hand genäht. Aus Österreich kommt die IG 14. Jahrhundert. Es ist ein Verband von Living-History-Darstellern, die das Alltagsleben der einfachen Bürger und Handwerker im 14. Jahrhundert nachstellen. Wem die Idee gefällt – neue Teilnehmer sind immer willkommen, ob Adelsdame, Ritter, Knecht, Magd, Kaufmann oder Handwerker. Für Schulklassen, die das Museum besichtigen, gibt es eine Reihe museumspädagogischer Angebote. Auch eine Burgschänke ist vorhanden, die immer am Wochenende geöffnet ist. Jeden Sonntag um 14 Uhr findet eine kostenlose Führung statt. Auf dem Programm stehen das ganze Jahr über Veranstaltungen wie Konzerte, Treffen von Jongleuren, Fechtworkshops, Burgbelebung oder Modenschauen. Im nahen Bad Buchau und Bad Saulgau gibt es mehrere Gasthöfe, Hotels und Pensionen.

Kennzeichen der Bachritter ist ein rotes Schild mit drei weißen Wolfsangeln in der Mitte. Dieser Doppelhaken wurde früher zur Wolfsjagd verwendet. Urkundlich erwähnt wurden die Bachritter erstmals im 12. Jahrhundert als die Herren von Kanzach.

FERIEN IN EINER BILDERBUCHLANDSCHAFT

Nördlich des Staffelsees,

rund 75 Kilometer von München entfernt,

liegt Gut Grasleiten.

Mit waldigen Hügeln, saftigen Wiesen und traditionellen Bauernhöfen ist die bayrische Welt hier noch in Ordnung. Natürlich pflegt man Traditionen, und die sind auf Gut Grasleiten schon sehr alt. Das Gut im Pfaffenwinkel wurde im Jahr 1277 erstmals erwähnt. 1735 wurde hier auch eine Kapelle erbaut, die Kirche Heiligkreuz. Sie steht heute noch. Zum Hof gehören 120 Hektar Land, also eine ganze Menge. Der Großteil davon sind Wiesen und Weiden, daneben gibt es Wald und einige Teiche. Bereits seit sechs Generationen wird Grasleiten von der Familie Schmid bewirtschaftet. Sie entschied sich 1989, auf bio umzustellen. Im Stall stehen rund 40 Mutterkühe mit Kälbern, außerdem 50 Mastrinder. Die Kühe finden im Sommer rund um den Hof vorzügliche Nahrung auf den Wiesen. Im Winter widmet sich Familie Schmid dem Wald. Das Holz wird zum Teil als Bauholz verkauft, Fichtenholz wird zu Rundholzprodukten verarbeitet. Rundholzprodukte sind zum Beispiel Pfähle, Zaunlatten, Bohnenstangen oder Hackschnitzel für den Kamin. Auch auf dem Hof wurde heimisches Holz zum Bau ver-

Familien

€€€
€€
€

Gut Grasleiten
Grasleiten 1
82386 Huglfing
Tel. 08802 261
www.grasleiten.de

Gut Grasleiten

wendet, dafür erhielt Grasleiten sogar 2006 eine Auszeichnung im Bundeswettbewerb „Bauen mit Holz". In der Saison sind die Schmids mit der Schrotflinte unterwegs, die Jagdbeute kommt anschließend auf die Teller. Auch frischen Fisch gibt es auf Grasleiten, nämlich Forellen aus dem Löschteich. Die Forellen können geräuchert oder abends über dem Lagerfeuer gegrillt werden. Wer einen gültigen Angelschein hat, kann auch selber die Angel auswerfen. Im Sommer darf im Löschteich gebadet werden. Auch ein Floß steht hier für die kleinen Piraten bereit. Am Bach kann ein Staudamm gebaut werden.

Besonders Familien mit Kindern schätzen den Aufenthalt auf Grasleiten. Die Kinder können erleben, wie mühsam es ist, gute Lebensmittel zu erzeugen, aber auch, welchen Spaß das Leben mit Tieren in der Natur mit sich bringt. Die Peter Maffay Stiftung ermöglicht es des Öfteren Gruppen traumatisierter Kinder aus ganz Deutschland nach Grasleiten zu kommen. Für Regentage steht die „Villa Kunterbunt" bereit, dort gibt es eine Kletterwand, Schaukeln, Bobbycars, Spiele und Rutschen. Und eine echte Strohburg, in deren Geheimgang man verstecken spielen kann. Für die Kids werden auch Waldtouren veranstaltet, bei denen Höhlen gebaut, Pfeil und Bogen fabriziert oder Pilze und Heidelbeeren gesammelt werden. Ein bisschen Geduld muss man haben, wenn man auf den Wildstand geht und in der Dämmerung darauf wartet, Rehe zu Gesicht zu bekommen. Die Ferienwohnungen auf Grasleiten sind geräumig und im bayrischen Stil mit viel Holz eingerichtet. Ein bisschen Luxus ist auch mit dabei: So gibt es neben einer Sauna auch Massagen. Und wer nett zum Bauern ist, den lässt er ausnahmsweise auch mal auf dem Traktor mitfahren!

NACHHALTIGES WOHNEN IM HERRSCHAFTLICHEN ANWESEN

Zum Ufer des Starnberger Sees ist es von hier nur ein Kilometer Fußweg – der Aufenthalt im Schlossgut Oberambach lohnt sich nicht nur im Sommer, sondern auch im Winter und ganz besonders bei Schnee.

Das Schlossgut, das 1476 erstmals urkundlich erwähnt wurde, liegt in einer Bilderbuchlandschaft mit Alpenpanorama, Blick auf den See und einer weitläufigen Parkanlage. Es hat eine interessante Geschichte: Anfang des 20. Jahrhunderts war der Besitzer ein gewisser Baron von Kleydorff. Er machte das Gut zu einem Treffpunkt von Künstlern, Literaten und Freidenkern, unter anderem der „Blauen Reiter".

1991 hat die Familie Schwabe das Anwesen erworben und baubiologisch saniert. Eine rundum ökologische Ausrichtung war das Ziel,

Naturfreunde, ökologisch nachhaltig lebende Menschen

€€€
€€
€

Schlossgut Oberambach
Oberambach 1
82541 Münsing
Tel. 08177 9323
www.schlossgut.de

um das Gute mit dem Schönen zu verbinden. Das traditionell gebaute Haus mit seinen grünen Fensterläden, Erkern, Dachgauben und Türmchen zeugt von traditionell bayrischer Baukultur. Umgeben ist das Gut von 50 Hektar Wald – viel Platz also für gesunde Waldspaziergänge. Im Schlosspark gibt es einen Naturbadeteich und einen Feng-Shui-Wasserfall, der Vitalität und Energie in die Umgebung abgeben soll. In der Küche wird mit 100% biologischen Zutaten gekocht, auch die Getränke und Weine stammen aus biologischem Anbau. Die Zutaten für das Essen liefern Erzeuger aus der Region: Das Fleisch kommt vom Bio-Metzger Pichler aus Geretsried, das Bier von Lammsbräu, der Joghurt von den Milchwerken Berchtesgadener Land, die Semmeln von der Demeter-Bäckerei Steingraber.

Die Zimmer sind elektrosmogfrei konzipiert und werden zwischendurch nur auf Wunsch der Gäste gereinigt – und dann auch nur mit Bio-Reinigungsmitteln. Ausgebaut wurden sie mit baubiologischen Stoffen, ausgestattet mit Vollholzmöbeln und geölten Holzböden. Die Wandheizung ist allergikerfreundlich und unsichtbar. Die Heizung arbeitet mit Hackschnitzeln, das Holz stammt dabei aus dem eigenen Wald. Das Haus verwendet nur Ökostrom, die Toiletten werden mit Regenwasser gespült. Mit der nachhaltigen Bewirtschaftung will die Hoteliersfamilie dafür sorgen, die

Landschaft rund um den Starnberger See zu erhalten. Die Energieversorgung erfolgt über nachwachsende Rohstoffe, und das Hotel ist zertifiziertes Mitglied der Biohotels Deutschland. Die Liebe zur Natur liegt der Familie übrigens im Blut: Der Urgroßvater des heutigen Besitzers Andreas Schwabe war der Apotheker und Geheimrat Dr. Wilmar Schwabe. Er gründete in Leipzig 1866 die erste Homöopathiefirma der Welt, die es übrigens auch heute noch gibt – die Dr. Wilmar Schwabe GmbH & Co. KG in Karlsruhe. Das Schlossgut ist ferner Mitglied bei vielen Umweltverbänden, u. a. bei Foodwatch, Greenpeace, NABU, UNICEF und dem Bund der Energieverbraucher. Im Garten des Schlossgutes summen fünf Bienenvölker. Sogar einen eigenen Biergarten gibt es, den Kraft-Biergarten. Jeden Donnerstag gibt es hier ein Grillbüfett, ausgeschenkt wird hier das Haderner Bräu aus München.

Der Wellnessbereich ist eher minimalistisch gehalten mit Sauna, Dampfbad und verschiedenen Behandlungen. Ein Ruhebereich an der frischen Luft fehlt hier. Die Ausflugsziele ringsherum sind dagegen reichlich: vom Schloss Neuschwanstein, der Zugspitzregion, der Votivkapelle, der Roseninsel, dem Freilichtmuseum Glentleiten bis zum Kloster Andechs gibt es in der Umgebung jede Menge zu sehen. Und auch München ist gerade einmal rund 30 Kilometer entfernt.

74

Yogahaus Samvit

YOGAPRAXIS IM LUFTKURORT

Wunderschön gelegen auf einer Anhöhe mit großem Garten und Blick auf den Schliersee ist das YOGAHAUS Samvit ein Ort der Begegnung, der Stille und der Einkehr und bietet seinen Gästen viel Raum, um vom Alltag loszulassen und wieder Kraft zu tanken.

Im Haus gibt es die Vorschrift, dass jeder Teilnehmer morgens an der Meditation um 7 Uhr teilnehmen muss und auch an der morgendlichen Yogastunde um 8 Uhr. Wer also einen lockeren Kurzurlaub mit etwas Bewegung sucht, ist hier definitiv falsch. Kopf des Yogahauses ist Bertram, auch Venu Gopala genannt. Er reiste lange durch Indien und Tibet, wo er in verschiedenen Ashrams lebte. Zusätzlich unterrichten die Gastlehrerinnen Walburga Heckmair, Klaudia Wirtz, Suvarna Borgwardt, Sandra Zacherle-Rowley und Beatrix Laad.

Die Region Schliersee ist als heilklimatischer Luftkurort anerkannt. Der Ort liegt in 800 Metern Höhe. Vielleicht mag es einem im ersten Moment befremdlich vorkommen,

Yogis und Yoginis,
Freunde und Interessierte
der yogischen Lebensart

€€€
€€
€

Yogahaus Samvit
Dürnbachstr. 56
83727 Schliersee
Tel. 08026 920781
www.yogahaus.org

vor einem typisch bayrischen Haus mit Holzbalkonen und hölzernen Fensterläden in typisch bayrischer Umgebung eine hölzerne Statue der Gottheit Shiva vorzufinden. Doch warum nicht? Yoga kann man schließlich nicht nur in Indien praktizieren. Auf der grünen Wiese hinter dem Haus gibt es eine große Plattform aus Holz, auf der die Yogastunden bei gutem Wetter stattfinden. Bei schlechtem Wetter gibt

es einen großen Yogaraum im Haus. Im Preis enthalten sind nicht nur die morgendlichen Meditations- und Yogaeinheiten, sondern auch eine Abendmeditation, zwei Mahlzeiten am Tag mit Vollwertkost auf biologisch-vegetarischer Basis, ein Vortrag, und zwei Yoga Asana-Stunden, wobei die Stunde hier 90 Minuten dauert. Auch Tee ist den ganzen Tag über kostenlos erhältlich. Gelehrt wird hier Hatha-Yoga nach der von Swami Sivananda entwickelten Rishikesh-Reihe. Zusätzlich zu den Asanas wird das Pranayama gelehrt, die Lehre der Zusammen-

führung von Körper und Geist durch Atemtechniken und -übungen. So sollen aus Konzentration und Ausdauer Hingabe und Stille erwachsen. Gegen 11 Uhr vormittags wird das Yoga-Programm unterbrochen, dann heißt es: Seva. Eine halbe Stunde werden dann gemeinschaftlich Aufgaben im Haus verrichtet. Um 22 Uhr abends wird die Nachtruhe eingeläutet – tiefer Schlaf ist in dieser ruhigen Umgebung nach der tagtäglichen Verausgabung garantiert. Wer sich noch mehr Gutes tun will, kann auch eine Ayurveda-Behandlung buchen. Ayu bedeutet Leben, und Veda bedeutet Wissen. Ayurveda-Ölmassagen sollen für mehr Vitalität, der Vorbeugung vor Krankheiten und für eine Belebung der Sinne sorgen. Wer möchte, kann im Yogahaus auch Yogakleidung kaufen, die von Bertram Mück selbst entworfen wurde. Sein Label nennt sich Vapus und steht für biologische, zertifizierte Yoga-Kleidung. Nicht nur die Baumwolle ist bio, auch Farbe, Garn, Waschung und Verpackung.

Bayrische Gemütlichkeit – natürlich Bio!

Eine verträumte Landschaft mit Wiesen, Wäldern, Hügeln, kleinen Dörfern – und nur 30 Kilometer von München entfernt?

Die gibt es, und genau hier, auf einer der wenigen historischen Rodungsinseln der Region, liegt das Gut Sonnenhausen mit einer Größe von 25 Hektar. Schon im Mittelalter gab es hier ein kleines, burgähnliches Schlösschen. Im 19. Jahrhundert wurde das Gut, wie es sich heute darstellt, im oberbayrischen Stil erbaut. 1900, als Baron Adolf von Büsing-Orville aus Regensburg Sonnenhausen kaufte, wurde es zum Gestüt ausgebaut, um Jagdpferde zu züchten. Dabei wurde es im Stil der Zeit umgebaut, diesmal im historisch-europäischen Baustil. Im Detail findet sich eine Menge Jugendstil, geschnitzte Holzgauben und Vordächer. Der Erbauer, von Büsing-Orville, war mit Schnupftabak reich geworden und nicht mehr an dem Gut interessiert. So übernahmen die Schwestern vom Guten Hirten aus München das Haus.

Großstädter,
Naturfreunde,
Selbermacher

€€€
€€
€

Gut Sonnenhausen
Sonnenhausen 2
85625 Glonn
Tel. 08093 57770
www.sonnenhausen.de

Bis in die 1960er-Jahre hielten die Klosterschwestern Milchvieh, erst in den 1970er-Jahren zogen wieder Reiter ein. Vor und während der Olympiade 1972 wurden hier Pferde untergebracht, außerdem wurde das Anwesen zum Training genutzt.

1985 erwarb schließlich die Familie Schweisfurth das Gut. Sie betreibt es noch heute und hat es zu einem Zentrum für regionale

Lebensmittelwirtschaft auf ökologischer Basis aufgebaut. Tatsächlich hatte Sonnenhausen damals die erste Vollkorn-Natursauerteig-Bäckerei Bayerns! In den Gewölbekellern wurden Reiferäume für Käse angelegt, und dort, wo heute das Restaurant ist, gab es einmal eine Ur-Schnapsbrennerei. Die Zimmer sind ökologisch hergerichtet, mit alten Balken, neuen Vollholz-Möbeln und wertvollen Bildern an den Wänden. Warme Farben dominieren, die Einrichtung ist bewusst auf das Wesentliche reduziert. Das Konzept ist bodenständig, überflüssigen Design-Schnickschnack wird man hier nicht finden. Insgesamt gibt es 98 Betten, sie befinden sich im Gut Sonnenhausen und im neuen Bauernhaus Sonnenhausen. Die Bettwäsche ist aus Biobaumwolle, die Matratzen aus Naturlatex. Minibar und Fernseher gibt es zwar nicht, doch dafür eine Bibliothek!

Echte Schmankerl und leckere Workshops

Im neuen Bauernhaus schläft man in selbstentworfenen Betten aus Fichtenholz. Die Bauernstube hat eine offene Küche mit Kamin, zum Frühstück werden Brot, Käse, Eier, Wurst,

01 |

Müsli, Säfte, Obst und Gemüse aus biologischem Anbau serviert. In der Umgebung finden sich schöne Spazierwege über Mähwiesen und Koppeln. Ein kleiner, verträumter Waldsee in der Nähe ist der Schuhsee, der nur eineinhalb Kilometer entfernt liegt. Wer sich einen richtigen Biobauernhof anschauen will, sollte einmal zum nahegelegenen Hermannshof wandern. Dort werden regelmäßig Genussführungen oder Workshops wie „Brezn drehen für Kinder“, Muffins backen oder Osternester backen angeboten. Auch ein echtes bayrisches Wirtshaus befindet sich dort, das „Hermannsdorfer Wirtshaus zum Schweinsbräu“, das im urigen Biergarten unter Linden und Kastanien echte Schmankerl serviert.

01 | Große Stube im Bauernhaus
02 | Farmer's Club
03 | Feuerküche
04 | Gästezimmer
05 | Küchengarten
06 | Bibliothek

Immer mittwochs gibt es im Farmer's Club von Gut Sonnenhausen Livemusik und kulinarische Köstlichkeiten aus der offenen Feuerküche!

02 |

03 |

04 |

05 |

06 |

BESINNUNG AUF DAS WESENTLICHE

Das Gemeinschaftswohnprojekt LebensGut Miteinander im hügeligen Mostviertler Voralpenland unweit von Wien bietet Gästen die Möglichkeit, eine Auszeit vom Alltag zu nehmen.

Mit Kindern, Eltern und Großeltern gemeinsam in einem Haus oder auf einem Hof zu leben, war früher normal. Und diese Lebensform hatte durchaus ihre Vorteile. Heute ist es eher selten, dass drei Generationen unter einem Dach wohnen. Einen Teil dieser Tradition möchte der Verein LebensGut Miteinander, der sich 2015 gründete, erhalten. Im niederösterreichischen Rohrbach an der Gölsen spricht man Dialekt und auch Trachten werden hier gerne getragen. In jenem Kraftort können sich Besucher auf das Wesentliche besinnen, nämlich sich selbst und die Natur. Und ihre Wurzeln stärken. Momentan leben hier mit ihren Kindern unter anderem eine Allgemeinmedizinerin, zwei Landwirte, eine Gemüsegärtnerin, eine Naturkosmetikherstellerin und eine Bürokauffrau und Kindergartenpädagogin, ein Kfz-Mechaniker und Versicherungsberater.

Doch im LebensGut leben nicht nur mehrere Generationen zusammen, man arbeitet auch miteinander, zum Beispiel in der biologischen Gemüselandwirtschaft. Diese versorgt das ganze Haus mit Biogemüse. Darüber hinaus konnten Ernteanteile im Rahmen der solidarischen Landwirtschaft an Menschen aus der Region

Ruhesuchende, Fasteninteressierte

€€€
€€
€

Verein LebensGut Miteinander
Prünst 12
A–3163 Rohrbach an der Gölsen
Tel. 0043 (0)664 6214534
www.lebensgutmiteinander.com

vergeben werden. Aktuell produziert die Gärtnerei Gemüse für rund 50 Personen. Daneben wird die Zucht von robusten, biologisch zertifizierten Gemüsepflanzen, Blumen und Kräuterjungpflanzen betrieben. Sie werden ab Hof und auf einigen Märkten verkauft.

Für die tiergestützte Therapie auf dem Gut sorgen Katzen, Hühner, Esel und Laufenten. Das LebensGut plant desweiteren eine reformpädagogische Schule für Kinder der 1. bis 9. Klasse. Die Schule soll sich in enger Kooperation mit dem landwirtschaftlichen Betrieb entfalten. Hier werden noch Pädagogen gesucht, die mithelfen wollen. Start soll frühestens 2023 sein. Auch in der Praxisgemeinschaft, die mit einigen Ärzten besetzt ist, gibt es noch freie Plätze. Besonders Ergotherapeuten, Hebammen und Osteopathen werden gesucht. Das LebensGut hat formidable räumliche Möglichkeiten für Seminare und Workshops. Es gibt zwei große Seminarräume, einen Veranstaltungssaal und einen Kreativraum. Für Gäste stehen acht Zimmer mit Etagenbad und WC zur Verfügung. Die Gästezimmer sind ehemalige Klosterzellen, daher nicht allzu groß. Im Übernachtungspreis ist ein Vital-Frühstück enthalten. Das Essen ist biologisch, vegetarisch, vollwertig und jahreszeitlich orientiert.

Im zertifizierten F.X. Mayr-Zentrum des Gutes werden die Gäste von Sandra Berger, der ärztlichen Leiterin, ganzheitlich medizinisch betreut. Dabei wird der Gast angeleitet, an einer F.X. Mayr-Kur teilzunehmen, deren Prinzipien Schonung, Schulung und Substitution bilden. Sport, Sauerstoff und Seele sind weitere „Mayr-Prevent-Prinzipien", die im Rahmen eines tiergestützten Fasten-Retreats europaweit auf einmalige Art und Weise umgesetzt werden. Eine wichtige Rolle spielen die Therapie-Tiere, die den Gästen dabei helfen, ihre Auszeit rundum zu genießen.

Wer das LebensGut kennenlernen will, kann an einem der Kennenlern-Nachmittage vorbeischauen, die achtmal im Jahr angeboten werden.

Vom LebensGut ist es nicht weit zum Naturpark Föhrenberge, der ein wunderbares Wanderziel ist.

STILLE IM GEBET

Allein der Ortsname Heiligenkreuz deutet auf eine religiöse Vergangenheit des Ortes hin.

Tatsächlich ist die Geschichte des Klosters in Rosental noch nicht allzu lang, denn erst im Jahr 1962 wurde das Kloster der Redemptoristinnen erbaut. Umgeben ist es von ländlich geprägter Umgebung und einzelnen Bauernhöfen. Ab 1974 begann das Kloster auf das wachsende Bedürfnis vieler Christen nach Stille und Meditation zu reagieren und Kurse für Meditation anzubieten. 1978 regte dann der Franziskanermönch P. Eugen Berthold die Gründung eines Meditationshauses an. 1979 zogen die Redemptoristinnen aus, das Kloster hieß von da an Haus der Stille. Es folgte der Bau einer Kapelle und einer Solaranlage, nach und nach entstanden eine Aula, ein Speiseraum, ein Sonnengesangsweg und ein Labyrinth nach dem Vorbild der Kathedrale von Chartres im Garten aus Pflastersteinen. Auch ein Markusweg und ein Ermutigungsweg wurden angelegt.

Einfach leben und viel freie Zeit

Heute lebt hier eine franziskanisch geprägte Gemeinschaft von Frauen und Männern, die die frohe Botschaft von Jesus Christus zu leben versucht. Franz von Assisi ist ihnen ein großes Vorbild. Der Tag ist eingeteilt in drei Gebetszeiten – morgens, mittags und abends sowie

Auszeitbedürftige, Sinnsuchende, religiöse Menschen

€€€
€€
€

Haus der Stille
Friedensplatz 1
A-8081 Heiligenkreuz a.W.
Tel. 0043 (0)3135 82625
www.haus-der-stille.at

eine weitere Stunde der Stille. Diese Einschnitte im Tagesverlauf tragen zur Entschleunigung bei. Was die Gemeinschaft anstrebt: einfach leben, Zeit haben für sich und miteinander, sich in der Verschiedenheit aufeinander einlassen, für Aussprachen zur Verfügung stehen und vielen Menschen die Möglichkeit eines Aufenthaltes im Haus der Stille geben, unabhängig von der Finanzkraft. Besser und größer zu werden, ist dagegen nicht in ihrem Sinn, genauso wenig wie dem Zeitgeist zu verfallen.

Diese Einstellung hat zur Folge, dass die Gästezimmer im Haus der Stille sehr einfach sind, jeder sein Bett selbst macht und auch sein Zimmer selbst putzt. Doch nur wenige scheint

01 | Franziskuskapelle …
02 | … und Statue

01 |

das abzuschrecken, ganz im Gegenteil. Das Haus der Stille ist beliebt – pro Jahr verzeichnen die Betreiber rund 5000 Gästeübernachtungen. Als Einzelgast kann man von zwei Tagen bis einigen Wochen zu Gast sein. Das Kursangebot ist riesig und reicht von offenen Tanzabenden mit Kreistänzen über Wochenendworkshops mit Biografiearbeit und Filzen bis zu Seminaren rund um Themen wie Verlust. Für künstlerisch Interessierte gibt es malende Einkehrtage, für andere, die dem Körper ihres Partners etwas Gutes tun wollen, Aufbaukurse für Partnermassage. Einen weiteren spannenden Schwerpunkt setzt der Workshop „Meditatives Gestalten mit Pflanzen in Anlehnung an Ikebana“, der sich dem Arrangement von Blumen und Pflanzen widmet. Gute Kondition erfordert die Aktivität „Zu Fuß von Gubbio nach Assisi“, bei der auf den Spuren des heiligen Franziskus eine Woche lang gewandert wird, pro Tag etwa sechs Stunden. Im Haus der Stille gibt es einen Laden, der Bücher, CDs, Gebetshocker und andere Devotionalien verkauft.

Wem das Leben im Haus der Stille gefällt und wer zwischen 18 und 35 Jahre alt ist, kann sich entscheiden, ein Jahr lang die Gemeinschaft intensiv mitzuerleben. Das bedeutet ein einfaches Leben, viel freie Zeit, lange Spaziergänge in der Umgebung und Abstand vom Alltag. Das Haus pflegt Kontakte nach Osteuropa und engagiert sich in Sozialprojekten in Rumänien.

Viermal im Jahr bringt das Haus eine kostenlose Zeitschrift heraus, das „echo der stille“ – für alle, die sich auch zu Hause informieren möchten!

02 |

03 |

04 |

05 |

01 | Platz der Trauer
02 | 03 | Haus der Stille
04 | Sonnengesangsweg
05 | Markusweg

TANZEND IN DEN URLAUB

Wer sich das Konzept der Tanzhotels nicht nur anschaut, sondern auch ausprobiert, der fragt sich schnell, warum bisher nicht mehr Hotels diese Nische erkannt haben.

Mit einem Partner zu guter Musik tanzen, vielleicht ein paar neue Schritte lernen und zur Entspannung anschließend runter zum See fahren, um bei schönstem Ausblick ein Glas Wein zu genießen – klingt wie ein Traumurlaub. Das Schöne: Das ist es auch. Nicht weit entfernt von Klagenfurt liegt der Tanzhof am Klopeiner See, dem wärmsten Badesee Österreichs, in der Region Kärnten in 446 Metern Höhe. Zum Strandbad sind es vom Hotel nur zehn Minuten Fußweg. Der Tanzhof bietet ein sehr breit gefächertes Tanzprogramm, das von Standard und Latein über Salsa, Discofox, Kindertanz, Hip-Hop, Showdance, Breakdance und Ballett bis zum Tanzsporttraining reicht. Getanzt wird auf dem Parkett des 210 Quadratmeter großen Panoramasaals – der dank der breiten Fensterfront einen wunderbaren Ausblick garantiert. Eine Spiegelwand hilft bei der richtigen Tanzhaltung. Der „Hühnerstall“ ist ein immerhin 150 Quadratmeter großer Tanzsaal, der zwar keine Hühner, dafür aber ebenfalls ein Tanzparkett und eine Spiegelwand bietet. Einige alte Bauelemente geben diesem

Tänzerinnen und Tänzer
und alle, die es werden wollen

Tanzhof
Oberburg 3
A-9141 Eberndorf
Tel. 0043 (0)699 12599243
www.tanzhof.at

Tanzstudio ein besonderes Flair. Getanzt wird immer in kleinen Gruppen, damit der Fortschritt gewährleistet ist. In entspannter Urlaubsatmosphäre, so verspricht der Inhaber, funktioniere dies leichter als zu Hause und nach dem Stress bei der Arbeit. Wer ein oder zwei Stunden getanzt hat, der sehnt sich anschließend nach Entspannung. Dafür gibt es einen Wohlfühlraum im Erdgeschoss, der mit kuscheligen Möbeln ausgestattet ist. Die Zimmer des Tanzhofes sind hell und mit viel Naturholz im österreichischen Stil eingerichtet. Dem Tanz entgeht man hier auch bei der Einrichtung nicht, denn sogar die Wände sind mit Tanzbildern geschmückt. Vorrangig ist der Tanzhof für Paare gedacht. Mittwochs gibt es aber Dance Latin, dann können Damen und Herren auch allein teilnehmen. Und auch, wer Urlaub machen möchte, aber keinen Tanzpartner an der Seite hat, ist hier herzlich willkommen – das Hotel kann dann einen Partner vermitteln.

Angedacht sind auch Outdoor-Tanzstunden auf dem Steg am Strandbad.

Angebot in ganz Österreich

Das Hotel „Der Kirchenwirt" befindet sich in Tirol. Seit 2006 bietet es Tanzabende und Tanzkurse an. Als Paket lassen sich hier Tanzwochen buchen, die neben Vollpension einen 4-Tage-Tanzkurs mit Standardtänzen enthalten. Dazu gibt es einen täglichen Tanzabend mit Livemusik oder DJ. Zur Entspannung hat das 4-Sterne-Haus eine 800 Quadratmeter große Wellness-Welt mit Hallenbad eingerichtet. Das Haus liegt im Alpbachtal, wo eine Handvoll kleiner Orte den Charme vergangener Zeiten ausstrahlt. Einer davon ist Reith – Europas schönstes Blumendorf.

Auch der Rosenhof liegt in Tirol. Das seit 1984 bestehende Tanzhotel verfügt über einen 140 Quadratmeter großen und auf zwei Seiten komplett verglasten Tanzsaal mit traumhafter Aussicht. Tanzkurse finden hier im Frühjahr und im Herbst statt – die Auswahl dabei ist beachtlich und reicht vom Squaredance und Linedance für Männer und Frauen, Standardtänzen wie Walzer, Slowfox, Quickstep, Samba, Cha-Cha-Cha, Salsa, Jive, Discofox bis zu Merengue und Rumba. Die meisten Angebote sind für Tanzpaare, es gibt aber auch spezielle Kurse für Singles. Das Hotel hat einen 5.000 Quadratmeter großen Garten mit einer eigenen Lounge und einer Liegewiese, ein beheiztes Freibad mit Panorama-Aussicht auf das Kitzbüheler Horn und den Wilden Kaiser, verschiedene Gästezimmer, Ferienwohnungen und Ferienhäuser. Außerdem steht den Gästen ein Wellnessbereich zu Verfügung.

Der Kirchenwirt
Dorf 3
A-6235 Reith im Alpbachtal
Tel. 0043 (0)5337 62648
www.kirchenwirt-tirol.at

Gartenhotel Rosenhof
Kreuzgasse 20–23
A-6372 Oberndorf in Tirol
Tel. 0043 (0)5352 62928
www.rosenhof-tirol.at

01 | 03 | Tanzhof Eberndorf
02 | 04 | 05 | Gartenhotel Rosenhof

79

Almdorf Seinerzeit

HEUBAD UND KRÄUTERKUR IM CHALETDORF

„Ein weltweit einzigartiges Eco-Resort", wirbt das Almdorf Seinerzeit im Biosphärenreservat Nockberge in Kärnten für sich.

Beeindruckend ist allein schon die Größe der Anlage: 51 Chalets der Luxusklasse verteilen sich auf zwei Dörfer. Dabei war nur das Beste gut genug. Die Sennhütte bietet z. B. Platz für zwei Personen und ist ausgestattet mit Zirbenschlafzimmer, Zirbenholzsauna und Kaminfeuer. Das Almhütten-Chalet „deluxe" mit Pool hat sogar für sechs Personen Platz. In der Küche steht ein alter Ofen, eine private Sauna und ein Badezuber aus Holz sind ebenfalls in der Hütte zu finden. Der Butler heißt im Almdorf „Hüttenwirt" und bringt jeden Morgen das Frühstück ins Chalet. Bei der Planung der Almhütten wurde darauf geachtet, dass sich Dimension, Architektur und Materialien an original Kärntner Almhütten orientieren. Dazu gehören naturbelassene Materialien, Schafwolle als Isolierung und Dächer in Form eines Nagelschindeldaches. Jede Hütte erhält ihren Charme durch Details wie Terrasse, Balkon, Holzschuppen oder handgehackte Dachrinnen. Energie wird ebenfalls nachhaltig

Stadtmenschen,
Freunde des
österreichischen Lebensstils

€€€
€€
€

Almdorf Seinerzeit
Vorderkoflach 36
A-9564 Patergassen
Tel. 0043 (0)4275 7201
www.almdorf.com

01 |

bezogen. Angegliedert sind ein Kräutergarten, mehrere Naturbiotope und Veranstaltungsräumlichkeiten.

Auch die Behandlungen im Spa, die auf bewährten Heilmethoden und der Wirkung von Kräutern und Pflanzen basieren, sind von gehobener Qualität und laden ein zu tiefer Entspannung. Wer möchte, kann bei einem Heubad, für das die Bauern der Region eine besondere Kräutermischung zusammenstellen, die Seele baumeln lassen oder als Paar ein romantisches Bad bei Kerzenschein und Duftölen genießen. Außerdem werden wohltuende Massagen mit Kräuterstempeln oder Alpkräuteröl sowie Massage mit kalten und heißen Steinen angeboten. Nach Wanderungen empfiehlt sich außerdem eine „Arnika Après Sportmassage".

02 |

01 | Almdorf Seinerzeit
02 | Dorfteil Kleeangerle

Echte Hüttengaudi

Im Kräutergarten geht alles ohne Chemie zu, dafür mit ökologisch ausgetüfteltem Konzept, da hier altes Saatgut verschiedener Gemüsesorten und Obstsorten ausgesät wird. Wenn Sorten verschiedene Reifezeiten haben, werden sie trotzdem im gleichen Beet angebaut. Das so entstehende Mikroklima ist dem Bodenleben zuträglich und fördert das Wachstum. So fördern z.B. die Wurzelausscheidungen der Möhre das Wachstum der Erbse. Salatgeruch hält den Erdfloh fern und verhindert bei Erdbeeren den Schimmelbefall. Außerdem mögen Schnecken und andere Schädlinge diesen Geruch gar nicht. „Mit Hilfe der Mondrhythmen wollen wir zu einem dynamischen Gleichgewicht in der Natur zurückfinden", schildert es die Leiterin Christine Knapp. Bei abnehmendem Mond beispielsweise würden die Säfte mehr zur Wurzel ziehen und die Erde würde dadurch aufnahmefähiger werden, sagt sie.

Besonders ist v. a. das Restaurant „Holzknechthütte", das sich selbst als „das kleinste Restaurant der Welt" bezeichnet. In der Hütte haben vier Personen Platz, die sich an einem mehrgängigen Kärntner Traditionsmenü laben können, das über einem offenen Feuer zubereitet wird. Dazu werden edle Weine kredenzt. Neben der „Holzknechthütte" gibt es noch andere Speisestätten, nämlich das „Wirtshaus Seinerzeit", das Gasthaus „Fellacher" und den „Hüttenwirt". In allen Restaurants wird hauptsächlich Essen aus biologischem Anbau aufgetischt. Zu bestimmten Terminen offeriert das Almdorf auch Retreats, wie z. B. das einwöchige Dunkel-Retreat, bei denen sich die Teilnehmer aus ihren Verhaltensmustern befreien sollen und eine tiefgehende Transformation erleben können. Sie sind speziell für Führungskräfte ausgearbeitet. Natürlich kann man einfach die herrliche Ruhe im Almdorf in 1100 Metern Höhe genießen. Wer aber lieber aktiv sein will, findet jede Menge Betätigung: Da wäre der nahegelegene Golfplatz, Kärntens höchster Golfplatz mit Panoramablick, man kann paddeln auf den Kärntner Seen, Holz hacken oder einen Sennerinnen-Kochkurs absolvieren.

01 | Restaurant „Holzknechthütte"
02 | Dorfteil Kleeangerle
03 | Badehaus
04 | Hüttenfrühstück
05 | Winterstimmung im Almdorf
06 | Große Schmuse- und Streicheltiere

02 |

03 |

04 |

05 |

06 |

HANDMADE IN KÄRNTEN

In dem kleinen Kärntner Dorf Ledenitzen wurde dem Gasthof Lorenz vor ein paar Jahren eine neue Bestimmung zuteil, denn seit 2016 wirtschaftet hier der Verein Together.

Together – das ist eine Lebensgemeinschaft, in der sich Menschen zusammenfinden, um mit möglichst geringem Etat zusammen zu wohnen, gemeinsame Projekte zu starten und sich vor allem zusammen wohlzufühlen. Nachdem es in der Anfangsphase einen häufigen Bewohnerwechsel gab, hat sich die Lage nun etwas stabilisiert. Herausgekommen sind dabei die Bereiche Vermietung, Kunsthandwerk und Landwirtschaft. Eine Übernachtung im Doppelzimmer kostet 25 Euro pro Person, im Vierbettzimmer wird es noch etwas günstiger. Auch bei der Verpflegung muss man nicht viel Geld ausgeben, denn der Verein Together bietet Lebensmittel vom Foodsharing an, die in der Küche zubereitet werden und von allen gemeinsam genutzt werden können. In der Küche kann aber auch jeder sein eigenes Essen zubereiten. Im Lorenzhof gibt es ein großes Wohnzimmer, einen Garten mit alten Obstbäumen und eine große Terrasse. Kinder sind gerne gesehen. Wäschetrockner, Bügeleisen und die Waschmaschine können von allen benutzt werden.

Aussteiger auf Zeit,
Andersdenkende,
Lebenskünstler,
Kreative

€€€
€€
€

Live Together
Denkmalweg 7
A-9581 Ledenitzen
Tel. 0043 (0)664 2105140
www.live-together.at

Von Upcycling bis Foodsharing

Ein Teil des Gartens wird für experimentelle Landwirtschaft genutzt. Hier setzen die Aktivisten überschüssige Jungpflanzen ein, die sie von Gärtnereien kostenlos erhalten. Das Gemüse wird biologisch produziert aus Reinsamen und Ursamen. Die Beete sind dafür alle aus Recyclingmaterial gebaut worden. Im Biogarten sollen bestmögliche Rohstoffe zur Anwendung kommen, auch auf energetische und feinstoffliche Einflüsse wird geachtet. Das produzierte Gemüse wird in der Gemeinschaftsküche eingekocht und haltbar gemacht. Im Bereich Kunsthandwerk werden in der Werkstatt Möbel aus Schwemmholz hergestellt. Das meiste ist Abfallholz, das an anderen Orten übrigbleibt und sonst weggeschmissen würde. Auch Möbel werden hier bemalt. Die Werkstatt ist beheizt, sodass auch im Winter gearbeitet werden kann, und ist mit einer Bandkreissäge und einer Tischkreissäge ausgestattet. Daneben wird gewerkelt an Upcycling-Mode, es werden T-Shirts und Textilien bedruckt. Dann und wann werden auch Veranstaltungen mit Themen wie „Dancing with the beats“, „Nada Brahma – die Welt ist Klang“ oder „Natürliche Geburt und Kindergesundheit“ angeboten. Auch Acro-Yoga, Thaimassage, Rainbow-Medizin und Gebärmutterreinigung werden angeboten. Im Haus leben Erwachsene und Kinder, doch auch Volunteers, Freiwillige, können sich jederzeit bewerben, wenn sie auf dem Hof mithelfen möchten – Initiative und Eigenverantwortung müssen allerdings mitgebracht werden. Das reicht vom Kochen über Putzen bis zur Kinderbetreuung. Auch die beim Foodsharing geretteten Lebensmittel müssen verarbeitet werden. Zur Entspannung geht es danach an den Badestrand am Faaker See. Und übrigens: Slowenien und Italien sind von hier gerade einmal 20 Minuten mit dem Auto entfernt.

Auch Schnuppertage sind im Together buchbar!

81

Strandhotel am Weissensee

ÖSTERREICHS ERSTES VEGETARISCHES GENUSSHOTEL

Der Weissensee, umgeben von hohen Bergen, ist nicht nur einer der faszinierendsten Seen Österreichs, sondern dank seiner Höhenlage von 930 Metern über dem Meeresspiegel auch der höchste Badesee der Alpen.

Der Weg zum Strandhotel am Weissensee führt über die schmale Serpentinenstraße durch unberührte Natur, die im Winter tief verschneit, im Sommer mit sattgrünen Wiesen voller Wildblumen bezaubert. Das Wasser des kristallklaren Sees, der bis zu 99 Meter tief ist, hat eine so gute Qualität, dass man es ohne Probleme trinken könnte – allerdings nur im Sommer, denn mit Beginn der kalten Jahreszeit friert es gänzlich zu und bildet zwischen Dezember und März die größte Eisfläche der Alpen. Mit 58 Zentimetern ist das Eis außerdem so dick, dass am 7. Januar 2011 30 Flugzeuge hier landeten, um die Tragfähigkeit der Eisdecke zu demonstrieren.

Qualitätsbewusste

€€€

€€

€

Strandhotel am Weissensee
Neusach 18
A-9762 Weissensee
Tel. 0043 (0)4713 2219
www.strandhotel-weissensee.at

Himmlisch genießen und herrlich entspannen

In eine solch faszinierende Naturlandschaft passt natürlich ein Hotel, das größten Wert auf Bio und Natur legt – das Vier Sterne Superior Strandhotel am Weissensee ist dabei ein traditionelles Haus im Alpenstil. Christian Halper, der Eigentümer, lädt seine Gäste dazu ein, mit allen Sinnen zu genießen, was die Natur in solch verschwenderischer Fülle zu Füßen legt. So sind die Zimmer mit natürlichen Materialien ausgestattet. Die Suiten haben sogar einen eigenen Garten, Dormo-Novo-Matratzen und ein Stimmungslicht-System zur Entspannung. Aus der Leitung fließt Granderwasser, das beliebte Trinkwasser nach dem Verfahren von Johann Grander. Halper vertritt eine ganzheit-

liche Philosophie und setzt auf Zimmer, die vor Elektrosmog geschützt sind, wobei Handyempfang natürlich kein Problem ist.

Zu dem Hotel gehört auch eine zünftige Saunalandschaft. Das neu gebaute, teils über dem Wasser schwebende See-Spa wird auch von anspruchsvollen Gästen gelobt. Nur edelste Materialien kamen hier zum Einsatz, darunter die regional verwurzelte Holzbauweise. Das Spa steht zu zwei Dritteln auf Pfählen im See. Ziel soll es hier sein, dass die Besucher die Kraft der vier Elemente an ihrer eigenen Haut erleben. Da wäre zum einen das Feuer, das Motivation zur Durchsetzungskraft schenkt. Die Erde erinnert an die Bedeutung des eigenen Körpers und lehrt diesen wahrzunehmen und zu ernähren. Das weiche Wasser ist Vorbild für effektive Anpassung an die Begebenheiten des Lebens. Und schließlich das Element Luft, das mit jedem Atemzug die Schaffung von mehr Platz für das wahre Ich ermöglicht. Wählen kann man zwischen der rund 90 Grad heißen, trockenen Seesauna und der rund 65 Grad warmen Schilfsauna, die beide einen herrlichen Blick auf den See bieten.

Wer sich anschließend für eine wohltuende Massage entscheidet, kann sich über die Öle freuen, die aus der hauseigenen Ölpresse stammen und für jeden Gast individuell zusammengestellt werden.

Auf den Liegestühlen oder Liegenetzen direkt über dem türkisfarbenen See fühlt man sich beinahe so wie auf den Malediven. Das Tauchbecken ist hier kein Bassin wie in gewöhnlichen Spas, sondern ein natürliches Tauchbecken direkt im See – im Winter in Form eines aufgeschlagenen Eislochs! Ergänzt wird die See-Kur durch Yogaklassen, einen Personal Trainer und Erlebnismassagen wie die Klangmassage auf einem über dem See treibenden Floß.

Wer das Gesundheitsthema vertiefen will, sollte sich den Donnerstag um 17.30 Uhr freihalten – dann kann man kostenlosen Vorträgen zu Themen wie „Im Gleichgewicht! Der Säure-Basen-Haushalt" oder „Gesund und gut! Öle und Fette aus der Natur!" lauschen.

Auch die Kulinarik kommt im Strandhotel am Weissensee natürlich nicht zu kurz, dafür sorgt Chefkoch Andreas Leib. Im Biorestaurant

01 | See-Wellness
02 | See-Spa
03 | Strandbereich im See-Spa

03 |

01 |

verwendet er dabei ausschließlich biologische und vegetarische Zutaten aus der Region. Kräuter und Gemüse kann er dabei direkt im Hotelgarten ernten. Die Öle, Bio-Sesamöl, Bio-Hanföl und Bio-Borretschöl, kommen ebenfalls aus eigener Pressung. Das macht Eindruck: Vom Restaurantführer Gault Millau wurde das Restaurant bereits mit zwei Hauben ausgezeichnet.

02 |

82

Ufogel

NUR FLIEGEN IST SCHÖNER

Die Gegend um Lienz in Osttirol ist eine typisch österreichische Alpenlandschaft und bestückt mit vielen traditionellen Häusern mit Holzbalkonen und Blumenkästen.

Umso mehr sticht das „Ufo" in dieser Umgebung heraus. Obwohl es ganz aus Lärchenholz gebaut ist, wirkt es hier wie ein Fremdkörper – doch Freunde ungewöhnlicher Architektur werden begeistert sein. Um das „schwebende" Ferienhaus zu betreten, muss man über einen brückenartigen Zugang laufen. Der Eingang befindet sich etwas versteckt unter bizarr geformten Wänden. Ausgestattet ist das 45 Quadratmeter große Häuschen u. a. mit einer Wohnküche, die durch eine hypermoderne Edelstahlablage besticht. Hier sorgt ein bulliger Ofen mit Holzfeuer für angenehme Wärme. Der Schornstein zieht sich außen am Häuschen entlang. Das Design ist durchdacht: Der Kaminofen hat zusätzlich noch eine Kochplatte, um Speisen warmzuhalten. Am Küchentisch haben acht Personen Platz – Freunde sind also jederzeit willkommen! Aus dem Ufogel blickt man durch eine gigantische Panoramascheibe hinunter ins

Designliebhaber, Naturfreunde, Wanderer

€€€
€€
€

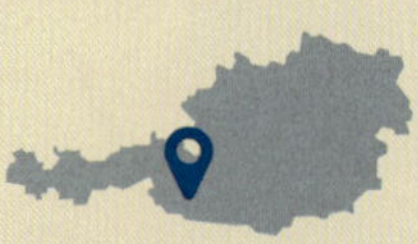

Ufogel
Gaimbergstr. 1a
A-9990 Nußdorf-Debant
Tel. 0043 (0)664 3079084
www.ufogel.at

Tal, auf die Lienzer Dolomiten, die Pustertaler Bergspitzen und das sogenannte Kärntner Tor. Obwohl Holz und Himmel überall gegenwärtig sind, bietet das Ufogel gleichzeitig Offenheit und Geborgenheit. Es ist konstruiert als Schutzhütte, mit Wärme, Urigkeit und dem Gefühl, an den Ursprung des Wohnens zurückzukehren.

Die Stoffe, die im Ufogel verwendet wurden, stammen aus heimischer Produktion. Das Obergeschoss ist über eine verwinkelte Holztreppe erreichbar. Hier stehen ein Doppelbett aus Zirbenholz, das in eine Couch verwandelt werden kann, und eine Schlafkoje mit abgerundeter Holzdecke für zwei Personen. Der Schrank ist aus Glas, gleich dahinter befindet

Haustiere und Zigaretten sind im Ufogel nicht zugelassen.

sich die Duschkabine. Das Ufogel ist komplett mit einer Fußbodenheizung ausgestattet. Zusammen mit dem Kamin wird es also überall wohnlich warm, auch im tiefsten Winter. Für heiße Sommertage ist ein automatisches Sonnenschutzsystem installiert, zusätzlich gibt es auch noch eine Klimaanlage. Das Dorf Nußdorf liegt im Nationalpark Hohe Tauern, unberührte Natur ist hier also gesetzlich geschützt. Das älteste Gebäude des Dorfs ist übrigens die Pfarrkirche aus dem Jahr 1274. Hier passiert auch der Drauradweg, der am Ufer der schnellen, aber kalten Drau entlangführt.

Das Debanttal, das vom Debantbach durchflossen wird, ist mit 16 Kilometern das längste Almtal Österreichs. Und wer Lust auf italienisches Flair hat, sollte unbedingt einen Besuch in der nur vier Kilometer entfernten Lienzer Altstadt einplanen!

83

Zachhofalm

KRÄUTERKURS IN DEN BERGEN

Der Aufstieg zur Zachhofalm ist zwar mühsam, doch wer sie – auf 1550 Metern Höhe – schließlich erreicht, wird gleich in mehrfacher Hinsicht belohnt.

„So wias sain soid“ nennt die Herbergsmutter Nani die Art, wie die Almhütte eingerichtet ist. In den Zimmern sorgen Eichenholz, Lehm, Leinen in besonderen Farben und Zirbenduft für Entspannung. Die einfache, aber höchst gediegene Ausstattung der Zimmer sorgt für einen hohen Wohlfühlfaktor. Jedes Zimmer hat ein eigenes Bad, der offene Schlafbereich sorgt für das herrliche Hüttenfeeling. Hier findet eine große Familie oder eine Gruppe ausreichend Platz. Wer es ganz kuschelig mag, kann im Heubodenzimmer nächtigen. Man schläft dort zwar nicht wirklich im Heu, es fühlt sich aber so an. Auf der Alm steht man morgens in der Früh auf, doch für die Gäste hat man die Frühstückszeit etwas nach hinten gelegt – zwischen halb 9 und 10 Uhr wird serviert – und das kann sich sehen lassen. Dann gibt es frisch gebackenes Brot, Speck, Wurst, Käse, Marmeladen, Chutneys, Aufstriche, eingelegtes Gemüse und Almbutter. Dazu ein Haferl Kaffee, frische Fruchtmolke und vielleicht ein Gläschen Grangg'n Sekt. Abends wird ein üppiges Alm-Dinner mit fünf Gängen serviert. Das Besondere: Alle Pro-

Wanderer, Feinschmecker

€€€
€€
€

Zachhofalm
A-5652 Dienten am Hochkönig
Tel. 0043 (0)6461 20056
www.zachhofalm.at

dukte stammen vom Bio-Bauernhof Dachegg – frischer und gesünder geht es kaum! Auch Veganer finden auf der Speisekarte reichlich Auswahl. „Tatsächlich wurde auf der Alm auch schon früher viel vegan gekocht", verraten die Betreiber. Damals allerdings nicht aus Gründen des Lebensstils, sondern aus Mangel an Möglichkeiten. Natürlicher Geschmack braucht keine tierischen Zutaten.

Vor der Hütte gibt es einen Schwimmteich, der an heißen Sommertagen Abkühlung bietet. Auch zur Wissensvermittlung hat man einen Platz geschaffen. Er nennt sich „Seminaralm" und ist dem Stall der Zachhofalm nachempfunden. Der Seminarraum bietet Platz für 25 Personen und sorgt mit seinem Lehmputz für ein optimales Raumklima. Einen Kaminofen gibt es, Highspeed-WLAN, Flipchart und Hausschuhe gegen kalte Füße. Auch E-Bike-Touren sind möglich. Wer sich in puncto Kräuter weiterbilden möchte, kann einen Kräuterkurs bei Karolina Hudec buchen. Er ist verbunden mit einer 3-Gipfel-Wanderung zur Wastlhöhe, zum Ahornstein und zum Kollmannsegg. Die Gemmotherapie (lat. Gemma – Knospe) ist eine besondere Form der Pflanzenheilkunde aus der traditionell europäischen Medizin und ist ebenfalls buchbar. Man verwendet dabei Auszüge aus Knospen und Trieben, die reich an pflanzlichen Wirkstoffen sind.

Das Bergdorf Dienten am Hochkönig lohnt ebenfalls einen Besuch. Es hat weniger als 1000 Einwohner, dafür aber 340 Kilometer (!) Wanderwege. Am Fuße des Hochkönigs kommt man durch Schluchten und hört das Rauschen der Gebirgsbäche. Auf saftigen Almwiesen stehen gut genährte Kühe und es gibt Ausblicke auf Dachstein, Hohe Tauern und den Großglockner. Auch die Pausen sind verlockend: So gibt es auf der Kräuteralm Sennerei Schweizerhütte Bergmozzarella mit Heidelbeeressig. Für Kletterer wird ebenfalls einiges geboten. Dienten ist auch ein Ort zahlreicher Sagen, z.B. die von den Teufelslöchern oder der Übergossenen Alm. Zu besichtigen ist hier auch ein Bergbauernhofmuseum und die Hallenkirche Sankt Nikolaus.

EINFACH NACHHALTIGER URLAUBEN

Inmitten der traditionellen Urlaubsregion Leogang in Österreich wurde 1977 das Hotel Rupertus am Fuß der Leoganger Steinberge gegründet.

Mittlerweile ist es ein Biohotel, dessen Zimmer so idyllische Namen tragen wie Morgensonne, Berggeflüster oder Waldstimmung. Die Zimmer sind modern, aber dank Fichte-Altholzmöbeln und Naturmaterialien äußerst behaglich gestaltet. Wer mag, kann sich auch in einer der Suiten einquartieren, die mit Zirbenholz eingerichtet sind und die über private Sauna und einen offenen Kamin verfügen. Die Küche des Hauses verwendet zu 100% Bioprodukte, die Kräuter stammen aus dem eigenen Biogarten und in der Hotelbar werden ausschließlich biologisch unbedenkliche Drinks und Weine aus Österreich ausgeschenkt. Die Küche serviert ganztägig klassische und auch vegane Gerichte.

Der Fisch stammt aus Wildfang oder nachhaltiger Fischzucht. Gentechnik muss also niemand befürchten. Bei den Wellnessanwendun-

Gesundheitsbewusste,
Wanderer,
Sportler,
Naturfreunde

€€€
€€
€

Bio-Hotel Rupertus
Hütten 40
A-5771 Leogang
Tel. 0043 (0)6583 8466
www.rupertus.at

gen werden Heilpflanzen der Region eingesetzt, man wendet die TEH, die Traditionell Europäische Heilkunde, an. Für Yoga gibt es zwei eigene Studios, die vom Boden bis zur Decke mit Holz ausgekleidet sind. Montag, Mittwoch und Freitag werden hier Kurse angeboten. Im Hotelgarten lockt unterdessen ein nachhaltig angelegter Schwimmteich, der an seiner tiefsten Stelle 2,10 Meter misst. Das Wasser wird von

01 | Bio-Hotel Rupertus
02 | Kneippbach

Pflanzen gereinigt und hinterlässt ein samtweiches Gefühl auf der Haut. Neben dem Teich steht eine Gartensauna. Dank ihr kann man sogar im Winter zum Tauchbad in den Teich springen. Im Sommer wachsen im hoteleigenen Biogarten Blumen, Beeren und Kräuter. Den Füßen kann man Gutes tun am Barfußweg und im Kneippbach.

Erkundungstour auf zwei Rädern

Auch in der Umgebung gibt es jede Menge zu unternehmen, so stehen z. B. Mountainbiking, Wandern oder Golf auf dem Programm. In unmittelbarer Nähe gibt es zwei Golfplätze, den GC Urslautal und den GC Brandlhof, 18-Loch-Plätze vor echter Bergkulisse.

Für Mountainbiker steht eine 720 Kilometer lange Strecke in der Region Saalfelden zur Verfügung, eine der begehrtesten Mountainbike-Regionen der Welt. Dazu gehört auch der Bikepark Leogang, einer der ersten und größten Bikeparks Europas. Für das Wandern, den nachhaltigsten Sport überhaupt, gibt es in der Umgebung 400 Kilometer gepflegte Wanderwege. Zur Asitz-Bergbahn läuft man vom Hotel

05 |

aus 200 Meter. Das Hotel vermittelt auch eine geführte Heilpflanzenwanderung mit einer Biologin. In jedem Hotelzimmer liegen ein Wanderrucksack sowie eine Wanderkarte und Tourenmappe bereit. Gratis für jeden Hotelgast gibt es außerdem die Saalfelden Leogang Card, mit der man jeden Tag eine freie Berg- und Talfahrt genießen kann. Nach der Wanderung ist dann Zeit für die pure Entspannung – vielleicht mit einer wohltuenden Massage? Angeboten werden Aromamassagen, Entspannungsmassagen und klassische Massagen.

01 | Biozimmer Berggeflüster
02 | Zirbenstube
03 | Erholpol
04 | Zirbensuite
05 | Leogang ist ein Paradies für Biker

GAULT MILLAU WAR AUCH SCHON ZU GAST: PURER LUXUS – GANZ AUS HOLZ!

Große Hotels, die aus Holz gebaut sind, sind in Europa noch immer höchst selten.

Die Forsthofalm ist jedoch ein besonders gelungenes Exemplar dieser nachhaltigen Bauweise. Das Hotel liegt in 1050 Meter Höhe in Alleinlage umgeben von der Natur.

Das Haus sieht nicht nur gut aus, es wohnt sich auch höchst angenehm in den Zimmern, die alle natürlich mit Holz ausgestattet sind. Insgesamt wurden 210.000 Holzdübel verbaut! Das Holz wurde während einer positiven Mondphase geschlagen, strahlt also eine gute Energie aus. Zirbenholz soll überdies für eine angenehme Nachtruhe sorgen. Einige Zimmer verfügen über eine private Sauna, andere über weitläufige Balkone oder einen Kamin, in dem heimisches Holz für gemütliche Wärme sorgt. Auch auf ansprechendes Design muss man

Naturisten,
Holzliebhaber

€€€
€€
€

Holzhotel Forsthofalm
Hütten 37
A-5771 Leogang
Tel. 0043 (0)6583 8545
www.forsthofalm.com

Bar

01 |

02 |

nicht verzichten. In der 50 Quadratmeter großen Suite „Secret Forest" ist das Holzbett an der Wand mit Seilen aufgehängt, sodass man sich sanft in den Schlaf wiegen kann. Statt Leitungswasser kommt aus dem Hahn in der Suite Granderwasser – ein Wasser, das nach dem Verfahren von Johann Grander behandelt wird und aus der Stephaniequelle in Österreich stammt.

Auch die Badezimmer sind aus Holz gefertigt. Man wäscht sich hier an hölzernen Waschschüsseln und hat aus einigen Zimmern dabei Sicht auf den Balkon mit Holzmöbeln. Wer sein gemütliches Gästezimmer verlässt, kann in den hauseigenen Club gehen, wo DJs auf der Panoramaterrasse auflegen. Im Rahmen des Mountain-Life-Programms finden täglich Yogakurse und Fitnesskurse statt. Es gibt eine Sauna mit Kräuteraufguss, von der man durch große Panoramafenster einen Blick auf die im Winter verschneiten Berge hat. Daneben wartet ein Ruhe-Raum, ebenfalls mit Panoramablick. Hier rollt man sich auf dicke Matratzen, kuschelt sich in die superweichen Kissen und

03 |

04 |

05 |

vom Grill. Die Küche selbst definiert sich als naturbelassene einfache Küche, in der der Eigengeschmack der Produkte im Vordergrund steht. Verarbeitet werden vor allem Produkte aus der Region. Dazu zählt auch Ungewöhnliches: Nadeln der Latschenkiefer, Brennnesseln, Moos, Wildkräuter, Gebirgsheu, Blätter von Bäumen, Pilze und Beeren. Wer sich also inspirieren lassen möchte, auch zu Hause kreativ und nachhaltig zu kochen, der kann sich hier jede Menge Ideen holen.

schaut zu, wie sich Bergwanderer in der Ferne mit dem Aufstieg abmühen. Auch kulinarisch sticht die Forsthofalm mit einem besonderen Angebot hervor, denn in der Jagdstube wird auf dem Tartarenhut gegrillt – einem Tischgrill, der die Form eines Hutes hat. Das Restaurant in der Forsthofalm nennt sich Kukka, was in Finnland Blume bedeutet. Die Speisen sind teils vegan, teils mit Fisch, Fleisch und Gemüse

70 % der Produkte stammen aus biologischem Anbau, das Frühstück ist fast 100 % bio. Das hohe Niveau der Küche wurde kürzlich von Gault Millau mit einer Haube bestätigt. Das nachhaltige Konzept des Hauses erstreckt sich auch auf die Bereiche Energie und Müll (Wiederverwertung, Mülltrennung, Öko-Strom etc.).

06 |

07 |

01 | 02 | 03 | Secret-Forest-Suite
04 | Spa Ruhebereich
05 | Romantikbad
06 | Kulinarisches auf der Feuerschale
07 | Dachterasse mit Rooftop-Pool

VON KOPF BIS FUSS DICK EINGEMUMMELT

Auf 2000 Metern Höhe stehen die Iglus des Schneedorfes im Ötztal.

Das Igludorf Ötztal ist von der Bergstation der Acherkogelbahn gut erreichbar, von dort sind es noch einmal rund 20 Minuten Fußweg. Das Gepäck muss aber niemand schleppen, dies übernimmt der Concierge des Hauses.

Jedes Iglu besteht zu 100 % aus Schnee und Eis und wird jedes Jahr neu von Schneebildhauern mit dekorativen Eisschnitzereien aufgebaut. Das Hauptiglu ist sehr groß und bietet Platz für 44 Personen. Hier wird das Abendessen serviert, bei dem man in gemütlicher Runde an sechs großen Tischen sitzt – besonders beliebt ist das Käsefondue! Das „normale" Iglu bietet Platz für vier Gäste. Jedes Bett ist mit einem Expeditionsschlafsack ausgestattet, der für Temperaturen bis zu minus 40 Grad ausgelegt ist. Doch keine Bange, so kalt wird es dort oben selten. Meistens herrschen im Iglu Temperaturen um die 0 Grad. Auch die Betten sind aus Eis und lediglich mit weichen Schaffellen bezogen – echtes Eskimo-Feeling garantiert. Vom Bett aus schaut man auf eine Eis-

Winterfreunde, Schneehasen

€€€
€€
€

Schneedorf
A-6432 Hochötz/Ötztal
Tel. (0)7531 9026696 (D/Ortstarif)
Tel. 0043 (0)5252 20157
www.schneedorf.com

01 | Hauptiglu des Schneedorfes …
02 | … und ein Zweieriglu

01 |

02 |

decke, die im Lichtschein glitzert. Tipp: Kerze mitnehmen! Für den Aufenthalt sollte man sich warm einkleiden, am besten mit mehrschichtiger Bekleidung, dicken Handschuhen, Mütze, dicken Socken und langer Unterwäsche. Verliebte Pärchen können eine Nacht mit Kerzenlicht in einem Romantikiglu verbringen – Glühwein und Champagner inklusive! Bevor sich im Doppelschlafsack dann aneinandergekuschelt wird, geht es aber noch zur Fackelwanderung, die für alle Gäste des Schneedorfes kostenlos ist. Auch Rutschblattln kann man sich leihen, so werden hier die Schlitten genannt. Etwas Kondition ist hierfür allerdings nötig, denn bergauf muss man laufen.

Die Schneeschuhwanderung am Fuße des Pirchkogels in Begleitung eines staatlich geprüften Bergwanderführers kostet 40 Euro. Aufwärmen kann man sich anschließend in der Therme Längenfeld. Mit ihrer Bauweise fügt sich diese Therme gut in die Ötztaler Bergwelt ein. Die Natur wurde hier mit den Elementen Holz, Stein und Licht bewusst eingebunden.

Für Kletterfans, die statt auf die Berge lieber an Seilen klettern, gibt es einen Hochseilgarten.

Die Iglu Lodge in Oberstdorf liegt ebenfalls in 2000 Metern Höhe. Hier werden Jahr für Jahr 3000 Kubikmeter gefrorenes Wasser verarbeitet. Die Iglus werden von Allgäuer Künstlern gestaltet. Je nach Witterungsverhältnissen hat dieses Iglu-Dorf im Skigebiet am Nebelhorn drei Monate geöffnet. Die Iglus sind luxuriös ausgestattet. Die Iglu-Suite verfügt über einen eigenen Hot Tub mit Blick auf die Sterne.

www.iglu-village.at
www.iglu-dorf-allgaeu.de
www.mayrhofner-bergbahnen.com

01 | Iglueingänge am Abend
02 | Bar der Iglu Lodge in Oberstdorf

Iglu Lodge
Nebelhorn 1
87561 Oberstdorf
Tel. 08321 800 300
www.iglu-lodge.de

YOGA MIT AUSSICHT

Nassereith liegt auf 800 Metern Höhe am Anfang des Gurgltals in Tirol und in unmittelbarer Nachbarschaft zum malerischen Fernsteinsee, der sich allerdings in Privatbesitz befindet.

Wer in dem türkisfarbenen Gewässer tauchen möchte, muss mindestens zwei Übernachtungen im Hotel Fernstein buchen – einem komfortablen Naturresort, dessen Inneneinrichtung einem Königsschloss in kaum etwas nachsteht. Angesichts des Prunks nehmen sich die Preise der Suiten tatsächlich recht bescheiden aus. Noch preiswerter aber ist die Übernachtung im AlpenRetreat, das sich auf einer Höhe von 1200 Metern befindet. Gegründet haben es Jan Tomas, Fraser Williams, Wolfgang Eisenbeutl und Beatrice Williams, denen das Miteinander von Natur, Nächstenliebe und nachhaltiger Lebensweise besonders am Herzen liegt. Sie wollten einen Ort der Geborgenheit schaffen, der authentischer spiritueller und persönlicher Entwicklung dient. Das Retreat liegt in einem 500 Jahre alten ehemaligen Herrenhaus am Tiroler Fernpass und verfügt neben dem Haupthaus über zwei Hektar Land

Yogis und Yoginis,
Meditationsinteressierte,
Wanderer,
Naturliebhaber

€€€
€€
€

AlpenRetreat
Fernpass 483
A-6465 Nassereith
Tel. 0043 (0)680 5544324
www.alpenretreat.com

und drei verschiedene Wasserquellen. Umgeben ist das Haus von Bergen, Wäldern und Seen. Die Gründer sind international verifizierte Yogalehrer, die ausgebildet wurden von Meistern wie Swami Shankarananda Giri, Guruji Rajkumar Baswar, Prem Baba, Swami Muktananda und Swami Vivekananda Saraswati – kein Wunder also, dass hier ganz verschiedene Yogastile unterrichtet werden, ob Hatha-

Vom Schüler zum Lehrer – das AlpenRetreat bietet auch Ausbildungen zum Yoga- oder Tantralehrer an!

Yoga, Kundalini-Yoga oder Japa-Yoga, außerdem gibt es Angebote im Pranayama, in der Vipassanameditation, im spirituellen Singen, im Sufitanz und in einigen Formen des Heilens. „Soham“ ist eines dieser Mantras, das die Einheit zwischen Welt und Bewusstsein ausdrückt. Mantren werden oft im Wechsel vom Lehrer vorgesungen und von den Schülern nachgesungen.

Die Yogakurse finden in der 120 Quadratmeter großen Yogahalle statt, die im Dach-

Blick auf den Blindsee an der Fernpassstraße

boden liegt und mit Holzdielen ausgelegt ist. Das ganze Jahr über finden Kurse statt, die meistens zwischen drei Tagen und einer Woche dauern. Das Intensiv-Seminar „Frühlingserwachen“ beinhaltet z. B. verschiedene Yogaarten, geführte Meditationen, Selbsterfahrung, Bewusstheit, Achtsamkeit und Stille und wird ergänzt um gemeinsame Wanderungen, Singen und Entspannungstechniken. Weil die Umgebung dazu verführt, wird auch eine Kombination von Wandern und Yoga angeboten, im Winter eine Kombination von Yoga und Ski. Die Wanderungen im Sommer und die Skiausflüge im Winter werden natürlich immer den Fähigkeiten der Teilnehmer angepasst. An einem Abend gibt es zusätzlich eine Feuerzeremonie.

Der Zimmerpreis beinhaltet ein vegetarisches Frühstück. Daneben gibt es auch Ferienwohnungen, die einen sagenhaften Blick über die Zugspitzarena bieten. Eingerichtet sind sie mit Möbelstücken aus aller Welt, abgerundet im traditionellen Tiroler Stil.

88

STRENGE REGELN, TIEFE MEDITATIONEN

Die buddhistische Gemeinschaft in Dicken, rund 25 Kilometer südwestlich von St. Gallen, wurde 1972 gegründet.

Zwei Jahre später kaufte man ein Haus in Dicken, das fortan als Haus der Besinnung genutzt wurde. Nyanaponika Mahathera, ein langjähriger buddhistischer Mönch der Theravada-Tradition, schrieb damals: „Ich will hoffen, dass ihre Appenzeller Variante eines Berghauses der Stille zustande kommen und dem beabsichtigten Zweck dienen wird. Solche sozusagen extraterritorialen Inseln des Dhamma sind ja heute besonders wertvoll.“ Der Maler Karl Uelliger und seine Frau Hanna hatten das Haus zu jener Zeit zu einem weithin bekannten Märchenhaus ausgestaltet, bei dem jeder Winkel innen und außen vollständig mit dem Karl Uelliger eigenen Stil bemalt war. So nennt sich das Haus, das übrigens ein ehemaliges Toggenburger Haus ist und längst unter Denkmalschutz steht, heute Uelligerhaus. Im Haus gibt es sieben verschieden große Gästezimmer, eine Küche und mehrere Duschen. Gefeuert wird

im alten Stil mit Feuerholz. Große Gäste seien vorgewarnt – die Decken sind teilweise sehr niedrig. Nebenan steht das Haupthaus, das aus dem Jahr 1883 stammt und früher als Stickerei

Ruhesuchende, Meditations- und Buddhismusinteressierte

Haus der Besinnung
Oberdickenstr. 9
CH-9115 Dicken
Tel. 0041 (0)344371925
www.hausderbesinnung.ch

diente. Das Haupthaus verfügt über neun Gästezimmer verschiedener Größe, ein Wohnzimmer, eine Küche und einen Meditationsraum im Untergeschoss, der Platz für 30 Personen bietet. Die Stiftung Haus der Besinnung ist gemeinnützig, daher werden keine festen Übernachtungspreise verlangt. Als Richtlinie dient ein Satz von 23 Schweizer Franken pro Nacht für ein Einzelzimmer. Dazu kommen Kosten für Bettwäsche und Handtuch sowie ein kleiner Heizzuschlag im Winter. Für das Essen müssen die Gäste selbst sorgen, ebenso für die Endreinigung bei der Abreise.

Die Lehre des Buddhismus

Besucher des Hauses müssen fünf Regeln einhalten, die Sila genannt werden. Durch gegenseitige Rücksicht und Freundlichkeit, die das Haus im Inneren erhellt, soll das gute Karma auch auf die Nachbarn und Dorfbewohner abstrahlen. Es wird ohne Alkohol gelebt, ohne Fleisch, ohne Diebstahl, ohne unrechte Sexualität, ohne Lüge und ohne Einnahme von Drogen jeglicher Art. Die angebotenen Kurse dienen vor allem der buddhistischen Lehre. Zu verschiedenen Zeiten im Jahr kann man an Meditationsretreats teilnehmen, z. B. an einer Vipassana- oder einer Satipatthana-Meditation.
Zu beachten ist hierbei, dass die Kurssprache Schweizer Dialekt ist. Beim Dhamma-Retreat

soll sich Weisheit entwickeln durch das Üben eines entspannten und stetigen Gewahrsams in allen Aktivitäten und Erfahrungen. Das Klima im 820 Meter hoch gelegenen Dicken ist voralpin, aber nicht rau. Die Sommermonate sind blütenreich und nicht zu heiß, im Herbst ist das Klima durchaus angenehm, manchmal gibt es Nebel. Der Winter ist gewöhnlich schneereich, dann zieren oft dicke Eiszapfen das Haus der Besinnung. Der Frühling setzt meist sehr spät ein. Im Nachbarort Mogelsberg gibt es neben der Kirche das Gasthaus Rössli, einen sehenswerten Toggenburger Strickbau des 18. Jahrhunderts mit Mansarddach und geschweiftem Quergiebel. Es wird seit 40 Jahren als Ökohotel mit Biorestaurant betrieben. Auch ein Baumwipfelpfad findet sich in der Nähe.

EIN ORT DES WANDELS

Schloss Glarisegg liegt am Ufer des Untersees, dem südlichen der beiden „Finger“ des Bodensees nahe der deutschen Grenze, und gehört zur Gemeinde Steckborn im Kanton Thurgau/Schweiz.

Der angrenzende Wald, die Wiesen und Felder, der Bach mit Wasserfall und der magische Bodensee machen diesen Ort zu einer wahren Oase für Körper, Geist und Seele. 2003 hat eine mutige Gruppe die leerstehende Immobilie und das Gelände erstanden und mit viel Pioniergeist eine lebendige Lebensgemeinschaft gegründet, zu der heute knapp 40 Erwachsene und über 20 Kinder zählen. Parallel hat sie einen umfangreichen Seminarbetrieb, die Läbesschuel Steckborn, ein Team von Therapeutinnen und Therapeuten, die Kreativwerkstatt, das Permakultur-Projekt, ein Bistro am See und die Klangwerkstatt aufgebaut. Diese und zahlreiche weitere Angebote ziehen seitdem viele Menschen an, die die Schönheit und Lebendigkeit dieses kleinen Paradieses genießen – ob als Gemeinschaftsmitglieder, Seminargäste, Besucher, Freunde oder Volunteers.

Kommunikation ist der Schlüssel

In der Lebensgemeinschaft ist die spirituelle Entwicklung des Einzelnen der tragende

Menschen
auf der Suche
nach sich selbst

Schloss Glarisegg
CH-8266 Steckborn
Tel. 0041 (0)527702188
www.schloss-glarisegg.ch

www.gemeinschaft.schloss-glarisegg.ch

Boden. Um der Gemeinschaft mit dem Ziel zu begegnen, selbst Teil von ihr zu werden, gibt es verschiedene Möglichkeiten: Die Gemeinschaftswochenenden ermöglichen z. B. ein erstes Kennenlernen des Projekts Schloss Glarisegg und seiner Ideen. Dabei lädt die Gemeinschaft zu Gesprächsrunden, Bewegung,

Tanz und Musik ein. Die Gemeinschaftsintensivwoche ist eine Mischung aus verschiedenen Kommunikationstechniken, die für Gruppen und Einzelpersonen entwickelt wurden, und in der Gemeinschaft Schloss Glarisegg regelmäßige Anwendung finden. Im Zentrum dieser Woche stehen die ganz persönlichen Erfahrungen beim Einlassen auf ehrliche Begegnungen in einer Gruppe von Menschen. In diesem Prozess des Einlassens werden gemeinsam klassische Kommunikationstechniken geübt, mit denen sich Prozesse in Gruppen ohne Leitungsperson bewusst gestalten lassen, darunter Scott Peck, ZEGG Forum, Authentische Kommunika-

tion und Possibility Management. Diese Woche ist eine Grundvoraussetzung für die Aufnahme in die Gemeinschaft Schloss Glarisegg. Das Festival «Glarisegg-Tage» wartet unterdessen mit einer Vielzahl an Workshops und Angeboten auf, die teilhaben lassen am Alltag, an den Ritualen und der Kultur von Schloss Glarisegg. Weitere Veranstaltungen können nach Neugier ausgewählt werden, doch natürlich kann man auch einfach den Platz entdecken und die Glarisegger oder die anderen Teilnehmer treffen. Im Seminarbetrieb finden jährlich rund 100 Kurse und Veranstaltungen statt. Dafür schafft Schloss Glarisegg eine achtsame und nährende Atmosphäre, damit sich die Seminargäste ganz auf ihre inneren Prozesse einlassen können. Für Seminare und Workshops stehen mehrere wunderschöne Räume sowie eine beheizbare Jurte und Ritualplätze mit Schwitzhütten zur Verfügung. Das Gelände umfasst auch ein eigenes Strandgrundstück, das gleichermaßen für Bewohner und Gäste offensteht. Auch die schmackhafte Küche, die vegetarisch und biologisch ausgerichtet ist, findet große Begeisterung bei den Gästen. Kommunikation ist in allen Bereichen auf Schloss Glarisegg wichtig. Sie bildet die Grundlage des Arbeitens und des Entscheidens. Authentischer Austausch mit dem Gegenüber, auch in Konflikten, ist die Grundlage des Miteinanders. Kreativität, gemeinsames Schaffen, Spiritualität und gemeinsames Singen unterstützen den Zusammenhalt und sind Tore zur heilsamen und inspirierenden Erfahrung des Potentials jedes einzelnen Gemeinschaftsmitglieds.

90

Lenk Lodge

UPCYCLING IM BERNER OBERLAND

Es war einmal ein einfaches Bauernhaus,

im Jahr 1921 auf 1100 Metern Höhe im Simmental im Berner Oberland erbaut.

Schon 12 Jahre später wandelte man es in ein Ferienheim um. 2013 brechen dann noch einmal neue Zeiten für das alte Holzhaus an. Die Familie Cortesi kaufte und renovierte es, wobei möglichst viele alte Elemente durchscheinen sollten – so die alte Holztreppe, die sich bis in den dritten Stock zieht, oder die Fichten-Riehmenböden, die mit dem modernen schwarzen Badekubus kontrastieren. Die Farben wählte man so aus, dass sie ungefähr den Stand von 1920 wiedergeben – sanfte Pastelltöne wurden bevorzugt. Unter dem neuen Namen Lenk Lodge steht noch in alten Lettern auf verwittertem Holz die Bezeichnung „Ferienheim 1933".

Den Gästen stehen zehn Zimmer und ein Alpin-Loft, das als Yogaraum genutzt werden kann und eine Badewanne aus Holz bietet, zur Verfügung. Sowohl für sportlich aktive Menschen als auch für Pausenmacher gibt es hier viele Möglichkeiten. Im Winter Schneeschuhwandern oder Langlauf, im Sommer spazieren gehen oder meditieren in den Bergen. Das 50 Quadratmeter große Alpin-Loft unter dem Dach ist rundum mit Holz verkleidet, der Raum bietet Geborgenheit und durch die große Linde im Garten kann man hinausschauen bis weit in die Berge. Von Gruppen kann das Haus auch exklusiv gemietet werden. Die Sauna dürf-

Großstädter,
Erholungssuchende,
Wanderer

€€€
€€
€

Lenk Lodge
Aegertenstr. 22
CH-3775 Lenk im Simmental
Tel. 0041 (0)337330211
www.lenk-lodge.ch

LENK LODGE

te einzigartig sein. Die Designer Tarantik & Egger haben etwas Nachhaltiges konzipiert: am 3238 Meter hohen Titlis haben sie ausrangierte Gondeln eines alten Skiliftes gefunden, diese dank der Hilfe des Schweizer Saunabauers Küng zu Schwitzkabinen upgecycelt. Aufgefüllt mit Holz, Technik und Wellness-Wissen stehen die 2,5 Kubikmeter großen Gondeln nun wetterfest und mobil vor der Lenk Lodge und schalten perfekt von Eis auf „heiß". Mit einem kleinen Wellness-Körbchen, ausgestattet mit Bademantel, Schuhen und einem Snack, können die Gäste in der Saunagondel ausspannen, Blickschutz inklusive. Anschließend gibt es eine Kneipp-Duschkur.

In den Zimmern stehen metallfreie Betten. Bei jedem Zimmer ist vermerkt, in welche Himmelsrichtung die Fenster zeigen. Einige haben einen funktionierenden Kachelofen, andere einen Schwedenofen oder sind mit einer Mini-Küche ausgestattet. Wer ein wenig länger bleiben möchte, dem werden Sonderkonditionen eingeräumt. Während sich die Gäste wochentags am hauseigenen Kühlschrank bedienen und sich die regionalen Köstlichkeiten selbst zubereiten können, steht Besitzer Roman Cortesi immer samstags selbst am Herd und kocht für seine Gäste – hauptsächlich vegetarisch. Vieles ist hier hausgemacht: Das Holzbrättli für das Fleischplättli und das Käseplättli ist handgeschnitzt.

Das ganze Jahr über finden verschiedene Yogatage, Meditationsworkshops, Achtsamkeitstrainings und Retreats statt, zu denen sich auch Einzelpersonen anmelden können. Im Sommer sind Fahrten mit den Bergbahnen im Übernachtungspreis inbegriffen. Weil die Umgebung ziemlich bergig ist, verleiht die Lenk Lodge E-Bikes.

Der Ort Lenk im Simmental ist bekannt für seine Themen-Wanderwege, z.B. den Alpenblumenweg oder den Luchsweg. Beim Alpenblumenweg in 2000 Metern Höhe kommt man nicht um die Simmentaler Kühe herum, die alle ein Band mit einer Glocke tragen. Mit etwas Glück pfeift den Wanderern hier ein Murmeltier zu, sicher aber sieht man Alpenrosen, Arnika und Enzian. Hier tritt eine Artenvielfalt zutage, die heute nicht mehr so oft vorkommt.

91

Maya Boutique Hotel

LUXUS TRIFFT ÖKO

Das Hotel im kleinen Ort Nax Mont-Noble im Wallis hat nur acht Zimmer. Fast ungestört blickt man von hier auf die Berner Alpen.

Nax liegt auf 1300 Metern Höhe und wird auch „Balkon des Wallis“ genannt, da sich vom Ort ein spektakuläres Panorama über Weiden, Wälder und (im Winter) verschneite Berggipfel bietet. Doch auch Wein sollte man hier unbedingt einmal probieren, denn auf den Weinbergen am Wallis werden seltene Tropfen angebaut. Das nachhaltige Luxushotel wurde dank Strohballenbauweise ökologisch entworfen. Strohballenhäuser gibt es tatsächlich bereits seit 1850, doch hier wurde diese Bauweise zum ersten Mal für ein Hotel genutzt. Die Vorteile liegen auf der Hand: Im Winter wird extrem wenig Energie für die Heizung benötigt, während das Heu im Sommer für angenehme Kühle sorgt, ohne dass eine Klimaanlage benötigt wird. Die Isolationseigenschaften von Stroh sind dreimal so hoch wie die von Passivhäusern! Energie für Heizung und Warmwasser wird durch ein innovatives System von Solarpanelen und einem Holzofen produziert, außerdem ist die Installation eines Photovoltaiksystems geplant.

Anspruchsvolle Urlauber, die Luxus und Ökologie verbinden möchten

€€€
€€
€

Maya Boutique Hotel
Linzerbot 25–27
CH-1973 Nax Mont-Noble
Tel. 0041 (0)275655155
www.maya-boutique-hotel.ch

Walnuss, Eiche oder Ulme – was darf es sein?

Jedes der acht Zimmer ist individuell gestaltet. Ein Tischler aus dem Ort wählte für jedes Zimmer eine andere Holzart, aus der er jeweils auch die Möbel selbst anfertigte, und so finden sich ganze Räume aus Arve, Walnuss, Eiche, Ulme, Birne, Esche oder Lärche. Wer sich etwas Gutes tun will, kann im Maya Hotel an einer Heil-

fastenkur teilnehmen, die von Heilpraktikerinnen begleitet wird. Während dieser Kuren wird das Hotel nur von Gästen belegt, die an der Kur teilnehmen. Zur Kur gehören auch Yogastunden, die Nutzung des Spa, Vorträge, Wanderungen und verschiedene Workshops.

Im Winter kann man im Val d'Hérens wunderbar Skifahren, doch es gibt auch eine Menge andere, teils sehr nachhaltige Aktivitäten. Wie wäre es z. B. mit dem Skijöring, wobei der Skifahrer von einem Pferd gezogen wird? Auch Reiten durch die Winternatur, Schneeschuhwandern, Langlauf, Tourenski oder Schlittschuhlaufen sind möglich. Im hoteleigenen Hot Tub oder in der skandinavischen Fass-Sauna lässt es sich nach einem kalten Tag mitten im Schnee wunderbar entspannen. Im Hotel selbst kann man es sich anschließend vor dem Holz-

ofen gemütlich machen und sich mit Glühwein von innen aufwärmen.

Im Sommer ist der Aktivitätenpark Espace Mont Noble nicht weit, er liegt 100 Meter vom Hotel entfernt. Hier werden Tennis, Bogenschießen und Swinggolf angeboten, das einfach in der Natur gespielt wird und keine Regeln wie das klassische Golfspiel kennt – vielmehr werden die zu spielenden Löcher jeweils der Umgebung angepasst.

Auf Wanderungen kann man die Suonen entdecken. Das sind kleine Kanäle, die vor langer Zeit angelegt wurden, um die Felder in den Bergen zu bewässern. Auch die Stadt Sion, die malerisch zwischen zwei spitzen Bergen liegt, ist unbedingt einen Ausflug wert – auf dem einen Berg liegt eine Burg, auf dem anderen eine Kirche. Und wer mit müden Beinen kämpft, kann sich eines der von den Inhabern des Maya zur Verfügung gestellten Elektroautos mieten und damit die Umgebung erkunden. Für dieses „Green Mobility System" gilt das „Pay What You Want"-System – jeder Fahrer entscheidet selbst, was er für die Automiete zahlen möchte. Das Hotel hat bereits einige Preise erhalten, unter anderem war es „Luxury Boutique Hotel of the Year" und „Best Sustainable Boutique Hotel" in Europa.

92

ChieneHuus

HOLZ PUR – UND AYURVEDA DAZU

Wie fast alle Schweizer Häuser dieser Gegend besitzt auch das ChieneHuus über drei Etagen verteilte große Balkons mit Panoramablick, dennoch sticht es durch seine vollständig mit Holz verkleidete Fassade im Dorf heraus.

Tatsächlich wurde mit der Holz100-Bauweise zu 100 % Holz verarbeitet – die Wände sind aus naturreinem Massivholz und bilden so die Basis eines gesunden, ökologischen und ehrlichen Wohnumfeldes. Es gibt weder Leim noch Metall, um die Balken zusammenzuhalten, nur Holzdübel. Wer einmal drin war, ist begeistert, sind die Erbauer überzeugt. Viele Gäste schwärmen noch lange von der Geborgenheit und Wärme, die die Naturmaterialien und das schlichte Design vermitteln. Die Wärmedämmung ist weltrekordverdächtig, der Brandschutz ist ebenso ausgefeilt. Nebenbei hat man eine Cradle-to-Cradle-Zertifizierung in Gold. Diese wird vom Products Innovation Institute (San Francisco) vergeben und zeichnet die

Kur-Interessierte,
Stressgeplagte,
Wanderer

€€€
€€
€

ChieneHuus
Griesalpstr. 44
CH-3723 Kiental
Tel. 0041 (0)336767639
www.chienehuus.ch

Sicherheit der Produkte für Mensch und Umwelt aus. Das Wort Chiene leitet sich übrigens ab von dem gleichnamigen Fluss und den Föhren – Chiene ist nämlich ein altes Wort für Föhre oder Kiefer!

Im Kiental befindet sich übrigens die steilste Postautostrecke der Schweiz – wer hier mit dem Rad fahren will, braucht eine gute Kondition!

Im ChieneHuus findet man vor allem Stille und Behaglichkeit – auf nachhaltiger Basis. So wurden ausschließlich abgeschirmte Stromkabel und Netzfreischalter verlegt, WLAN gibt es nur in den öffentlichen Bereichen, aber nicht auf den Zimmern. Ebenso fehlen Fernsehgeräte. Nicht mal in den Betten ist Metall enthalten: Sie bestehen aus geöltem Eichenholz und metallfreien Holzlattenrosten, Bettwäsche und Handtücher sind aus Bio-Baumwolle.
Die Naturlatex-Matratze ist umhüllt von Baumwolle und Schurwolle. Auch in den Zimmern ist man vom Fußboden bis zur Decke von Föhrenholz umgeben. Einige Zimmer haben Lehmwände in erdigen Farben.

Detox pur

Die Küche hat sich dem hohen Niveau angepasst und verwendet regionale und saisonale Produkte, zu 70 % bio. Zum Essen geht es hinüber in das Nachbarhaus, den Kientalerhof, der vom gleichen Team betrieben wird.
Fast jeden Morgen wird um halb sieben in der Früh eine Meditation angeboten, gefolgt von Qigong oder Yoga. Im Sommer hört man das Rauschen der Chiene und kann sich an Wiesen mit Wildblumen, die von Bienen bevölkert sind, erfreuen. Während des ganzen Jahres gibt es ein umfangreiches Angebot an Kuren und Retreats – ob Shanti-Detox-Yoga oder Lach-Yoga, ganzheitliches Ayurveda, Zen, Autogenes Training, Fastenkur, Darmwellness bis zum Harmonium-Workshop. Auch Vipassana- und Mettameditationen werden angeboten, wobei die Dozenten hier nach buddhistischer Tradition kein Honorar verlangen. Man kann ihnen am Ende des Kurses jedoch eine Spende überreichen. Im Bereich Ayurveda ist für die Kur eine Erstattung bei der Krankenkasse möglich. Einzelbehandlungen sind ebenfalls buchbar, es gibt klassische Massagen, Shiatsu, ayurvedische Massagen und Esalen-Massagen.
Im Kientalerhof werden Seminare, Aus- und Weiterbildungen angeboten.

ChieneHuus

MEDITATION IN DEN BERGEN

„Dieses Retreatzentrum repräsentiert den wahren Berg Kailash, das Mandala von Heruka“, erklärt Geshe Kelsang Gyatso Rinpoche, Gründer des Zentrums.

Der Kailash ist ein heiliger Berg in Tibet mit einer Höhe von 6714 Metern, der bis heute unbestiegen ist. Eine Genehmigung zum Besteigen des außergewöhnlich geformten Berges, dessen Name übersetzt „außergewöhnliches Schneejuwel“ bedeutet, wird nicht erteilt. Geshe Kelsang Gyatso Rinpoche ist Meditationsmeister aus Tibet und wurde im Alter von acht Jahren zum tibetanischen Mönch. Nach der Ordination studierte er Buddhas Unterweisungen 20 Jahre lang in tibetanischen Klöstern, schrieb einige Bücher über Buddhismus und Meditation und gründete Zentren in der ganzen Welt. Außerdem hat er ein Projekt ins Leben gerufen, das es sich zum Ziel gesetzt hat, einen buddhistischen Tempel in jeder Hauptstadt der Welt entstehen zu lassen, gewidmet dem Weltfrieden.

Im Kanton Wallis, in Törbel, gibt es ein Kailash Gästehaus, das jeden, der alte Weisheit für moderne Zeiten zu inhalieren versucht, willkommen heißt. Gelehrt werden Buddhas praktische Meditationstechniken, um tägliche Probleme zu lösen. Diese Methoden werden so unterrichtet, dass sie leicht mit dem modernen, geschäf-

Ruhesuchende,
Meditations- und
Buddhismusinteressierte

€€€
€€
€

Internationales Retreat Zentrum Kailash
Goldbiel 3
3923 Törbel
Tel. 0041 (0)272032222
www.kailash.org

tigen Leben von heute kombiniert werden können und dienen dazu, inneren Frieden, Glück und Wohlbefinden zu steigern. Sie sind heute genauso aktuell wie damals, als Buddha sie vor 2500 Jahren lehrte.

Freiwillige vor!

Man muss kein Buddhist sein, um an den Kursen teilzunehmen und davon zu profitieren. Das Zentrum verfügt über einen Tempel, einen gemütlichen Ess- und Aufenthaltsraum, eine Terrasse mit atemberaubender Aussicht auf die Berge, einen Shop, eine Bibliothek und einen Buchladen. Das Zentrum ist Mitglied der Neuen Kadampa-Tradition – Internationale Union des Kadampa Buddhismus und wurde 2008 gegründet. Es hat keine politische Zugehörigkeit und finanziert sich hauptsächlich durch Kurseinnahmen. Betrieben wird es ausschließlich von freiwilligen Helferinnen und Helfern. Außerhalb von Kursen kann das Zentrum auch als Bed and Breakfast-Unterkunft gebucht werden – doch wer keinen Platz mehr im Zentrum findet, für den gibt es eine Reihe von Privatunterkünften im Dorf und anliegenden Dörfern, die auf der Webseite aufgelistet sind.

Im Kailash stehen Einzel-, Zweibett- und Doppelzimmer sowie Ferienwohnungen zur Verfügung. Die Zimmer sind spartanisch ausgestattet, die Preise dementsprechend niedrig. Sie verfügen über Waschbecken, Dusche und WC sind auf den Fluren. Auf vier Etagen gibt es insgesamt 42 Betten.

Für die Auszeit im Kailash gibt es einige Regeln – so sind Fleisch, Zigaretten, das Spielen von Instrumenten sowie der Konsum von Fleisch, Fisch, Alkohol und Drogen verboten. Das Kailash ist kein Hotel! Während der Veranstaltungen ist es üblich, dass jeder Teilnehmer die Möglichkeit zur Mithilfe und gewisse Aufgaben übernimmt, etwa Gemüse schneiden, Abwaschen oder Aufräumen. Auch bei der Schlussreinigung des Hauses wird Mithilfe erwartet. Ein Dorfladen und die Postbushaltestelle sind nur drei Minuten vom Zentrum entfernt. Doch wer sich zwischendurch mit einem Buch einfach mal zurückziehen möchte, kann in der hauseigenen Bibliothek stöbern und es sich mit einem der vielen buddhistischen Bücher bequem machen.

94

Somarelli

UNTERWEGS MIT TIEREN

Das Valle del Sole, das Sonnental,

ist eine wunderbare Schweizer Landschaft im nördlichen Tessin.

Vom Lukmanierpass auf 1900 Metern Höhe geht es bis Biasca am Ende des Tals. Hier bietet Somarelli Mensch-Tier-Interaktion und Trekking mit Eseln, Maultieren und Alpakas an. Gegründet hat das Unternehmen Susanne Bigler Gloor, die den Betrieb anfangs als Hobby führte und die – bevor sie sich 2014 selbstständig machte – im Management einer Bank arbeitete. Susanne Bigler Gloor hat ihr Hobby zum Beruf gemacht und fokussiert sich nun auf die Interaktion zwischen Menschen und Tieren und das gemeinsame Unterwegssein in der schönen Landschaft des alpinen Tessins. Ihr Lebenspartner Kurt ist verantwortlich für die Infrastruktur und für einen reibungslosen Ablauf bei der täglichen Stallarbeit. Daneben freut er sich, wenn er altes Bauwerk renovieren kann und manchmal ist er auch in der Küche aktiv, wo er feines Risotto kocht oder köstlichen Grillkäse auf den Tisch zaubert.

Von „nie ganz zahm" bis „zutraulich"

Zum Team gehört auch Rosmarie, die gerne mit Familien mit kleineren Kindern und Eseln unterwegs ist. Als ehemalige Hebamme und

Tierfreunde,
Wanderer,
Naturliebhaber

€€€
€€
€

Somarelli
Zona Cumiasca 15
CH-6722 Corzoneso
Tel. 0041 (0)764155763
www.somarelli.ch

Kinderkrankenschwester lässt sie sich als „Leih-Oma" buchen, sodass die Eltern auch einmal ein paar Stunden Zeit für sich genießen können. Rosmarie ist eine der wenigen Frauen, die als Aikido-Meisterin 5. Dan eine eigene Aikido-Schule gründete und leitete.

Rosmarie, die „Nonna auf Zeit"

Im Zentrum von Somarelli stehen sieben Esel, die ein Stockmaß zwischen 100 und 143 Zentimetern haben. Dazu gehören beispielsweise Laura „die Athletische", Berta „die Kluge" oder Attila „der Große". Zur Gruppe der Langohren zählen auch die Maultiere Lena, Duky und Chico. Die Alpakas, die am Hang über dem Dorf wohnen, sind ganz besondere Tiere. Aus ihren großen Augen sehen sie die Welt immer etwas anders als die Menschen, was ihre Faszination ausmacht. Alpakas stammen aus den südamerikanischen Anden und gehören in die Familie der Kameliden; sie sind sehr genügsam, werden aber nie ganz zahm. Da wäre Blacky „der Ausreißer", Sleepy, genannt „Spucky", und Jumpy „der Hochspringer", der sehr schreckhaft ist. Mehrere Hühner, Hunde und Katzen leben auch auf dem Hof. Sie alle sind sehr zutraulich und freuen sich über Streicheleinheiten.

Wer sich auf ein tierisches Abenteuer bei Somarelli einlässt und genügend Zeit, Muße, Neugier und Interesse für dieses einzigartige Konzept der Mensch-Tier-Interaktion mitbringt, wird mit besonderen Erlebnissen und schönen Eindrücken belohnt. Allen Gästen wird gezeigt, wie man verschiedene Vierbeiner richtig führt und mit ihnen aktiv in Kontakt tritt. Man erfährt und erprobt gleich selber, wie man mit einem Tier artgerecht kommuniziert und interagieren kann. Auf den Wanderungen tragen Alpakas und Esel gerne das Gepäck, während die Maultiere auch gesattelt und geritten werden können. Das Team bereitet auf Wunsch ein Picknick mit regionalen Spezialitäten vor. Hurtige Wanderer müssen sich allerdings auf ein anderes Tempo einstellen, denn Esel sind gemütlich unterwegs. Ein Tagesprogramm mit den Tieren dauert etwa von 10 bis 15 Uhr.

Für die Gäste, seien es Familien, Paare oder kleinere Gruppen, stehen Somarellis schöne Ferienhäuser in der nahen Umgebung bereit. Es werden verschiedene Ferienpakete angeboten, sodass man täglich aktive Stunden mit den liebenswerten Tieren verbringen kann. Dazu gehören schöne Ausflüge mit Eseln, Maultieren und Alpakas, altersgerechte Führ- oder Reitübungen, Erfahrungsaustausch und entspannendes Beisammensein mit den Fellnasen. Dabei werden auch mehrtägige Touren organisiert. Sogar beim Training der Hühner kann man helfen und auch das Eiersammeln macht Spaß. Die Mithilfe bei der Stallarbeit oder bei der Pflege der Tiere ermöglichen es, diese in ihrer Art besser kennenzulernen und mehr von ihrem Lebensrhythmus zu erfahren.

Die Übernachtung findet in einem traditionellen Tessiner Haus oder einfachen Gasthof statt. Somarelli legt Wert auf regionale Lebensmittel und berät Gäste, wo man gut essen kann. Auch eine längere Auszeit auf dem Betrieb ist möglich und eignet sich besonders für Menschen, die sich nach einem anderen Lebensrhythmus sehnen, sich in einem persönlichen Veränderungsprozess befinden, Abstand zum Alltag brauchen oder nach einer persönlichen Krise neue Energie tanken möchten.

Bildnachweis

Titel, ©Creaturart/goodluz/Natalia Navodnaia/ mimagephotos – stock.adobe.com;
vordere Umschlagklappe: ©Pullman City;
Umschlagrückseite: ©Andreas Klaus/BaseCamp Bonn (1)/ ©mimagephotos – stock.adobe.com (2)/ Paul Lendzian/Ulliwood (4)/@dasparkhotel (5);

Seite 1, ©S. Bigler/Somarelli;
Seite 2/3, ©Creaturart – stock.adobe.com;
Seite 5, Marieken Verheyen/Re:hof Rutenberg;
Seite 11, ©Alexander Hartmann;
Seite 13, ©franke 182 – stock.adobe.com;
Seite 15–17, ©Pauline Willrodt und Christian Perl/ Das Kubatzki;
Seite 19/20, ©Paul Lendzian/Ulliwood;
Seite 21, ©Pension Weseraue;
Seite 27 (1), ©Cap San Diego;
Seite 27(2)–29, ©Julia Berlin/Cap San Diego;
Seite 31, ©Hotel Village;
Seite 33, ©Haus der Stille e.V. Roseburg;
Seite 35–37, ©Erlebnisbahn Ratzeburg GmbH;
Seite 39/41, ©Gutshaus Stellshagen;
Seite 43, ©BeckArt – stock.adobe.com;
Seite 47–49, ©Stolperhof;
Seite 51, ©Stephan Seidemann/Indigohof;
Seite 57–59, ©Marieken Verheyen/Re:hof Rutenberg;
Seite 69–71, ©Märkische Quarterhorse Ranch;
Seite 73, ©Hof Grüneberg GbR;
Seite 81–83, ©Sam Bohr/Tiny House Resort;
Seite 85, ©Yogahaus Ganesha;
Seite 87–89, ©Arek Marud/Uhlenköper-Camp;
Seite 91, ©Christian Burmeister/Die alte Mühle;
Seite 93, ©traveller 70/mekcar – stock.adobe.com;
Seite 95, ©Zenkloster Liebenau;
Seite 101–103, ©Eva Stützel/Sieben Linden;
Seite 104/105, ©Jonathan Müller/Tipidorf Bertingen;
Seite 107, ©Rosenwaldhof;
Seite 109, ©Haus Birnbaum;
Seite 115–117, ©Jan Brockhaus/Hüttenpalast;
Seite 119, ©Co-Working Oderbruch – Daniel Seiffert/ Co-Working Oderbruch;
Seite 121, ©Tobias Seeliger/ArTo – stock.adobe.com;
Seite 123 (1), ©Henry-Martin Klemt – stock.adobe.com;
Seite 125, ©SATAMA SAUNA RESORT & SPA;
Seite 129–130, ©Ben Westoby/E-WERK Luckenwalde;
Seite 131, ©Tim Haber/E-WERK Luckenwalde;
Seite 133, ©Tilman Vogler (1/2) – Steffen Lehmann – Juliane Becker – Andreas Plata/Coconat;
Seite 134, ©Tilmann Vogler/Coconat;
Seite 135, ©Matthias Haltenhof – Tilman Vogler – Matthias Haltenhof – Tilman Vogler – Nico Richter/Coconat;
Seite 137 (2), ©Quedlinburg-Tourismus-Marketing GmbH;
Seite 139 (1), ©riebevonsehl – stock.adobe.com;
Seite 141, ©mimagephotos – stock.adobe.com;
Seite 143/145, ©Yoga Vidya;
Seite 147–149, ©Wunderland Kalkar;
Seite 151–153, ©dasparkhotel;
Seite 155, ©R.-Andreas Klein – stock.adobe.com;
Seite 156/157, ©Lebensbogen;
Seite 163, ©Ullrich – Faruk Pinjo/Robins Nest;
Seite 164 (1), ©Ullrich/Robins Nest;
Seite 164 (2–4)/165, ©Robins Nest;
Seite 167 (1), ©Animaflora PicsStock – stock.adobe.com;
Seite 175, ©holger.l.berlin – stock.adobe.com;
Seite 179, ©mwtierfoto – stock.adobe.com;
Seite 181, ©Samana Seminarhaus;
Seite 187–189, ©Lehmhof Lindig;
Seite 191, ©marako85 – stock.adobe.com;
Seite 193, ©Juergen (1)/JFL Photography (2)/ Franz Gerhard (3/4)/Sina Ettmer (5) – stock.adobe.com;
Seite 194, ©Martina Berg – stock.adobe.com;
Seite 195, ©progarten/Sinuswelle/jrg – stock.adobe.com;
Seite 197, ©Pension Klein;
Seite 199, ©Andreas Klaus/BaseCamp Bonn;
Seite 200, ©Marc Gärtner (1/3) – Andreas Klaus (2/4)/ BaseCamp Bonn;

Bildnachweis

Seite 201, ©Michelle Geist – Marc Gärtner (5–7)/ BaseCamp Bonn;
Seite 203, ©Miquel Tres (1)/Kloster Arenberg – Kloster Arenberg (2);
Seite 204–205, ©Kloster Arenberg (1) und Antje Kern (2–5)/Kloster Arenberg;
Seite 207, ©karepa – stock.adobe.com;
Seite 209–211, ©J. & H. Hüttl/Burg Schönburg;
Seite 213, ©Bergwaldprojekt e.V.;
Seite 215–217, ©Creativhotel Luise;
Seite 218, ©Thore Rehbach/Hotel Fronfeste;
Seite 219, ©Gerald Stelzer/Hotel Fronfeste;
Seite 220/221, ©Stefan Breunig (1, 5/6) – Thore Rehbach (2) – Marcus Rebmann (3) – Michaela Auer (4) – Hannelore Zapf (7) – Gerald Stelzer (8)/Hotel Fronfeste;
Seite 225, ©cmfotoworks – stock.adobe.com;
Seite 227, ©Pausnhof;
Seite 229–231, ©Pullman City;
Seite 233, ©Sebastian Rost/Schloss Tempelhof;
Seite 236, ©Sina Ettmer – stock.adobe.com;
Seite 237, ©midgardson (2)/ acaballero67 (3) – stock.adobe.com;
Seite 239–241, ©Haus der Besinnung e.V.;
Seite 243–245, ©Campus Galli, karolingische klosterstadt e.V.;
Seite 247, ©Klaus Brauner – stock.adobe.com;
Seite 249–251, ©Gut Grasleiten;
Seite 253–255, ©Robert Kittel/Schlossgut Oberambach;
Seite 257–259, ©Yogahaus Samvit;
Seite 261, ©Rainer Viertlböck – Gabriel Büchelmeier – Andreas Pohmer/Gut Sonnenhausen;
Seite 262, ©Bauwerk/Gut Sonnenhausen;
Seite 263, ©Vivi D'Angelo (2/3, 5/6) – Bauwerk (4)/Gut Sonnenhausen;
Seite 265, ©A. Daniel/Tierisch Gsund;
Seite 267–269, ©Haus der Stille;
Seite 271, ©Dr. Michael Baumann/Tanzhof Eberndorf;
Seite 272/273, ©Dr. Michael Baumann/Tanzhof Eberndorf (1/3) – Gartenhotel Rosenhof (2, 4/5);
Seite 275–277, ©Almdorf Seinerzeit;
Seite 279, ©Lorenzhof;
Seite 281, ©Foto Augenblick Stainz Barbara Zapfl – Martina Siebenhandl/Strandhotel am Weissensee;
Seite 282–283, ©Strandhotel am Weissensee;
Seite 285–287, ©Thomas Pitterl;
Seite 289, ©auergraphics – stock.adobe.com;
Seite 291–293, ©Bio-Hotel Rupertus;
Seite 295–297, ©Holzhotel Forsthofalm;
Seite 299, ©Schneedorf GmbH;
Seite 300, ©Allgäu Events;
Seite 303–305, ©Beatrice Williams/AlpenRetreat;
Seite 307–309, ©Elsbeth Carolin Iten/ Haus der Besinnung;
Seite 311–313, ©Schloss Glarisegg Betriebsgesellschaft GmbH;
Seite 315–317, ©Lenk Lodge;
Seite 319–321, ©Maya Boutique Hotel & Spa;
Seite 323, ©Gabriel Schmid – Carolina Piasecki/ ChieneHuus;
Seite 324, ©Carolina Piasecki/ChieneHuus;
Seite 325, ©Gabriel Schmid (1) – Juval Kuerzi (2–5)/ChieneHuus;
Seite 327, ©Kailash;
Seite 329, ©J. Feller – R. Imperatori/Somarelli;
Seite 330/331, ©S. Bigler/Somarelli;

alle weiteren Bilder: Dirk Engelhardt.

Dirk Engelhardt
Anders urlauben

erschienen im
Reise Know-How Verlag Peter Rump GmbH
Osnabrücker Straße 79, 33649 Bielefeld

1. Auflage 2021

ISBN 978-3-8317-3448-1

Gestaltung und Bearbeitung
Umschlag: G. Pawlak, der Verlag (Layout, Realisierung)
Inhalt: G. Pawlak (Layout, Realisierung)
Kartografie: Thomas Buri
Lektorat
Svenja Conrad
Druck und Bindung
MediaPrint, Paderborn

Printed in Germany

Reise Know-How Bücher finden Sie in allen gut sortierten Buchhandlungen. Falls nicht, kann Ihre Buchhandlung unsere Bücher hier bestellen:
D: Prolit, prolit.de und alle Barsortimente
CH: AVA Verlagsauslieferung AG, ava.ch
A, Südtirol: Mohr Morawa Buchvertrieb, mohrmorawa.at
B, LUX, NL: Willems Adventure, willemsadventure.nl
oder direkt über den Verlag:
www.reise-know-how.de

Alle Informationen in diesem Buch sind vom Autor mit größter Sorgfalt gesammelt und vom Lektorat gewissenhaft bearbeitet und überprüft worden. Da inhaltliche und sachliche Fehler nicht ausgeschlossen werden können, erklärt der Verlag, dass alle Angaben im Sinne der Produkthaftung ohne Garantie erfolgen und dass Verlag wie Autor keinerlei Verantwortung und Haftung für inhaltliche und sachliche Fehler übernehmen.

Die Nennung von Firmen und ihren Produkten und ihre Reihenfolge sind als Beispiel ohne Wertung gegenüber anderen anzusehen. Qualitäts- und Quantitätsangaben sind rein subjektive Einschätzungen des Autors und dienen keinesfalls der Bewerbung von Firmen oder Produkten.

Bibliografische Information der Deutschen Nationalbibliothek
Die Deutsche Nationalbibliothek verzeichnet diese Publikation in der Deutschen Nationalbibliografie; detaillierte bibliografische Daten sind im Internet über http://dnb.dnb.de abrufbar.